ドイツ語 B1 単語集

三ッ木 道夫 | 中野 英莉子 著

白水社

装丁・本文デザイン　株式会社エディポック＋株式会社ELENA Lab.
本文レイアウト・DTP　株式会社エディポック

まえがき

この『ドイツ語B1単語集』には、ヨーロッパ規格の語学能力基準（CEFR < Common European Framework of Reference for Languages）B1レベルの語彙のうち、『ドイツ語A1/A2単語集』に収録した語彙の上にさらに積み上げるべきもの、いわば中級語彙の中核部分を収録してあります。

交換留学などではB1レベルのドイツ語知識が要求されることがありますが、それはとりもなおさず、「A1/A2」「B1」の２つの巻に収録した一般的な語彙が基礎となって、その上にそれぞれの学問分野なり職業分野なりの専門用語や議論が構築されていることになります。初級文法や簡単な読み物を経て、あっという間に専門文献の講読（解読？）に進むのではなく、一般的な語彙やその用法に関する知識の幅を広げる必要もあるのではないでしょうか。この幅をわずかでも拡げられるよう、本書にはドイツ語学者による「文法コラム」を収録してあります。

『ドイツ語A1/A2単語集』と同じくはじめに必須実用語彙が掲げられ、その後にアルファベット順にB1レベルでさらに必要とされる単語が文例とともに掲載されています。やはり収録した単語には日本語訳を、文例には大意を添えてあります。反意語、類語なども収録してありますが、元来B1レベルと見なされている語でも、日本の学習者にはA1-A2レベルの類語と一緒に覚えたほうが合理的と判断できた場合、その語や文例は『ドイツ語A1/A2単語集』に収録しました。結果としてわずかに語彙数を減らせたため、本書の巻末には前置詞付き動詞表現の代表例100を掲げることができました。

必要語彙はGoethe Institutなどによって、従来よりインターネット（B1語彙 https://www.goethe.de/pro/relaunch/prf/de/Goethe-Zertifikat_B1_Wortliste.pdf）上に公開されており、本書作成にあたり参考とさせていただきました。その際、ドイツ語文例の文意はできる限り尊重しました。

巻末の前置詞付き動詞表現については、Dreyer/Schmitt, Lehr-und Übungsbuch der deutschen Grammatik, 1985 Ismaning/München（Verlag für Deutsch）を参照しました。

本単語集作成の基礎固めをしてくれた先達に、さらにドイツ語授業の内外で協力してくれたみなさんに感謝します。

2023年１月

著　者

INHALT

「ドイツ語B1単語集」目次

必須実用語彙

レベルB1

●略語

略語	もとの形	
das Abo, -s	= das Abonnement, -s/-e	新聞・雑誌の予約購読
der Akku, -s	=der Akkumulator, -en	電池、バッテリー
der / die Azubi, -s	= der / die Auszubildende, -n	職能教育の訓練生
bzw.	= beziehungsweise	または、もしくは
die DVD, -s	= Digital Video Disc	DVD
das EG（Erdg.）	= das Erdgeschoss（Erdgeschoßとも）	1階
das OG	=das Obergeschoss（Obergeschoßとも）	上階（2階から上の階）
das UG	=das Untergeschoss（Untergeschoßとも）	地階
etc.	= et cetera	その他、等々
das Kfz, -s	= das Kraftfahrzeug, -e	自動車
der Pkw, -s	= der Personenkraftwagen, -	乗用車
das TV, -	= Television	テレビ
vgl.	= vergleiche <vergleichen「比較する」から	参照せよ
die WG, -s	= die Wohngemeinschaft, -en	住居共同体（ルームシェア、ハウスシェアなど数人でひとつの住宅Wohnungを共同利用するもの）

●英語由来の表現

das Baby, -s　赤ちゃん

der Babysitter, - / die Babysitterin, -nen　ベビーシッター

die Band, -s	バンド	die Bar, -s	バー
der Bikini, -s	ビキニ		

der Blog, -s	bloggen (bloggt, bloggte, hat gebloggt) カッコ内は3人称単数現在、過去基本形、現在完了形	ブログ／ブログを書く
das Camp, -s	campen (campt, campte, hat gecampt)	キャンプ／キャンプする
der CD-Player, -	CDプレイヤー	

der Chat (room), -s　チャット（ルーム）

chatten (chattet, chattete, hat gechattet) チャットする

checken (checkt, checkte, hat gecheckt) チェックする

der Chip, -s	チップ(半導体素子、ポテトチップスなど)	**die City**, -s	大都市
der Club, -s	クラブ＝Klub	**die / das Cola**, -s	コーラ
der / das Comic, -s	コミックス	**der Computer**, -	コンピューター
cool	クールな	**das E-Bike**, -s	電動アシスト自転車
das E-Book, -s	電子書籍	**der Fan**, -s	ファン
das Fax, -e	ファクス		

faxen (faxt, faxte, hat gefaxt) ファクスする

das Festival, -s	フェスティバル、音楽祭	**fit**	体調がよい
die Fitness, -	フィットネス	**global**	グローバルな、概括的な

googeln (googelt, googelte, hat gegoogelt) グーグルで検索する

der Hamburger, -	ハンバーガー	**der Hit**, -s	ヒット曲、ヒット商品
die Homepage, -s	ホームページ	**das Internet**	インターネット
der Jazz	ジャズ		
der Job, -s	アルバイト		

jobben (jobbt, jobbte, hat gejobbt) アルバイトをする

joggen (joggt, joggte, ist/hat gejoggt) ジョギングする

der / das Ketchup (Ketschup), -s ケチャップ

der Killer, - / **die Killerin**, -nen キラー、殺人者

der Laptop, -s	ノートPC	**der Link**, -s	リンク
live	ライブの、生の		
die/das (E-) Mail, -s	メール、Eメール	**die Mailbox**, -en	伝言サービス(電話)

mailen (mailt, mailte, hat gemailt) メールする

der Manager, - / **die Managerin**, -nen 経営者、マネージャー

das Mountainbike, -s マウンテンバイク

o.k./O.K./okay	オーケー	**online**	オンラインで
die Plattform, -en	プラットフォーム	**das Poster**, -	ポスター
das Puzzle, -s	(ジグソー) パズル	**das/der Sandwich**, -(e)s/-e	サンドイッチ
die Show, -s	ショー	**das Smartphone**, -s	スマートフォン
der Snack, -s	軽食、スナック	**die Software**, -s	ソフトウエア
der Song, -s	流行歌、社会風刺的な歌	**der Spot**, -s	スポットアナウンス(コマーシャル)、スポットライト

das Steak, -s	ステーキ		
surfen (surft, surfte, ist/hat gesurft) (ネット)サーフィンをする			
der Swimmingpool, -s スイミングプール			
das Taxi, -s	タクシー	**das Team**, -s	チーム
der Terminal, -s	ターミナル	**die Tour**, -en	ツアー
der Trend, -s	トレンド	**das T-Shirt**, -s	Tシャツ
twittern (twittert, twitterte, hat getwittert) ツイートする			
der User, - / **die Userin**, -nen ユーザー			

● **科目名**

die Philosophie	哲学

● **色**

violett (格語尾のつく形容詞) 紫色の、菫色の

● **国名その他**

(das) Griechenland	ギリシア		
der Grieche, -n	ギリシア人男性	**die Griechin**, -nen	ギリシア人女性
griechisch	ギリシアの、ギリシア国籍の	**(das) Griechisch**	ギリシア語
die Türkei	トルコ		
der Türke, -n	トルコ人男性	**die Türkin**, -nen	トルコ人女性
türkisch	トルコの、トルコ国籍の	**(das) Türkisch**	トルコ語
die Ukraine	ウクライナ		
der Ukrainer, -	ウクライナ人男性	**die Ukrainerin**, -nen	ウクライナ人女性
ukrainisch	ウクライナの、ウクライナ国籍の	**(das) Ukrainisch**	ウクライナ語

● **政治に関する語彙**

der Bund, Bundes-	連邦、連邦の	**der Bundeskanzler**, -	連邦首相
die Bundeskanzlerin, -nen	女性の連邦首相	**der Bundespräsident**, -en	連邦大統領
die Bundespräsidentin, -nen	女性の連邦大統領	**der Bürgermeister**, -	市長
die Bürgermeisterin, -nen	女性の市長	**die Demokratie**, -n	民主主義

demokratisch	民主主義の、民主的	**die Europäische Union** (die EUと略記)	ヨーロッパ連合
die Gemeinde	地方自治体	**konservativ**	保守的な、保守派の
liberal	自由主義の、進歩派の	**der Minister**, -	大臣、長官
die Ministerin, -nen	女性の大臣、長官	**das Parlament**	議会
das Europäische Parlament		EU議会	
die Partei, -en	党、党派、政党	**die Regierung**, -en	政府
der Staat, -en	国家	**staatlich**	国の、国家の

●ドイツの政治機構

das Bundesland	連邦の州	**der Bundestag**	連邦議会
die Bundesrepublik Deutschland	ドイツ連邦共和国		

●オーストリアの政治機構

das Bundesland	連邦の州	**Republik Österreich**	オーストリア共和国
der Nationalrat	国民議会		

●スイスの政治機構

der Ammann, ¨-er	郡長	**die Ammännin**, -nen	女性の郡長
der Bundesrat, ¨-e	連邦内閣閣僚	**die Bundesrätin**, -nen	女性の連邦内閣閣僚
die Confoederatio Helvetica (CHと略記)	スイス連邦		
Schweizerische Eidgenossenschaft	スイス連邦		
der Kanton	スイスの州、カントーン	**der Nationalrat**	国民議会、国民議会議員
der Regierungsrat, ¨-e	参事官	**die Regierungsrätin**, -nen	女性の参事官
der Stadtpräsident, -en	市長	**die Stadtpräsidentin**, -nen	女性の市長
der Ständerat	全州議会、全州議会議員		

●動物

der Affe, -n	猿	**der Bär**, -en	熊
die Biene, -n	蜜蜂	**der Elefant**, -en	象
die Ente, -n	アヒル	**der Fisch**, -e	魚

die Fliege,- n	ハエ	**die Giraffe**, -n	キリン
der Hase, -n	野兎、ウサギ	**der Hund**, -e	犬
das Insekt, -en	昆虫、虫	**die Katze**, -n	猫
das Krokodil, -e	クロコダイル(ワニ)	**die Kuh**, ¨-e	牛、牝牛
der Löwe, -n	ライオン	**die Maus**, ¨-e	ネズミ
die Mücke, -n	蚊	**das Pferd**, -e	馬
der Pinguin, -e	ペンギン	**das Schaf**, -e	羊
die Schildkröte, -n	亀	**die Schlange**, -n	蛇
das Schwein, -e	豚	**der Vogel**, ¨-	鳥

●数的表現

1 dkg /dag	**ein Dekagramm** 10gを単位とした表現(ein Dekaとも)		
1 km/h	**= ein Kilometer pro Stunde**		時速1キロメートル
plus	+	**minus**	−

●祝日

(das) Pfingsten キリスト教ではOstern後の第7日曜日
通常無冠詞(成句では複数扱い) 成句 zu(an) Pfingsten

●時間表現一覧

die Sekunde, -n	秒	**die Minute**, -n	分
die Stunde, -n	時	**stündlich**	毎時
der Tag, -e	日	**täglich**	毎日
die Woche, -n	週	**wöchentlich**	毎週
der Monat, -e	月	**monatlich**	毎月
das Jahr, -e	年	**jährlich**	毎年
das Jahrzehnt, -e	10年(単位)	**das Jahrhundert**, -e	100年、世紀(単位)
das Jahrtausend, -e	1000年		

#COLUMN

心態詞って？

Er ist oft im Büro, aber nur für wenige Stunden.
彼はよく事務所に来ていますが、ほんの短い時間です。

aberの意味は「でも、しかし」！ 皆さんもよくご存じですよね。aberは語と語、文と文などをつなぐ逆接の接続詞で、矛盾や対立を示します。初級文法では、und, aber, oder, dennは語順に影響を与えない並列の接続詞（Konjunktion）と学びましたが、一筋縄ではいかないのがaberの面白いところです。

Draußen ist es aber heiß! 外はしかし暑いなあ！

この文で使われているaberは、対立や矛盾を示してはいませんね。ここでaberは話し手の気持ちを表明しています。このように、話し手の気持ち、心的態度を表現する言葉を心態詞（Abtönungspartikel）と呼びます。心態詞は文中でアクセントがつきません。aberは接続詞としても心態詞としても使うことができ、心態詞のaberは、予期していたことと異なっていたことへの驚きを示すことができます。上の文であれば、思っていたよりも外の気温が高くてびっくりしていることを表していますね。このほかにも心態詞にはja, doch, ebenなどがあります。（中野英莉子）

実践ドイツ語単語

- 動詞については＜不定形＞および直説法＜３人称単数現在形＞＜過去基本形＞＜３人称単数現在完了形＞の順に記載されている。
- 文例の — の区切りは、それが対話文であることを示している。
- 名詞については、それぞれ定冠詞を付けて単数形、複数形の順に記載。女性形のある場合には「／」で区切ってある。
- （⇔）は反意語を示している。

【Ａ】 レベルB1

ab（3格支配の前置詞）　…から先

Die Fahrt kostet ab Frankfurt 200 Euro.　フランクフルトから先の運賃は200ユーロです。

ab und zu　（慣用句）ときどき

Mein Bruder besucht die Großeltern ab und zu.　兄はときどき、祖父母を訪ねます。

abbiegen, biegt ab, bog ab, ist abgebogen　（わきへ）方向を変える、曲がる

An der nächsten Kreuzung musst du nach links abbiegen.
次の交差点を左折しないといけないよ。

die Abbildung, -en　図、さし絵（<abbliden「…を模写する」）

Auf der Abbildung sehen Sie, wie man das Radio einschaltet.
挿絵を見れば、どうすればラジオのスイッチが入るか分かります。

das Abenteuer, -　冒険

Das Kind liest Abenteuergeschichten sehr gern.
この子は冒険物語を読むのが大好きなんです。

aber　（aber jaで）（強調して）もちろんですとも＜心態詞＞

Darf ich dich zu einem Tee einladen? — Aber ja, sehr gern.
お茶を飲みに来てくれない？　ーもちろん、喜んで。

der Abfall, -e　ゴミ

Werfen Sie den Bioabfall bitte nicht in diesen Kasten.　生ゴミはこの箱には入れないでください。

der Abfalleimer ゴミ箱(バケツ)

Wo ist der Abfalleimer? ゴミバケツはどこですか？

Abgase(複数) 排気ガス(<das Gas)

Abgase aus Industrie haben die Luft verschmutzt.
産業による排気ガスは大気を汚染してきました。

abhängen, hängt ab, hing ab, hat abgehangen
(von 3格に)よる、依存する、…次第である

Vielleicht bleiben wir eine Woche länger, das hängt vom Wetter ab.
場合によっては1週間長くいるけれど、それはお天気次第だよ。

abhängig sein (von 3格に)依存している

Anna ist finanziel von den Eltern abhängig. アンナは金銭的には両親に依存してます

abheben, hebt ab, hob ab, hat abgehoben (預金などを)引き出す

Für die Reise hat Elena 300 Euro von ihrem Konto abgehoben.
旅行用にエレーナは口座から300ユーロ引き出してきた。

das Abitur アビトゥーア・大学入学資格検定(オーストリア、スイスではMatura)

Mein Neffe hat gerade Abitur gemacht.
私の甥はちょうど大学入学検定試験を受けたところです。

ablehnen, lehnt ab, lehnte ab, hat abgelehnt (4格を)拒否する

Frau Scholz hat mein Angebot, ihr zu helfen, abgelehnt.
ショルツさんは、手を貸そうという私の申し出を断ったんだ。

abmachen, macht ab, machte ab, hat abgemacht 取り決める

Wir hatten doch abgemacht, dass Sie die Getränke besorgen.
飲み物はあなたが調達するって、私たちは取り決めていましたよね。

abnehmen, nimmt ab, nahm ab, hat abgenommen ①(4格を)取り外す

In einer Woche können wir den Verband abnehmen.
一週間したら包帯を取ってあげられます。

abnehmen, nimmt ab, nahm ab, hat abgenommen　②痩せる（⇔ zunehmen）

Seine Freundin hat 9 Kilo abgenommen.　彼のガールフレンドは9キロ痩せた。

abonnieren, abonniert, abonnierte, hat abonniert
（4格を）予約購読する

Diese Zeitschriften würde ich sehr gerne abonnieren.
これらの雑誌をぜひとも予約購読したいのです。

das Abonnement, -s / -e　予約購読（略 das Abo.）

Du hast das Abonnement gekündigt, nicht wahr?
君、予約購読の解約したよね？

absagen, sagt ab, sagte ab, hat abgesagt　取り消す

Ich muss unser Treffen leider absagen, weil ich mich erkältet habe.
残念ですが、会合の中止をお伝えしなければなりません。私が風邪をひいてしまったためです。

der Abschluss, ¨-e　修了、卒業（証書）

Ein guter Schulabschluss ist auch sehr wichtig für dich.
よい成績を取って卒業することは、君にとってもとても大事なことなんだ。

der Abschnitt, -e　章、段落

Lesen Sie bitte den letzten Abschnitt der Erzählung.
物語の最終章を読んでください。

abschreiben, schreibt ab, schrieb ab, hat abgeschrieben　書き写す

Anton hat die Hausaufgaben von mir abgeschrieben.　アントンは僕の宿題を写したんだ。

die Absicht, -en　①（mit Absicht で）わざと

Entschuldigen Sie bitte. Mein Kind hat das nicht mit Absicht gemacht.
申し訳ありません。うちの子はわざとやったわけではないんです。

die Absicht, -en　②意図、計画

Hast du die Absicht, in Spanien zu studieren?
君にはスペインの大学に行くっていう計画があるの？

absolut ①絶対に、まったくの

Was du da sagst, ist absolut falsch. 君が言っているのはまったくの誤りだ。

absolut ②絶対的な

Toni hat absolutes Vertrauen zu dir. トーニは君に絶大な信頼を寄せている。

abstimmen, stimmt ab, stimmte ab, hat abgestimmt
(über 4格について)採決する、投票する

Lasst uns zuerst über diesen Punkt abstimmen.
まず最初にこの点について決を採りましょう。

die Abteilung, -en 部(部門、部局)

Monika arbeitet in der Abteilung von Frau Dr.Schönemann.
モニカはシェーネマン博士の部局で仕事をしています。

der Abwart, -e / **die Abwartin**, -nen
管理人(スイスで。ドイツ・オーストリアではHausmeister)

Der Abwart hat mir geholfen, das Bücherregal in die Wohnung zu tragen.
管理人さんは私が本棚を部屋に運ぶのを手伝ってくれました。

abwärts 下へ(⇔ aufwärts)

Von dort führt der Weg abwärts. そこから道は下り坂になります。

abwaschen, wäscht ab, wusch ab, hat abgewaschen 洗い落とす

Wir müssen noch das Geschirr abwaschen.
私たちはまだ食器を洗わないといけないんだ。

abwesend 不在の(⇔ anwesend)

Frau Kunisch ist bis zum 21. September abwesend.
クーニッシュさんは9月21日まで不在です。

achten, achtet, achtete, hat geachtet (auf 4格に)注意する

Achten Sie bitte auf die Ansage am Bahnsteig.
ホームの場内放送には注意してくださいね。

ähnlich ①類似の

Emil ist in einer ähnlichen Situation wie du.
エーミールは君と同じような状況にいるよ。

ähnlich ②似ている

Olga sieht ihrer Schwester sehr ähnlich.
オルガは姉にとても似ている。

die Aktion, -en 活動、キャンペーン

Die Stadt soll eine Aktion für Familien planen.
市では家庭生活に関するキャンペーンを計画中と聞いています。

die Aktivität, -en 活動

In den Sommerferien bietet die Stadt für Kinder verschiedene Freizeitaktivitäten.
夏休み中、市では子供向けにいろいろな活動を提供します。

akzeptieren, akzeptiert, akzeptierte, hat akzeptiert （４格を）受け入れる

Wir können diese Bedingungen nicht akzeptieren.
我々はこの条件はのめません。

der Alarm, -e 警報

Bei Feueralarm darf man die Aufzüge nicht benutzen.
火災警報が鳴ったら、エレベータを使ってはダメです。

der Alkohol ①アルコール

Zuerst musst du die Wunde mit Alkohol reinigen.
まず最初に、その傷口をアルコールで消毒しないといけないな。

der Alkohol ②酒、アルコール飲料

Er trinkt keinen Alkohol. 彼はお酒は飲まないんです。

allein(e) ①独力で

Soll ich dir helfen? — Nein, danke. Das schaffe ich alleine.
手を貸そうか？ ―ありがとう、でもひとりでやりますから。

allein ②ただ…だけでも

Es war ziemlich teuer. Allein das Essen hat über 60 Euro gekostet.
かなり高額だった。食事だけでも60ユーロ以上だったんだよ。

der, die, das aller- +最上級 / **am aller** +最上級+ e(n) 最も…なもの

Das ist das Allerschönste, was wir je gesehen haben.
あれは私たちが見てきたもののうちでも最も美しいものだ。

allerdings たしかに、ただし

Wir können uns morgen treffen, allerdings habe ich am Mittag keine Zeit.
明日は皆さんにお目にかかれるのですが、ただお昼は私は時間がとれないのです。

allgemein ①一般的な

Die Studenten haben nur über allgemeine Probleme gesprochen.
学生たちは一般的な問題について話していただけだった。

allgemein ②一般に

Es ist allgemein bekannt, dass man in diesem Restaurant gut essen kann.
このレストランの料理が旨いというのは、みんな知っていることです。

allgemein ③(im allgemeinen で)一般に、概して

Im Allgemeinen bin ich mit meiner Arbeit zufrieden.
概して自分の仕事には満足しています。

der Alltag 日常(生活)

Das ist ihr Alltag: putzen, waschen, kochen und fernsehen.
彼女の日常生活は、掃除、洗濯、料理とテレビだ。

alltäglich 毎日の、日々の

Das alltägliche Leben ist zu langweilig. 日々の暮らしは退屈すぎます。

das Alphabet, -e アルファベット、字母

Wie viele Buchstaben hat das deutsche Alphabet ?
ドイツ語のアルファベットはいくつありますか？

als　(過去の一回限りの出来事を示す)…した時には

Als meine Frau kam, war die Party schon zu Ende.
妻がやって来たときには、パーティーはもう終わっていた。

als＋従属節　…する(した)よりも

Es ist später, als wir dachten.
僕らが考えていたより遅い時間だった。

als ob＋従属節　まるで…かのように

Seine Frau tut so, als ob sie nie darüber gesprochen hätten.
彼の奥さんは、彼らがそのことについて何も話していなかったかのように振る舞っている。

also　まあ、いやはや

Also wirklich, jetzt reicht es mir.　いやはや本当に、もうたくさんだよ。

das Altenheim, -e　老人ホーム(＝ das Altersheim)

Die Eltern unserer Nachbarin sind im Altenheim.
うちのお隣さんのご両親は老人ホームに入っています。

alternativ　代替の

Man braucht auch in Europa alternative Energien.
ヨーロッパでも代替エネルギーが必要とされています。

die Alternative, -n　代替案

Auf dieser Strecke ist der Bus eine gute Alternative zum Zug.
この区間では電車の代替手段としてはバスがいいです。

das Amt, ¨-er　部局、省

Das Steueramt befindet sich neben dem Busbahnhof.
税務署はバスターミナルの隣にあります。

sich⁴ amüsieren, amüsiert, amüsierte, hat amüsiert　楽しむ

Bei dem Fest habt ihr euch sehr gut amüsiert.
お祭りでは十分楽しんだね。

analysieren, analysiert, analysierte, hat analysiert　(4格を)分析する

Die Beamten analysieren die Situation auf dem Arbeitsmarkt.
役人たちが労働市場の状況を分析している。

der Anbieter, -　提供者、プロバイダー

Ist „Telekom" auch ein Netzanbieter?
「テレコム」もネットプロバイダーなの？

ander-　(unter anderem で) とりわけ、特に

Natascha spielt unter anderem Tennis und Fußball.
ナターシャは特にテニスとサッカーをやるんです。

andererseits　他方で

Mein Freund möchte zwar studieren, aber andererseits möchte er auch Geld verdienen.
私の友人は大学で学びたいと思っているが、他方でお金も稼ぎたいのだ。

die Änderung, -en　変更

Es gab 2 Programmänderungen.　2か所プログラムの変更がありました。

anerkennen, erkennt an, erkannte an, hat anerkannt　(4格を)認知する、承認する

Meine Ausbildung wird auch hier anerkannt.　私が受けた職能教育はここでも認められています。

anfangen　[活用はレベルA1へ] (mit 3格を)始める

Wann fangen Sie mit der Arbeit an?　あなたはいつ仕事を始めるのですか？

der Anfang, ¨e　①…歳台のあたま

Ihre Chefin ist Anfang fünfzig.　彼女の上司は50代初めだ。

der Anfang, ¨e　②(von Anfang an で) 最初から

Meine Tante war von Anfang an dagegen, dass ich nach Tokyo ziehe.
私の伯母は最初から私が東京に引っ越すことに反対だった。

anfangs　初めに(は)

Anfangs war das Kind auch schüchtern.　始めはその子もおとなしかった。

angeben, gibt an, gab an, hat angegeben
申告する、提示する、届け出る、知らせる

Bitte geben Sie auch Ihre Postleitzahl an.　あなたの郵便番号も届け出てください。

die Angabe, -n　記載（届け出）事項

Wir brauchen von Ihnen folgende Angaben: Name, Adresse, Geburtsdatum und Nationalität.　以下の届け出事項が必要です：氏名、住所、生年月日および国籍です。

der Angehörige, -n / **die Angehörige**, -n　構成員、（複数で）家族

Der Arzt darf nur Angehörigen Auskunft geben.　医師が情報を提示できるのは親族に限ります。

angenehm　快適な

Ich wünsche dir eine angenehme Reise.　快適な旅を祈ってます。

ängstlich　心配性の、気の弱い

Meine Schwester ist etwas ängstlich. Sie geht nicht gern allein spazieren.
私の姉は少し心配性で、一人での散歩はしたがらないんです。

anhaben, hat an, hatte an, hat angehabt　身につけている

Gestern hatte Astrid eine blaue Bluse an.　昨日のアストリッドは青のブラウスを着ていた。

ankommen
[活用はレベルA1]（非人称主語es。auf 4格／darauf, zu不定句などが）問題だ、重要だ

Bei dem Kinderspiel kommt es darauf an, langsamer zu laufen als die anderen.
このお遊戯で大事なのは他の人よりゆっくり歩くことだ。

ankündigen, kündigt an, kündigte an, hat angekündigt　予告・告知する、通知する

Wir haben unseren Besuch angekündigt.　私たちが来ることは知らせておきました。

die Anlage, -n　①装置

Die Klimaanlage ist kaputt.　エアコンは壊れてます。

die Anlage, -n　②同封物、添付ファイル

In der Anlage der E-Mail findest du mein Photo.　私の写真をメールに添付してあります。

die Anleitung, -en　説明書、マニュアル

In der Anleitung steht, dass bei diesem Spiel der Jüngste beginnt.
説明書には、一番若い人からゲームを始めると書いてあります。

annehmen, nimmt an, nahm an, hat angenommen　①受け入れる

Herr Bergengrün nimmt Ihre Einladung gerne an.
ベルゲングリューンさんはあなたの招待を喜んで受けてくださいます。

annehmen, nimmt an, nahm an, hat angenommen　②推量(推察)する

Ich nehme an, dass alle Lernenden mit dem Vorschlag einverstanden sind.
私の推察では、学習者はみな、この提案に納得しています。

die Annonce, -n　(新聞などの)広告

Gesten habe ich alle Annoncen gelesen, aber die Wohnungen sind sehr teuer.
昨日新聞の広告面を全部読んだけど、住宅はとても高価だ。

der Anrufbeantworter, -　留守番電話機

Ich habe Ihnen eine Nachricht auf den Anrufbeantworter gesprochen.
私はあなたの留守番電話にメッセージを入れておきました。

anschaffen, schafft an, schaffte an, hat angeschafft　(4格を)購入する

Wir haben uns einen neuen Esstisch angeschafft.　新しい食卓を買いました。

anschließen, schließt an, schloss an, hat angeschlossen　(4格を)接続する

Wo kann ich den PC anschließen?　パソコンをどこに繋いだらいいですか？

anschnallen, schnallt an, schnallte an, hat angeschnallt　(4格の)シートベルト(安全ベルト)を締める(< schnallen「(4格を)留め金で固定する」、<die Schnalle,-n「(ベルトなどの)留め金」)

Vergiss nicht, dich richtig anzuschnallen.　ちゃんとシートベルト締めるのを忘れないでね。

ansprechen, spricht an, sprach an, hat angesprochen　(4格に)話しかける、呼びかける

Gestern hat mich unser neuer Nachbar vor der Haustür angesprochen.
昨日、新しいお隣さんが玄関のところで話しかけてきた。

der Anspruch, ¨-e　(auf 4格を)要求する権利、(Anspruch auf 4格 habenで)…を要求する権利がある

Sie wohnen außerhalb. Deshalb haben Sie Anspruch auf Fahrgeld.
あなたは郊外に住んでいますね。それなら交通費を請求できます。

anstellen, stellt an, stellte an, hat angestellt　①スイッチを入れる

Kannst du die Heizung anstellen?　ヒーターのスイッチ入れてくれない？

anstellen, stellt an, stellte an, hat angestellt
②(bei 3格 angestellt seinで)(3格に)雇われている

Seine Tante ist bei einer Möbelfirma angestellt.
彼のおばさんは家具の会社に雇用されています。

sich⁴ anstellen, stellt an, stellte an, hat angestellt
③(購入のために)列に並ぶ

Da vorne ist die Kasse. Sie müssen sich anstellen.　あそこにレジがあります。並んでください。

der/die Angestellte　会社員、従業員

Karl ist Angestellter in einem Reisebüro.　カールは旅行代理店に勤めています。

anstrengen, strengt an, strengte an, hat angestrengt　①(4格を)疲れさせる

Diese Arbeit strengt ihn sehr an.　この仕事は彼には骨が折れる。

sich⁴ anstrengen　②努力する、頑張る

Wenn er die Prüfung schaffen will, muss er sich mehr anstrengen.
試験に受かるつもりなら、彼はもっと頑張らないといけない。

anstrengend　骨の折れる、きつい

Alle Arbeiter finden diese Arbeit sehr anstrengend.
働いている人はみなこの仕事を大変きついものと思っています。

der Antrag, ¨-e　申請(書)

Hast du schon einen Antrag für das Kindergeld ausgefüllt?
児童手当の申請書、もう記入した？

der Anwalt, ¨-e / **die Anwältin**, -nen　弁護士

Der Kunde möchte zuerst mit seinem Anwalt sprechen.
顧客はまず自分の弁護士と話したがっている。

anwenden, wendet an, wandte an, hat angewandt/angewendet　使う

Diese Salbe muss man einmal pro Tag anwenden.
この軟膏は１日１回使わないといけません。

anwesend　出席している（⇔abwesend）

Bei dem Treffen sind alle Mitglieder anwesend.
（この）会合にはメンバー全員が出席しています。

anzeigen, zeigt an, zeigte an, hat angezeigt　（犯人など４格を）告発する、届け出る

Falls Sie hier parken, zeige ich Sie an.　万一ここに駐車されるなら、あなたを訴えます。

die Anzeige, -n　訴え、告発

Sie haben falsch geparkt, deswegen bekommen Sie eine Anzeige.
あなたは駐車違反をしたので、告発されます。

anziehen, zieht an, zog an, hat angezogen　（衣服など４格を）着る

Heute zieht die alte Dame ein neues T-Shirt an.
あの老婦人は新しいＴシャツを着ている。

der Appetit　①食欲

Ich habe heute keinen Appetit. Ich möchte nur Mineralwasser.
今日は食欲がない。ミネラルウォーターくらいしかほしくないんだ。

der Appetit　②（auf ４格を）食べたい気持ち

Auf was hat dein Kind Appetit? Vielleicht auf ein Eis?
君の子供は何が食べたいんだろう？　ひょっとしてアイスクリームかな？

die Aprikose, -n　アンズ、アプリコット
（ドイツ、スイス。オーストリアではMarille）

Schmecken Ihnen die Aprikosen?　このアンズ、おいしいですか？

der Arbeiter, - / **die Arbeiterin**, -nen　労働者、仕事をする人

Maria ist seit zwei Jahren Arbeiterin bei Sony.　マリーアは2年前からソニーで働いています。

die Arbeitserlaubnis　就労許可

Haben Sie eine Arbeitserlaubnis in Japan?　日本での就労許可はお持ちですか？

die Arbeitslosigkeit　失業

Die Arbeitslosigkeit ist wieder gesunken.　失業者数はまた下がった。

der Architekt, -en / **die Architektin**, -nen　建築家

Das Haus hat ein berühmter Architekt gebaut.
この家は有名な建築家が建てたものです。

der Ärger　怒り、不愉快なこと、トラブル

Ich hatte gestern Ärger im Büro.　昨日職場で嫌なことがあったんだ。

ärgerlich　腹立たしい

Der Zug kommt verspätet an. Das ist wirklich ärgerlich.
列車が着くのが遅れる。まったく腹立たしいことだ。

die Art, -en　①種類

In unserem Zoo sehen Sie ca. 20 verschiedene Arten von Vögeln.
当動物園では約20種の鳥類をご覧になれます。

die Art, -en　②性格、性質

Seine Art gefällt mir sehr.　私は彼の性格が大変気に入っている。

die Art, -en　③(die Art und Weiseで) やり方

Man feiert das Fest auf unterschiedliche Art und Weise.
このお祭りを祝うにはいろいろなやり方があります。

das Asyl　保護、庇護

Diese Menschen kamen aus Osten. Sie sind auf der Flucht und bitten um Asyl.
これらの人たちは東方からやってきた。彼らは避難民であり、庇護を求めています。

atmen, atmet, atmete, hat geatmet　呼吸する

Sein Sohn hat eine Erkältung und kann nicht durch die Nase atmen.
彼の息子は風邪をひいて鼻で息ができないんです。

der Atem　息、呼吸

Bitte aufrecht stehen und den Atem anhalten.
まっすぐに立って、息を止めてください。

auch　①(auch wennで) たとえ…であっても

Wir fahren auf jeden Fall, auch wenn es schneit.
たとえ雪が降ろうとも、どうあっても行くぞ。

auch　②(不満、非難の気持ちを表して)いったい、そもそも<心態詞>

Der Bus ist gerade eben abgefahren. Warum kommst du auch so spät!
バスはたった今行ってしまったよ。いったいどうして遅れて来るわけなの！

auf　①(auf dem Landで) 田舎に、田舎で

Meine Großeltern leben auf dem Land.　私の祖父母は田舎住まいです。

auf　②(auf 4格)…に対して

Auf unsere Anzeige in der Wochenzeitung hat sich noch niemand gemeldet.
週刊新聞に載せた私たちの広告に、まだ誰からも連絡がない。

auf　③(方向・施設など)…へ

Meine zweite Tochter kommt nächstes Jahr aufs Gymnasium.
２番目の娘は来年、ギムナジウム入学です。(オーストリア・スイスではins Gymnasium)

auf　④…の最中である

Im Mai waren wir auf Urlaub.
５月に私たちは休暇を取っていました。(オーストリアで。ドイツではin)

auf　⑤副起きている

Ich bin schon seit 3 Stunden auf.
僕は３時間前から起きているよ。

der Aufenthalt, -e ①停車

Der Zug hat in St. Pölten 5 Minuten Aufenthalt.
この列車はサンクト・ペルテンで5分間停車します。

der Aufenthalt, -e ②滞在

Liebe Gäste, wir wünschen Ihnen einen angenehmen Aufenthalt.
お客様におかれましては、快適にご滞在いただけますよう。

auffallen, fällt auf, fiel auf, ist aufgefallen （3格の）目・注意をひく

Mir ist aufgefallen, dass Harriett und ihre Tochter ganz blass sind.
ハリエットとその娘さんが真っ青なことが分かった。

auffordern, fordert auf, forderte auf, hat aufgefordert
①（4格に）促す、要請する

Sie forderte ihren Sohn auf, seine Meinung zu sagen.
彼女は自分の息子に自分の意見を言うよう促した。

auffordern, fordert auf, forderte auf, hat aufgefordert
②（4格に）参加をすすめる

Alle forderten sie zum Tanz auf. みんなが彼女にダンスに加わるようにと言った。

die Aufforderung, -en 要請、督促（状）

Sie erhielt eine Aufforderung, den Betrag bis Ende Juli zu zahlen.
彼女は、7月末までにその金額を支払うようにとの督促状を受け取った。

aufführen, führt auf, führte auf, hat aufgeführt 上演する

Die Kinder führen zu Ostern ein Theaterstück auf. 子供らは復活祭で劇を披露する。

aufgeben, gibt auf, gab auf, hat aufgegeben ①窓口に出す、委託する

Ich habe auf der Post ein Päckchen aufgegeben. 私は郵便局に小型郵便物をひとつ出してきた。

aufgeben, gibt auf, gab auf, hat aufgegeben ②諦める、放棄する

Man darf nicht aufgeben. Es gibt immer eine Hoffnung.
諦めてはいけない。いつだって希望はある。

sich⁴ aufhalten, hält auf, hielt auf, hat aufgehalten ①滞在する

Wo halten Sie sich gerade auf? — In Innsbruck.
今はどちらにご滞在ですか？ ーインスブルックにおります。

aufhalten, hält auf, hielt auf, hat aufgehalten ②(４格を)開けておく

Darf ich Ihnen das Fenster aufhalten? 窓を開けたままにいたしましょうか？

aufhalten, hält auf, hielt auf, hat aufgehalten ③(４格を)引き止める

Wir wollen Sie nicht länger aufhalten.
もうこれ以上あなたをお引き止めいたしません。

aufheben, hebt auf, hob auf, hat aufgehoben ①(４格を)拾い上げる

Lassen Sie den Bleisitft nur auf dem Boden liegen, ich hebe ihn schon auf.
その落ちた鉛筆、そのままでいいよ。いずれ僕が拾うから。

aufheben, hebt auf, hob auf, hat aufgehoben ②(４格を)保管する、とっておく

Die Quittung muss gut aufgehoben werden.
領収書はきちんと保管しておかないといけません。

aufladen, lädt auf, lud auf, hat aufgeladen 充電する

Ich muss mein Handy aufladen. Die Batterie ist leer.
私のケータイ、充電しないと。バッテリーがありません。

auflösen, löst auf, löste auf, hat aufgelöst (４格を)溶かす

Die Tabletten bitte nicht in Wasser auflösen.
この錠剤は水に溶かさないでください。

aufmerksam ①注意深い

Der Schüler hat aufmerksam zugehört.
あの生徒はしっかりと授業を聴いていた。

aufmerksam ②(4格 auf 4格 aufmerksam machen で)気づかせる

Ich mache Sie darauf aufmerksam, dass wir in 10 Minuten schließen.
10分後に閉館しますので、ご注意ください。

レベルB1
A

aufnehmen, nimmt auf, nahm auf, hat aufgenommen　①(４格を)受け入れる

Wir haben Simone in unseren Verein aufgenommen.
私たちはシモーネをうちのクラブに受け入れました。

aufnehmen, nimmt auf, nahm auf, hat aufgenommen　②(４格を)撮影する

Wir haben einen Film aufgenommen.　私たちは映画を一本撮影した。

die Aufnahme, -n　録音、録画、レコーディング

Bitte seien Sie leise! Ich starte die Aufnahme.
お静かに願います。撮影(録音)を開始します。

aufregen, regt auf, regte auf, hat aufgeregt　①(4格を)興奮させる、心を騒がせる

Es regt ihn auf, dass du oft zu spät kommst.
君が遅刻することが多いから、それで彼はイライラしてるんだ。

sich[4] aufregen, regt auf, regte auf, hat aufgeregt　②興奮する

Ganz ruhig! Reg dich bitte nicht auf.
もう落ち着いて！　そんなに興奮しなさんな。

aufgeregt sein　興奮している

Heute hast du einen Test. Bist du schon aufgeregt?
今日はテストがあるんだな。もうドキドキしてるの？

der Auftrag, ¨-e　①(im Auftragで)代理で

Ich komme im Auftrag von Herr und Frau Müller und soll Ihnen diesen Brief geben.
ミュラー夫妻の代理で参りましたが、この手紙をあなたにお渡しするようにとのことです。

der Auftrag, ¨-e　②注文

Im Februar und August hat die Firma wenige Aufträge.
２月、８月のこの会社は注文が少ないのです。

auftreten, tritt auf, trat auf, hat aufgetreten　登場する、出演する

Nächste Woche tritt in der Stadthalle eine berühmte Tanzgruppe auf.
来週、市立ホールには有名なダンスユニットが出演します。

der Auftritt, -e　出演、登場

Nach dem Auftritt feierten die Musikerinnen.
出演後、女性音楽家たちはパーティで楽しんだ。

aufwachen, wacht auf, wachte auf, ist aufgewacht　目覚める

Von dem Klingen bin ich aufgewacht.　ベルの音で私は目が覚めてしまった。

aufwärts　①上へ、上がって（⇔ abwärts）

Die Kinder müssen gute Schuhe anziehen. Der Weg geht immer aufwärts.
子供らはいい靴を履く必要があります。ずっと上り坂なのです。

aufwärts　②上向きな

Seit 2 Jahren geht es wieder aufwärts mit der Wirtschaft.
２年前から経済は再び上向きになった。

der Augenblick, -e　①瞬間

Leon wollte gerade parken. In dem Augenblick ist ein Wagen aus der Ausfahrt gekommen.　レオンは駐車しようとしていたが、その時ちょうど、出口から車が一台やってきた。

der Augenblick, -e　②（einen Augenblick で）ちょっとお待ちください

Einen Augenblick, bitte!　ちょっと待ってください。

der Augenblick, -e　③（im Augenblick で）目下、たった今

Im Augenblick sind keine Plätze frei.　今のところ、満席です。

aus（３格支配の前置詞）　①（aus der Zeit 時代に）できた

Der Wagen ist aus der Zeit um 1960.　この車は1960年頃のものです。

aus（３格支配の前置詞）　②（動機）…から

Herr und Frau Bergmann haben aus Liebe geheiratet.
ベルクマン夫妻は恋愛結婚したのです。

ausbilden, bildet aus, bildete aus, hat ausgebildet　（４格を）養成する

Sie lässt sich als Sängerin ausbilden.　彼女は歌手になる教育を受けている。

ausgebildet sein　専門（職業）教育を受けている（修了している）

Für diesen Beruf muss man gut ausgebildet sein.
この仕事に就くにはしっかりした職業教育を修了していないといけない。

ausdrucken, druckt aus, druckte aus, hat ausgedruckt　プリントアウトする

Kann ich das auf Ihrem Drucker ausdrucken?　これ、あなたのプリンタで出力してもらえませんか？

der Ausdruck, ¨-e　表現、言い回し

Diesen Ausdruck habe ich nur einmal gehört.
この表現は一回しか聞いたことがありません。

der Ausdruck, -e　プリントアウト、出力したもの

Mach doch bitte einen Ausdruck von der E-Mail.　そのEメール、プリントアウトしてよ。

auseinander　離ればなれに、相互に離れて

Seine Eltern wohnen weit auseinander.
彼の両親は遠く離れた別の住まいで暮らしている。

die Ausfahrt, -en　①（車などの）出口

Hier ist eine Ausfahrt, da darfst du nicht parken.
ここは出庫口ですから、駐車してはだめですよ。

die Ausfahrt, -en　②発車、出発、出航、高速道路の出口

Wie weit ist es noch bis zur Ausfahrt Heidelberg?
ハイデルベルクの高速出口まで、あとどのくらいありますか？

ausfallen, fällt aus, fiel aus, ist ausgefallen　中止になる

Nächste Woche fällt die Schule aus.　来週、学校は休校だ。

die Ausgabe, -n　①（通例、複数で）支出、出費（⇔ Einnahme）

Wie hoch sind deine Ausgaben in einem Monat?　君の一カ月の出費はどのくらいなの？

die Ausgabe, -n　②支給（所）、配給（窓口）

Entschudigung, wo ist die Essensausgabe?　すみません。給食受け取り口はどこでしょうか？

die Ausgabe, -n ③(刊行物の)版、(新聞・雑誌の)号

In welchem Buch haben Sie das gelesen? In welcher Ausgabe?
どの本でそれを読まれましたか？ 第何版でしょうか？

ausgehen [活用はレベルA2へ]…の結果になる、…に終わる

Wie ist das Fußballpiel ausgegangen? あのサッカーの試合どうなったの？

ausmachen, macht aus, machte aus, hat ausgemacht ①意味(重要性)をもつ

Du musst 10 Minuten warten. — Kein Problem. Das macht mir nichts aus.
10分、待たないといけないよ。—大丈夫、どうってことはないから。

ausmachen, macht aus, machte aus, hat ausgemacht ②取り決める

Wir hatten doch ausgemacht, dass Sie die Getränke besorgen.
あなたが飲み物は調達するって取り決めたんでしたよね。

aussehen [活用はレベルA2へ] (als ob 従属節で)まるで…しそうな気配だ

Es sieht so aus, als ob es bald schneien würde. 今にも雪が降りそうな気配だな。

auspacken, packt aus, packte aus, hat ausgepackt 荷解きをする

Wann packst du den Koffer aus? いつ君はスーツケースの荷解きをするの？

sich⁴ ausruhen, ruht aus, ruhte aus, hat ausgeruht
(von 3格から解放されて)休養する

Meine Eltern ruhen sich von der Arbeit aus. 両親は仕事のあと休んで、元気回復です。

ausgeruht sein リフレッシュした

Sind Sie gut ausgeruht? たっぷり充電できましたか？

außen ①外側の、外部の

Außen ist das Gebäude sehr schön. この建物は外側はとても綺麗だ。

außen ②(von außen で)外側から

Damals konnten wir das Schloss nur von außen sehen.
当時は、このお城は外から見られるだけだった。

außerdem　そのうえ、さらに

Fünf Schinkenbrötchen, möchten Sie außerdem noch etwas?
ハムサンド5個、他に何かご入り用は？

außerhalb　①副郊外に

Unsere Wohnung ist nicht in der Stadt, sie liegt etwas außerhalb.
私たちの住まいは街なかではなく、少し郊外にあるんです。

außerhalb（2格支配の前置詞）　②…の外側に、…の外に

Sein Haus war weit außerhalb der Stadt.
彼の家は、ずっと町はずれにあった。

äußerlich　（薬が）外用の

Die Salbe dürfen Sie nur äußerlich anwenden.
その軟膏は外用薬ですよ。

die Aussicht, -en　①眺め、見晴らし

Von dem Fernsehturm hat man eine wunderschöne Aussicht.
テレビ塔からの眺めは素晴らしいです。

die Aussicht, -en　②（…を得る）見込み

Anton hat gute Aussichten in seinem Beruf.
アントンが仕事で成功する見込みは十分ある。

die Aussprache　発音

Alfred hat eine schlechte Aussprache.　アルフレートの発音はよくない。

ausstellen, stellt aus, stellte aus, hat ausgestellt　①（4格を）展示する、陳列する

Im Schaufenster sind Winterjacken ausgestellt.
ショーウインドウには冬物のジャケットが展示されています。

ausstellen, stellt aus, stellte aus, hat ausgestellt　②（4格を）発行する、交付する

Der neue Reisepass wird bis nächste Woche ausgestellt.
新しい旅券は来週までに発行されます。

die Ausstellung, -en　発行、交付

Die Ausstellung eines Passes dauert 3 Wochen.
旅券の発行は3週間かかります。

(sich³) aussuchen, sucht aus, suchte aus, hat ausgesucht
(sich³ のために4格を)選び出す

Sucht euch etwas Schönes aus! Ich lade euch ein.
よさそうなのを選んでごらんよ。僕が払ってあげるから。

auswählen, wählt aus, wählte aus, hat ausgewählt
(aus 3格から)選び出す、選ぶ

Für die Aufgabe könnt ihr aus 5 Themen auswählen.
この課題用に君らは5つのテーマのなかから選んでいいんだ。

die Auswahl, -en　①選択、(eine Auswahl treffen で)選び出す

Wir müssen eine Auswahl aus den Zeitschriften treffen.
私たちはこれらの雑誌のうちから選ばないといけない。

die Auswahl, -en　②品数

Unser Geschäft hat eine große Auswahl.　当店は品数豊富です。

ausziehen, zieht aus, zog aus, hat ausgezogen　①(4格を)脱ぐ

Du musst deine Jacke ausziehen, bevor du in die Halle gehen.
集会場に行く前に、ジャケットを脱がねばなりません。

ausziehen, zieht aus, zog aus, ist ausgezogen　②引っ越していく、引き払う

Im März ziehen wir aus.　3月には引っ越します。

der Autor, -en / **die Autorin**, -nen　著者、作家

Dieser Autor hat in diesem Jahr zwei Romane geschrieben.
この作家は今年長編小説を2冊書いている。

#COLUMN

機能語ってなに？ ── 機能語、機能動詞

Die Katze schläft auf dem Auto.

意味は「猫が車の上で寝ている」…かわいいですね。

この文で使われているKatze「猫」やAuto「車」は、この単語だけでも何を表しているかわかりますよね。では、auf「上」やdie「その」は？…なんの「上」なの？　「その」何？

このように、単独でなくほかの語と組み合わさって意味をなす語を機能語と呼びます。

じゃあ「機能動詞」は？　もしかして、他の語と組み合わさって意味をなす動詞？　そう、その通り！　特定の要素と組み合わさって意味をなす動詞です。例えば次の（1）、（2）を見てみましょう。

（1）Ich bringe meinem Mann eine Tasse Kaffee.
私は夫に一杯のコーヒーを運ぶ。

（2）Wir müssen die Sache in Ordnung bringen.
私たちはものを整理しないといけない。

例文（1）でも（2）でも動詞bringenが使用されていますが、（1）は「運ぶ」の意味で使用されており、例えばmeinem Mann「私の夫に」を他の語に変更しても問題ありません（例えば、Ich bringe meinem Kind einen Kaffee.「私は子どもに一杯のコーヒーを運ぶ。」としてもいいわけです）。ですが、（2）は „in Ordnung“ と切り離すと、「整理する」の意味になりません。このように、もともと持っている意味で使用されず、他の要素とともに使用されて意味をなす動詞を機能動詞と呼びます。このほかに、machen, kommen, geben, stellen, nehmenなども機能動詞として使用されます。

（中野英莉子）

#COLUMN

Wechselpräposition って？ ――3・4格支配の前置詞

前置詞は、名詞や代名詞の「前」に「置」く言葉ですね。名詞や代名詞と他の語との関係性を示します。ドイツ語では、前置詞によって後ろにくる名詞や代名詞の格が決まっているのでした。例えば、mitであれば後ろの名詞・代名詞は3格ですね。

その中でも下記の前置詞は、後ろにくる名詞・代名詞が3格のときも4格のときもあります。

in「中」、an「際」、auf「上」、unter「下」、neben「隣」、
zwischen「間」、über「上方」、vor「前」、hinter「後ろ」

これらの前置詞には共通点がありますね。…そう、すべて、位置を表しています。

（1）Er geht in die Bibliothek.　彼は図書館に入っていく。[4格]

（2）Er lernt in der Bibliothek Deutsch.　彼は図書館でドイツ語を勉強する。[3格]

3格でも4格でも、好きな方を使っていいの？　いえいえ、いつ3格にして、いつ4格にするかは決まっています。

上の例文（1）のように、「方向」を表す、つまり前置詞とそれに続く名詞・代名詞の位置に向かっていく時には4格を使いますが、例文（2）のように「場所」を表し、その場で、ということを示すときには3格が使用されます。

（3）Wir fahren in den Sommerferien ans Meer.
私たちは夏休みに海に行く。[4格：方向]

（4）Am Meer grillen wir.　海で私たちはバーベキューをする。[3格：場所]

（3）と（4）も、海に向かっていく（3）は4格、海のそばという場所でバーベキューをする（4）は3格を使用していますね。　（中野英莉子）

【B】 レベルB1

das Bad, ¨er　入浴

Ich glaube, dass nach einem warmen Bad dein Großvater sich gleich besser fühlt.
君のおじいさんは温水浴をすればすぐに気分がよくなると思うよ。

die Badewanne, -n　湯船、浴槽

Nach einem langen Arbeitstag setzt sich mein Vater in die Badewanne.
長時間の仕事があった日には、父は浴槽に湯を張って入ります。

die S-Bahn, -en　（都市と郊外を結ぶ）都市（高速）鉄道（< Schnellbahn, Stadtbahn）

Ich will die nächste S-Bahn nehmen.　私は次のSバーンで行くつもりです。

die Straßenbahn, -en　路面電車

Haben Sie die Straßenbahn Nr. 13 genommen?　13番の路面電車を使ったのですか？

die U-Bahn, -en　地下鉄（< die Untergrundbahn）

Die erste U-Bahn geht um 5.01 Uhr.　地下鉄の始発は5時1分です。

das Ballett, -e　バレエ

Seine Töchter möchten gern Ballett tanzen.
彼の娘たちはバレエを踊りたがっています。

der Bancomat / Bankomat, -en　現金自動支払い機
（オーストリア、スイスで。ドイツではGeldautomat）

Ich möchte noch schnell Geld vom Bankomat holen.
現金自動支払い機でさっとお金出してきたいんですけど。

die Bankleitzahl, -en　銀行コード番号

Geben Sie bitte Ihre Bankleitzahl an.　貴方の銀行のコード番号を届け出てください。

die Bankomat-Karte, -n　ユーロチェックカード
（オーストリアではec-Karte / EC-Karte）

Kann ich auch mit Bankomat-Karte zahlen?
ユーロチェックカードでも支払いができますか？

die Bar, -s　バー(のカウンター席)、酒場

Georg sitzt alleine an der Bar.　ゲオルクはひとりでカウンター席に座っている。
Er trifft seine Freundin in der Hotelbar.　彼はホテルのバーでガールフレンドに会うんだ。

das Bargeld　現金

Peter hatte kein Bargeld mehr.　ペーターはもう現金を持っていなかった。

der Bart, ¨-e　髭

Johannes trägt jetzt einen Bart.　ヨハンネスはいま髭を生やしている。

die Batterie, -n　電池、バッテリー

Bringen Sie bitte Batterien für die Uhr mit?　時計用の電池を持ってきていただけますか？

der Bau, Bauten　建築

Das Ehepaar will in einer Neubauwohnung wohnen.　あの夫婦は新築のアパートに住みたがっている。

der Bauer, -n　農夫、農業家

Wir haben unser Gemüse beim Bauer gekauft.　私たちは野菜を農家から買っていた。

beachten, beachtet, beachtete, hat beachtet　(４格に)注意を払う

Am Bahnsteig müssen wir die Ansagen beachten.
ホームではアナウンスに気をつけていないといけないです。

beantragen, beantragt, beantragte, hat beantragt　(４格を)申請する

Hat dein Mann schon einen neuen Pass beantragt?
旦那さんはもう新しいパスポートを申請したの？

der Bedarf, -e (通例、単数で)　必要、需要

An Bio-Lebensmitteln besteht großer Bedarf.　自然食品にたいする需要は大きい。

bedeuten　[活用はレベルA1へ]（従属接続詞dassとともに)…ということになる、つまり…という意味だ

Du bist krank. Das bedeutet, dass du heute nicht arbeiten kannst.
君は病気だな、それはつまり今日は仕事に行けないってことなんだ。

die Bedeutung, -en　意味

Weißt du, dass das Wort „Maus" heute zwei Bedeutungen hat?
マウスという語には、今日では２つの意味があるって知ってる？

bedienen, bedient, bediente, hat bedient　①（４格に）応対する、サービスする

Grüß Gott! Werden Sie schon bedient?
こんにちは（いらっしゃいませ）。（ご注文をすでに）承っておりますか？

bedienen, bedient, bediente, hat bedient　②（４格を）操作する

Diese Waschmaschine ist ganz leicht zu bedienen.
この洗濯機の操作はとっても簡単。

die Bedienungsanleitung, -en　操作説明書、取扱説明書

Verstehst du diese Bedienungsanleitung?
この取扱説明書、理解できる？

die Bedingung, -en　条件

In unserem Betrieb haben wir gute Arbeitsbedingungen.
当社の労働条件はいいです。

sich⁴ befinden, befindet, befand, hat befunden　（…に）ある、居る

Das Rathaus befindet sich im Stadtzentrum.　市庁舎は街の中心部にあります。

befreit　免除されている（< befreien「（４格を von / aus ３格から）解放する」の過去分詞形）

Die Studierenden sind von den Rundfunk-Gebühren befreit.
学生は受信料が免除されています。

befriedigend　①満足できる（< befriedigen「（４格を）満足させる」の現在分詞形）

Das Ergebnis war befriedigend.　結果は満足できるものだった。

befriedigend　②（６段階の成績評価で）第３評価＝良

６段階とは：1 – sehr gut / 2 – gut / 3 – befriedigend / 4 – ausreichend / 5 – mangelhaft / 6 – ungenügend

befristet 期限付きの（< befristen「期限を付ける」の過去分詞。die Frist「期限、期間」）

Ich mache einen befristeten Aushilfsjob. 私は期限付きの臨時の仕事をしています。

begegnen, begegnet, begegnete, ist begegnet （３格に）出会う

Sind wir uns nicht schon mal irgendwo begegnet?
どこかで一度お目にかかりましたか？

begeistert 感激した（< begeistern「（４格を）感激させる」の過去分詞形）

Es war ein tolles Konzert. Wir sind alle begeistert. 素晴らしい演奏会だったね、みんな大感激だよ。

der Beginn はじめ

Zu Beginn des Unterrichts begrüßt der Lehrer seine Schüler.
授業のはじめに先生は生徒にかしこまった挨拶をします。

begleiten, begleitet, begleitete, hat begleitet （４格に）同行する、伴奏する

Ich begleite Sie zum Bahnhof. 駅までご一緒しますよ。

begrenzt 限定された（< begrenzen「（４格を）制限する」の過去分詞形）

Die Teilnehmerzahl war auf 15 begrenzt. 参加人員は15名までだったのです。

die Begründung, -en 根拠、理由

Der Benzinpreis wurde ohne Begründung erhöht.
ガソリン価格は理由もなしに値上げとなった。

begrüßen, begrüßt, begrüßte, hat begrüßt （４格に）挨拶する、歓迎する

Der Gastgeber hat seine Gäste begrüßt. 主人（ホスト）は招待客に挨拶した。

behalten, behält, behielt, hat behalten （手元に）持っておく、保持する

Darf ich diese Zeitung behalten? この新聞、取っておいていいですか？

behandeln, behandelt, behandelte, hat behandelt
①（４格を）治療する、手当てする、取り扱う

Welcher Arzt hat euch bis heute behandelt?
何科のお医者さんが今日まで君らの手当てをしていたのかな？

sich^4 behandeln, behandelt, behandelte, hat behandelt
②(so ... behandeln lassen で)(von 3格から)こんなふうに扱われる

So lassen wir uns von Ihnen nicht so behandeln!
われわれはあなたからこんな扱いを受けるいわれはないんだ！

behaupten, behauptet, behauptete, hat behauptet ①主張する

Er behauptet, meine Meinung sei falsch. 彼は僕の意見が間違いだと主張している。

sich^4 behaupten, behauptet, behauptete, hat behauptet ②地歩を固める

Seine Firma konnte sich sehr leicht behaupten.
彼の会社が地歩を固めるのはわけもないことだった。

behindern, behindert, behinderte, hat behindert (4格を)妨害する、妨げる

Park bitte so, dass du niemanden behinderst.
誰の邪魔にもならないように駐車してよ。

behindert sein 障碍のある

Seit dem Verkehrsunfall ist das Kind unserer Freunde behindert.
交通事故以来、我々の友人の子供は障碍者となった。

die Behörde, -n 官庁、役所

Seine Tante hat ein Schreiben von der Behörde erhalten.
彼の伯(叔)母は役所から手紙を受け取った。

beide 2人とも(1語で)

Beide sind mit meinem Vorschlag einverstanden. 2人とも私の提案には納得してくれている。

beinahe 危うく

Ich habe heute beinahe den Bus nach Nürnberg verpasst.
今日は危うくニュルンベルク行きのバスを逃すところだった。

beispielsweise 例えば(< das Beispiel, -e)

Hier gibt's so viele Sachen: beispielsweise Gemüse, Obst, Fleisch ...
ここにはたくさんあるよ。例えば野菜、果物、肉など。

beißen, beißt, biss, hat gebissen　（4格を)嚙む、嚙みつく

Passen Sie auf, dass der Hund Sie nicht beißt!
その犬に嚙みつかれないよう、気を付けてください！

der Beitrag, ¨-e　保険料、寄与、貢献

Letzte Woche hat die Krankenkasse die Beiträge wieder erhöht.
先週、健康保険組合が保険料をまた値上げしました。

der Mitgliedsbeitrag　会費

Der Mitgliedsbeitrag für den Fußballverein beträgt 50 Euro pro Jahr.
このサッカークラブの会費は年額50ユーロです。

bekannt geben, gibt bekannt, gab bekannt, hat bekannt gegeben
(4格を)公表する、発表する

Den Prüfungsort werden wir Ihnen noch rechtzeitig bekannt geben.
試験の場所は早めに皆さんにお知らせいたします。

bekommen　[活用はレベルA1へ] ①(注射などを)される

Mein Vater bekommt jeden Tag eine Spritze.　父は毎日注射されている。

bekommen　②買う、注文する

Was bekommen Sie? — 3 Kilo Kartoffeln und 1 Kilo Zwiebeln.
何にいたしましょうか？　ージャガイモ3キロと玉ねぎ1キロください。

bekommen　③…がある

Morgen bekommen wir Besuch.　明日はお客さんが来ます。

bekommen　④…の状態になる

Plötzlich bekomme ich starke Halsschmerzen.
急に咽喉がひどく痛くなった。

der Beleg, -e　証拠となるもの、(領収書などの)証明資料

Brauchen Sie einen Beleg für Zahlung ?
支払い証明書、ご入り用ですか？

beleidigen, beleidigt, beleidigte, hat beleidigt
(4格を)侮辱する、(4格に)不快感を与える

Ich wollte dich nicht beleidigen. 君を侮辱するつもりなんてなかったんだ。

beleidigend 侮辱的な(< beleidigenの現在分詞形)

Das war beleidigend für uns. それは我々には侮辱的なことでした。

beleidigt 気を悪くした、むっとした(< beleidigenの過去分詞形)

Er machte ein beleidigtes Gesicht. 彼はむっとした顔をした。

bemerken, bemerkt, bemerkte, hat bemerkt (4格に)気づく

Sie hat nicht bemerkt, dass das Fenster geschlossen ist.
彼女は窓が閉まっていることに気づかなかった。

sich^{4} bemühen, bemüht, bemühte, hat bemüht ①努力する

Meine Tochter hat sich sehr bemüht, etwas Gutes zu kochen.
私の娘は、何か美味しいものを作ろうと頑張りました。

sich^{4} bemühen, bemüht, bemühte, hat bemüht ②(um 4格を)得ようと努める

Heute muss ich mich um einen Termin beim Zahnarzt bemühen.
今日は歯医者の予約をなんとか取らないといけない。

benötigen, benötigt, benötigte, hat benötigt (4格を)必要とする

Sag bitte Bescheid, wenn du noch etwas benötigst. 何か必要なら、知らせるんだよ。

das Benzin ガソリン

Das Benzin soll immer teurer werden. ガソリンはますます高くなるようだ。

beobachten, beobachtet, beobachtete, hat beobachtet 目撃する、観察する

Wer hat den Unfall von gestern beobachtet?
昨日のあの事故を目撃したのは誰ですか？

die Beratung, -en 助言、協議、相談(所)

Die Beratung kostet nichts. 相談は無料です。

berechnen, berechnet, berechnete, hat berechnet　（４格を）算出する、見積もる

Die Kosten für die Reise müssen erst berechnet werden.
この旅行の諸費用をまず見積もってもらわないと。

der Bereich, -e　①領域、分野

In welchem Bereich möchtest du arbeiten?　どんな分野で仕事をしたいの？

der Bereich, -e　②地域、区域

Sie müssen den Baustellenbereich umfahren.　工事現場付近は迂回しないといけませんよ。

bereit　①…する心構えのある

Wir sind jederzeit bereit, euch zu helfen.
僕らは、いつでも君たちに手を貸すつもりでいるよ。

bereit　②用意のできた

Das Schiff liegt zur Abfahrt bereit.　その船は出港準備ができている。

bereits　すでに、もう

Bitte melden Sie sich bei Herrn Weis. Er hat bereits viermal angerufen.
ヴァイスさんに連絡してください。彼はもう４回も電話を掛けてきています。

der Bericht, -e　報道、記事

Gestern haben wir einen interessanten Bericht gelesen.
昨日、僕らは興味深い記事をひとつ読んだんだ。

beruflich　職業の、職業上は

Was machst du beruflich?　君の仕事は？

berufstätig　職業に就いている

Ist sein Bruder berufstätig?　彼の兄さん、働いてるの？

sich⁴ beruhigen, beruhigt, beruhigte, hat beruhigt　①安心する、落ち着く

Beruhigen Sie sich bitte. Alles ist in Ordnung.
どうか落ち着いてください。すべてオーケーです。

beruhigen, beruhigt, beruhigte, hat beruhigt ②(４格を)安心させる、落ち着かせる

Ich kann Sie beruhigen. Ihren Kindern ist nichts passiert.
ご安心ください。お子さんたちは大丈夫です。

berühmt 有名な、名高い

Michael Ende war ein berühmter Schriftsteller.
ミヒャエル・エンデは有名な作家だった。

beschädigen, beschädigt, beschädigte, hat beschädigt
(４格を)損なう、損傷(害)を与える

Bitte machen Sie eine Liste davon, was der Einbrecher beschädigt hat.
その侵入者が与えた損害のリストを作ってください。

beschäftigen, beschäftigt, beschäftigte, hat beschäftigt
(4格に)仕事を与える、(sich⁴ mit 3格に)従事する

Womit hat er sich bei der Arbeit beschäftigt?
彼はその仕事で何に従事してきたのですか？

beschäftigt sein 働いている、雇われている(< beschäftigenの過去分詞形)

Seit wann ist dein Mann bei dieser Firma beschäftigt?
君の旦那さんはいつからこの会社で働いているの？

die Beschäftigung 仕事、就業、勤務

Meine Frau sucht jetzt eine Halbtagsbeschäftigung.
家内は今、半日勤務の仕事を探しているんです。

beschließen, beschließt, beschloss, hat beschlossen (４格を)決心する

Wir haben beschlossen, uns ein kleines Haus zu kaufen.
私たちは小さな家を買うことに決めた。

beschränken, beschränkt, beschränkte, hat beschränkt
①(4格を)限定する、制限する

Wir müssen die Wartezeit auf 10 Minuten beschränken.
私たちは待ち時間を10分に制限しないといけない。

sich⁴ beschränken, beschränkt, beschränkte, hat beschränkt
②(発言内容などを auf 4格に)限定する、限る

Heute will ich mich auf das Wesentliche beschränken.
今日は要点だけに絞ってお話しするつもりです。

beschränkt　限定・制限されている（< beschränkenの過去分詞形）

Die Teilnehmerzahl für den Anfängerkurs ist beschränkt.
初心者クラスの参加人員は制限されています。

die GmbH, -s　有限会社(Gesellschaft mit beschränkter Haftungの略語)

Wie kann man eine GmbH gründen?　どうしたら有限会社を創設することができますか？

die Beschreibung, -en　記述、使用説明書

Wo ist die Beschreibung meines Handys?　僕のケータイの取扱説明書はどこかな？

besetzt　話し中、使用中(< besetzen「(4格を)ふさぐ、占領する」の過去分詞形)

Mein Mann hat jetzt schon fünfmal dort angerufen. Es ist immer besetzt.
夫はもう5回もそこに電話を掛けているんですが、いつも話し中なんです。

besitzen, besitzt, besaß, hat besessen　所有している

Besitzen Sie ein eigenes Haus?　お宅は持ち家ですか？

besonder-　格別の、特別な

Es ist ein besonderes Glück, hier dich zu sehen.
ここで会えるなんて、なんて運がいいんだろう。

besorgen, besorgt, besorgte, hat besorgt　(4格を)手に入れる、調達する

Wo kann man im kleinen Dorf Benzin besorgen?
小さな村のどこでガソリンが手に入るのですか？

besprechen, bespricht, besprach, hat besprochen
(4格について／従属節について)話し合う、相談する

Ihr müsst noch genau besprechen, was ihr mitnehmt.
何を持っていくのか、君たちはもっときっちりと話し合わないといけないな。

die Besprechung, -en　協議、話し合い

Tut mir sehr leid, Frau Schuhmacher ist noch in einer Besprechung.
大変申し訳ございません。シューマハーさんはまだ会議中なのです。

die Besserung　改善、回復

Ich wünsche dir gute Besserung!　お大事に。(病人への挨拶として)

bestätigen　[活用はレベルA2へ]（４格を)確認する、通告する

Die Firma hat mir den Termin telefonisch bestätigt.
その会社は期日を電話で確認してきた。

die Bestätigung, -en　確認(書)、証明(書)

Kann ich eine schriftliche Bestätigung erhalten?　確認したのを書面でもらえますか？

bestellen　[活用はレベルA1へ]　①(bestellt seinで)予約してある

Wir sind für 15 Uhr zum Vorstellungsgespräch bestellt.
私たちは15時の面談を予約してあります。

bestellen　②(伝言などを)伝える

Bestell deiner Mutter schöne Grüße von mir!　お母さんによろしくお伝えください。

bestimmt　①副 きっと、確かに、疑いもなく

Nina wird bestimmt kommen.　ニーナはきっと来るさ。

bestimmt　②形 ある種の、決まった

Wir haben keine bestimmten Pläne.
我々には特に計画があるわけではありません。

bestrafen, bestraft, bestrafte, hat bestraft　(４格を)処罰する、罰する

Zu schnelles Fahren wird sehr streng bestraft.
スピードの出しすぎは非常に厳しく罰せられます。

der Besuch, -e　(zu Besuch seinで)立ち寄って

Tante Heike ist hier nur zu Besuch.　ハイケおばさんはちょっと立ち寄っただけです。

sich⁴ beteiligen, beteiligt, beteiligte, hat beteiligt　(an 3格に)参加する

Wir wollen unserem Lehrer ein Geschenk kaufen. Wer möchte sich beteiligen?
先生に贈り物を買おうと思う。一緒にしたい人、誰かいますか？

der Betrag, ¨-e　金額、額

Überweisen Sie bitte den Betrag auf mein Konto.
この金額を私の口座に振り込んでください。

betreuen, betreut, betreute, hat betreut　(4格の)世話をする

Wer betreut bei euch die Kinder?　君らのところでは誰が子供の面倒をみてくれるの？

der Betreuer, - / **die Betreuerin**, -nen　面倒を見る人、世話人

Der Betreuer meiner Tochter ist sehr nett.　私の娘の付き添い人はとても感じのいい方です。

die Betreuung　世話(人)、付き添い(人)

Betreuung für eine Alte gesucht.　老人女性の付き添い求む。

der Betrieb, -e　①企業、事業所

Damals haben 15 Leute in diesem Betrieb gearbeitet.　当時この事業所では15人が働いていた。

der Betrieb, -e　②(従業員の)活動、仕事

Kurz vor Sommerferien ist in dem Kaufzentrum immer viel Betrieb.
夏休みの直前には、ショッピングセンターは大忙しとなる。

in Betrieb / außer Betrieb　運転(操業)中である／運転(操業)中でない

Seit gestern ist das Geldautomat in Betrieb (außer Betrieb).
昨日からこの現金自動支払い機は動いている(動いてない)。

der Betriebsrat, ¨-e / **die Betriebsrätin**, -nen　(従業員側の)経営協議会(委員)

Die Betriebsrätin wird Sie über die neuen Arbeitszeiten informieren.
経営協議会委員から皆さんに、新しい就業時間についてお知らせがあります。

betrügen, betrügt, betrog, hat betrogen　(4格を)だます、裏切る、浮気をする

Ich würde meine Frau niemals betrügen.　僕は妻を裏切ったりしないよ。

betrunken 酔っぱらった、酔っぱらって（< sich^4 betrinken「酔っぱらう」）

Wenn du betrunken Auto fährst, verlierst du deinen Führerschein.
酒酔い運転をしたら、免許がなくなるんだよ。

die Bevölkerung 全住民、人口

90 % der Bevölkerung wurden im Inland geboren.
人口の９割が国内で生まれていました。

bevor （定動詞後置の従属接続詞）…する前に

Bevor wir gehen, musst du noch etwas trinken.
みんなで出かける前に、君は何か飲まないといけないな。

sich^4 bewegen, bewegt, bewegte, hat bewegt ①動く

Ich konnte mich vor Schrecken kaum bewegen. 恐ろしくて身動きできなかったんだ。

bewegen, bewegt, bewegte, hat bewegt ②（４格を）動かす

Er kann seinen Finger nicht mehr bewegen. 彼は自分の指がもう動かせないんだ。

die Bewegung, -en 運動

Mein Großvater braucht mehr Bewegung. 僕の祖父はもっと運動しないといけない。

beweisen, beweist, bewies, hat bewiesen （４格を）証明する、立証する

Die Polizei kann beweisen, dass der Mann bei Rot über die Ampel gefahren sind.
警察はあの男性が赤信号を突っ切ったことを立証できます。

der Beweis, -e 証明、証拠

Zeigen Sie mir bitte Beweise dafür. その証拠を私に見せてください。

die Bewerbung, -en ①申し込み書

Wohin solltest du deine Bewerbung schicken?
君は応募書類をどこに出せと言われているの？

die Bewerbung, -en ②応募

Helfen Sie mir bitte bei meiner Bewerbung? 私の応募に手を貸していただけないでしょうか？

der Bewohner, - / **die Bewohnerin**, -nen　住民、居住者

Kennen Sie die anderen Hausbewohner nicht?
他の入居者のことはご存じないのですか？

die Beziehung, -en　関係

Wir haben leider keine gute Beziehungen zu unseren Nachbarn.
残念だけど、うちはご近所とはうまくいってないんです。

bieten, bietet, bot, hat geboten　①(für 4格に対して)…の値(4格)をつける

Mein Bekannter hat mir für den alten Wagen noch 500 Euro geboten.
私の知人はあの古い車に500ユーロもの値段をつけてきたんだ。

bieten, bietet, bot, hat geboten　②提供する、申し出る

Die Firma bietet ihren Mitarbeitern die Möglichkeit, einen Deutschkurs zu besuchen.
その会社は従業員にドイツ語コース受講の機会を提供している。

der Bildschirm, -e　①ディスプレイ

Seine Frau braucht einen größeren Bildschirm für ihren neuen Computer.
彼の奥さんは新しいPC用にもっと大きなディスプレイが必要だ。

der Bildschirm, -e　②画面

Wir möchen uns einen Fernsehapparat mit einem sehr großen Bildschirm kaufen.
私たちは大画面のテレビを買いたいんです。

das Billett, -e / -s　乗車券(ドイツ・オーストリアでは Fahrkarte)

Kann man ein Billett auch am Schalter kaufen?
乗車券は窓口でも買えますか？

die Biologie　生物学(科目名、分野名としては無冠詞で)

Mein junger Freund studiert Biologie.　私の若い友人は生物学専攻です。

Bio-　自然農法の…

Meine Freundin kauft nur noch Biogemüse.
僕のガールフレンドは有機野菜しか買わない。

bio(logisch) 自然農法による、生物学上の

Biologische Lebensmittel gibt es auch auf dem Markt.
自然食品は市場にもあります。

bis(4格支配の前置詞) ①(数量など)…まで

Einige Züge haben bis zu 3 Stunden Verspätung.
遅れが3時間までの列車がいくつかあります。

bis(4格支配の前置詞) ②(von A bis Bで)AからBまで

Von 12. bis 22. September nimmt mein Chef Urlaub.
9月12日から22日まで、私の上司は休暇を取っています。

bis(定形後置の従属接続詞) ③…するまで

Wartet hier, bis eure Mutter zurückkommt. ママが戻ってくるまで、みんなここで待ってるのよ。

bisher 今まで、これまで(発音注意:bis+her)

Bisher ist alles in Ordnung, nicht wahr? これまでのところ万事オーケーですよね?

blass 青白い

Sie sehen ganz blass aus. Sind Sie krank? 顔が真っ青ですよ。具合が悪いのではないですか?

blind ①目が見えない

Frau Keller war von Geburt an blind und taub.
ケラー夫人は生まれつき、眼が見えず耳が聞こえなかった。

blind ②(比喩的に)無批判の

Liebe macht blind. 恋は盲目。(諺)

blitzen, blitzt, blitzte, hat geblitzt ①(非人称主語esと)稲光がする

Vorgestern gab es ein Gewitter. Es hat furchtbar geblitzt und gedonnert.
一昨日は雷雨があった。すごい稲光と雷鳴だった。

blitzen, blitzt, blitzte, hat geblitzt ②きらりと光る

Vor Freude blitzten Peters Augen. 歓びでペーターの眼がキラキラと光っていた。

der Blitz, -e　①稲光

Was für ein Gewitter, haben Sie den Blitz gesehen?
ひどい雷雨だ、いまの稲光ご覧になりました？

der Blitz, -e　②フラッシュ

Haben Sie das Foto mit Blitz gemacht?　フラッシュ使って撮ったんですか？

bloß　①ただ…だけ

Wir möchten nichts kaufen. Wir möchten uns bloß umsehen.
私たちは何か買いたいのではなく、(店内を)見て回っているだけなんです。

bloß　②とにかく〈心態詞〉

Kommt bloß nicht zu spät! Ihr müsst pünktlich am Bahnhof sein.
みんなともかく遅刻はダメ！　君らは時間通りに駅に来ないといけないんです。

bloß　③せめて〈心態詞〉

Ach, wenn du bloß hier wärst!　君がここにいてくれさえすればなあ！

blühen, blüht, blühte, hat geblüht　咲いている

Sieh mal! Die Bäume blühen sehr schön.　見て！ 木々の花がとてもきれいに咲いているよ。

bluten, blutet, blutete, hat geblutet　(身体部位などを主語にして)…から出血する

Sein Kind hat sich verletzt. Seine rechte Hand blutet.
彼の子供は怪我をした。右手から血が出ている。

das Blut　血

Der Soldat hat viel Blut verloren.　あの兵士は出血多量だった。

der Boden, ¨　①床

Die Bücher liegen alle auf dem Boden.　書籍はみな床の上に落ちている。

der Boden, ¨　②土地、土壌

Auf diesem Boden wächst Gemüse sehr gut.
この土壌では野菜がよく育つ。

das Boot, -e　ボート

Im Winter kann man an diesem See keine Boote mieten.
この湖では冬期にはボートが借りられない。

böse　具合の悪い、痛めた

Sie haben sich verletzt? Das sieht aber böse aus.
怪我をされたんですか？　痛そうですね。

die Botschaft, -en　大使館

Das Visum habe ich von der Botschaft in Tokyo bekommen.
査証は東京の大使館からもらいました。

der Braten, -　ロースト(された肉)、ステーキなど

Ich möchte einen Schweinebraten mit Kartoffelsalat.
豚のロースト、ポテトサラダ添えをひとつお願いします。

brauchen　[活用はレベルA2へ] ①(時間を)要する

Wir haben für die Renovierung 2 Wochen gebraucht.
リノベーションには2週間かかった。

brauchen　[活用はレベルA2へ] ②(nicht + zu 不定詞 + brauchen で)…する必要はない

Du brauchst morgen nicht zu kommen.　明日は来てくれなくていいよ。

sich³ brechen, bricht, brach, hat gebrochen　①(4格を)折る

Ich habe mir im Urlaub das Bein gebrochen.
休暇中に脚の骨を折りました。

brechen, bricht, brach, hat gebrochen　②(gebrochen sein で)折れている

Mein Onkel hat sich beim Skifahren verletzt, sein Bein ist gebrochen.
私の伯(叔)父はスキーでケガをしたんだ。脚の骨が折れたんです。

die Breite, -n　幅

Welche Maße hat Ihr Schreibtisch? — Länge: 1,20m, Breite: 80 cm, Höhe: 1,30 m.
あなたの書き物机の寸法は？　一長さ1.2メートル、幅80センチ、高さが1.3メートル。

die Bremse, -n　ブレーキ

Sie müssen unbedingt die Bremsen kontrollieren lassen.
ブレーキを点検してもらわないと絶対にいけませんよ。

brennen, brennt, brannte, hat gebrannt
①(非人称主語esと)火が出る、火事になる

In diesem Haus hat es letzte Woche gebrannt.　この住宅で先週火事があった。

brennen, brennt, brannte, hat gebrannt　②燃える、火がついている

Die Kerzen brennen noch. Macht sie bitte aus.　ロウソクにはまだ火がついているでしょう。みんな消すのよ。

brennen, brennt, brannte, hat gebrannt　③(明かりが)ともる

In deinem Zimmer brennt das Licht vom Morgen bis zum Abend.
君の部屋、朝から晩まで明かりがついているよ。

der Briefkasten, ¨　①郵便ポスト

Gibt es hier in der Nähe einen Briefkasten?　この近くに郵便ポストはありませんか？

der Briefkasten, ¨　②(各戸の)郵便受け

Hol bitte mal die Post aus dem Briefkasten.　郵便受けから手紙を取ってきてちょうだい。

die Brieftasche, -n　財布
(ドイツ・スイスではPortemonnaie / Portmonee、オーストリアではGeldbörse)

In meiner Brieftasche habe ich kein Geld mehr.　財布にはお金がもう入っていないんだ。

der Briefträger, - / **die Briefträgerin**, -nen　郵便配達人(スイスではPöstler)

War der Briefträger schon da?　郵便配達の人もう来た？

der Briefumschlag, ¨e　封筒(オーストリアではKuvert、スイスではCouvert)

Ich hätte gern 10 Briefumschläge.　封筒10枚ほしいんですが。

bringen　[活用はレベルA1へ]　(４格を)掲載する、載せる

Diese Zeitung hat einen Bericht über den Verkehrsunfall gebracht.
この新聞はあの交通事故に関する報道記事を載せていた。

die Broschüre, -n　パンフレット

In der Broschüre finden Sie die neuesten Informationen darüber.
パンフレットをご覧になれば、それに関する最新の情報が分かりますよ。

das Brötli, -　丸い小型のパン(スイスで)

Ich hole schnell ein paar Brötli zum Mittagessen.
昼ごはん用の丸パンを急いで2、3個買ってくるよ。

die Brust, ¨-e　胸、肺

Seit Gestern habe ich Schmerzen in der Brust.
昨日から胸のあたりが痛いんです。

der Bub, -en　男の子、少年
(南ドイツ、オーストリア、スイスなどで。北ドイツではJunge)

In der Schulklasse waren damals nur 5 Buben und 20 Mädchen.
そのころ学校の教室には男の子がたったの5人で、女の子は20人いました。

die Buchhandlung, -en　書店、本屋

In der Buchhandlung in der Stadt haben sie das Wörterbuch sicher.
街の本屋さんならきっとその辞書が置いてあります。

die Büchse, -n　缶(詰め)(ドイツ、スイスで。オーストリアではDose)

Ich brauche noch eine Büchse Bohnen.　豆はもうひと缶必要です。

das Buffet, -s　ビュッフェ(立食スタイルの食事会)

Nachdem der offizielle Teil abgeschlossen war, wurde das Buffet eröffnet.
公式の席が終わった後で、立食パーティが開催された。

die Bühne, -n　舞台

Das Ehepaar steht auf der Bühne.　あのご夫婦は舞台に立っている俳優さんだ。

die Burg, -en　城、城砦

Von der Burg hat man eine wunderschöne Aussicht.
あの城砦からの眺めは素晴らしいんだ。

der Bürger, - / **die Bürgerin**, -nen　市町村民、公民、市民

EU-Bürgerinnen und Bürger haben Chancen, überall in Europa zu arbeiten.
EUの市民は、ヨーロッパのどこででも働くチャンスがある。

die Bürste, -n　ブラシ

Hast du eine Bürste? Mein Anzug ist so schmutzig.　ブラシ持ってる？　スーツが汚れてしまったんだ。

die Zahnbürste, -n　歯ブラシ

Du brauchst eine neue Zahnbürste.　歯ブラシ、新しいのが必要ね。

【C】 レベルB1

die Chance, -n　チャンス、機会

Meine Frau hatte gute Chancen, die Stelle in Tokyo zu bekommen.
私の妻には、東京で職を得るいいチャンスがありました。

chic / **schick**　粋な、シックな、素敵な

Sie findet deinen Anzug sehr schick.　彼女は君のスーツをとても素敵だと思っているよ。

der Coiffeur, -e / **die Coiffeuse**, -n　理髪師、美容師
（スイスで。ドイツ、オーストリアではFriseur）

Sie sehen toll aus! Wer ist Ihr Coiffeur?　格好いいですね。なんという美容師さんですか？

die Couch, -s　寝椅子、カウチ

Wir wollen uns noch eine Couch kaufen.　私たち、カウチをもう一つ買うつもりです。

der Cousin, -s / **die Cousine**, -n　従兄弟／従姉妹
（発音注意［クザン／クズィーネ］）

Meine Cousine wohnt jetzt in Österreich.　私の従姉妹はオーストリアに住んでいます。

das Couvert, -s　封筒
（スイスで。ドイツではBriefumschlag、オーストリアではKuvert）

Ich hätte gerne 5 Couverts.　封筒５つ、くださいな。

【D】 レベルB1

da ①それでは

Wir haben schon geschlossen. — Da kann man nichts machen.
もう閉店してます。—それではどうにもならないな。

da ②(定動詞後置の従属接続詞)…なので

Da Sie keinen Ausweis haben, ist es etwas teurer.
身分証をお持ちでないので、少し高額になります。

das Dach, ¨-er 屋根

Ich muss das Dach reparieren lassen. 私は屋根を直してもらわねばならない。

dafür / dagegen sein, dass ... (dass以下の事柄に)賛成である／反対である

Ich bin dafür/dagegen, dass wir morgen früh losfahren.
私たちが朝早く出発することには、私は賛成だ／反対だ。

dagegen それに向かって

Vorsicht, da steht ein Baum! Fahr nicht dagegen!
気を付けて、あそこに木があるよ。ぶつからないように運転してよ。

daher そのために、それゆえに(=deshalb)

Adrian ist erkältet, daher kann er heute nicht kommen.
アドリアンは風邪をひいている、だから今日は来られないんだ。

dahin (bis dahinで)それまで、そのときまで

Der Zug kommt in 20 Minuten. Bis dahin können wir einen Kaffee oder Tee trinken.
列車が来るのは20分後だ。それまでコーヒーか紅茶が一杯飲めるぞ。

damit ①(定動詞後置の従属接続詞)…するために

Macht schnell, damit wir nicht zu spät kommen. 遅刻しないようにするために、さっさとやってね。

damit ②それ(人間以外の事物)でもって、それを用いて

Was macht man mit diesem Ding? — Damit kann man Flaschen öffnen.
これは何をするものなんですか？ —それを使えば瓶の栓が抜けるのさ。

danach そのあとで、それから

Zuerst gehen wir spazieren, danach grillen wir im Garten.
まず散歩をしよう、それから庭でバーベキューをしよう。

der Dank (Gott sei Dank で)やれやれ(神に感謝あれ、という慣用句)

Gott sei Dank hat es nicht geschneit. やれやれ雪は降らなかったな。

dankbar sein (3格に)感謝している

Ich bin euch sehr dankbar für eure Hilfe.
君たちの助力に大変感謝しています。

dann それから、そのあとに(順番を表す)

Ich war pünktlich am Bahnhof. Aber dann hatte der Zug Verspätung.
私は時間通りに駅に着いていた。けれどそのあとになって列車のほうが遅れたんだ。

darstellen, stellt dar, stellte dar, hat dargestellt (4格を)描写する、叙述する

Sie haben das Problem sehr gut dargestellt.
問題点を非常に上手に描き出しましたね。

die Darstellung, -en 描写、叙述

Sein Buch enthält eine klare Darstellung dieser Probleme.
彼の本にはこれらの問題点を明確に記述したところがある。

das Datum, die Daten データ、資料

Wir brauchen noch ein paar Daten von Ihnen.
あなたに関するデータが2, 3、私たちには必要なんです。

die Dauer ①期間

Sie können das Gerät für die Dauer einer Woche benutzen.
あなたはこの機器を一週間利用して構いません。

die Dauer ②継続、長時間、(auf die Dauer で)長い間には、結局は

Alles andere kommt auf die Dauer nicht in Betracht.
長い間には他の一切が目に入らなくなる。

dauernd 永続的な、長く続く

Das dauernde Klingeln des Telefons stört uns bei der Arbeit.
電話がずっと鳴っていると、私たちの仕事の邪魔になる。

Sie ist dauernd krank. 彼女はずっと病気なんです。

die Decke, -n ①天井

Im Esszimmer haben wir eine Lampe an der Decke.
ダイニングルームには天井に電灯が一つ付いてます。

die Decke, -n ②毛布、掛け布団

Mir ist kalt. Ich brauche noch eine Decke. 寒いんだ。毛布がもう一枚要る。

dekorieren, dekoriert, dekorierte, hat dekoriert （4格を）装飾する

Kannst du mir helfen, den Tisch für die Party zu dekorieren?
パーティー用にテーブルを飾り付けるの手伝ってくれないかな？

denken ［活用はレベルA2へ］（über 4格について）思う、考える

Wir diskutieren gerade über das Leben in der Großstadt. Wie denken Sie darüber?
いま大都市での生活について議論しているところです。あなたはどうお考えですか？

daran denken （zu不定詞句と）…するつもりでいる

Denken Sie bitte daran, die Heizung auszumachen. 暖房のスイッチを切るつもりでいてください。

der Gedanke, -n ①考え、思いつき

Karl musste zuerst seine Gedanken sammeln.
カールはまず考えをまとめなければならなかった。

Ihr Hinweis bringt mich auf einen Gedanken.
あなたのヒントのお陰で、ある考えが浮かんできました。

der Gedanke, -n ②（an 4格を）考えること、想像すること

Der Gedanke an das Unglück macht mich traurig. その災難を考えると私は悲しくなる。

der Gedanke, -n ③思考、思索

Der Mann ist ganz in Gedanken versunken. その男は物思いに耽っていた。

das Denkmal, ¨-er 記念碑、文化遺産

In dieser Stadt gibt es nur wenige Denkmäler.
この街には記念碑などはほとんどない。

derselbe, dieselbe, dasselbe (定冠詞 der/die/das/die + selb-) 同一の

Mein Cousin und ich gehen in dieselbe Schule.
僕と従兄弟は同じ学校に通っている。

das Dessert, -s デザート（ドイツ、オーストリアで。Nachspeise も）

Nach dem Abendessen gab es noch ein leckeres Dessert.
夕飯のあとのおいしいデザートが出た。

deswegen それゆえに（=deshalb）

Meine Frau hat falsch geparkt. Deswegen hat sie einen Strafzettel bekommen.
妻は間違って車を駐めてしまった。そのため違反切符を切られた。

das Detail, -s 細部、詳細（発音注意［デタイ／デターユ］）

Er hat alles bis ins kleinste Detail (in die kleinsten Details) vorbereitet.
彼はすべて、微に入り細を穿つほどに準備した。

der Dialekt, -e 方言

Ich verstehe Sie besser, wenn Sie nicht Dialekt sprechen.
方言でなければ、あなたの言っていることがもっとよくわかるんですが。

der Dialog, -e 対話（文）、会話（文）

Jetzt hören Sie zweimal einen Dialog. 皆さんにはこれから会話文を２度聴いてもらいます。

die Diät ダイエット

Ihr Mann muss abnehmen. Deshalb macht er eine Diät.
彼女の夫は痩せないといけない。だから彼はダイエットしています。

dicht 密な、混みあっている、気密性のある

Die Fenster sind nicht dicht. Es zieht immer.
窓がぴったり閉まらない。いつもすきま風が入ってきます。

der Dieb, -e　泥棒、窃盗犯

Ein Dieb hat mir im Kaufhaus die Tasche gestohlen.
デパートで私はカバンを泥棒された。

dienen, dient, diente, hat gedient　①(３格の)役に立つ

Solche Zusammenarbeit dient der Verbesserung der internationalen Beziehungen.
そうした共同作業は国際関係の改善に役立ちます。

dienen, dient, diente, hat gedient　②…として使われる

Dieser Raum dient als Warteraum.
この場所は待合室として使われています。

dienen, dient, diente, hat gedient　③仕える、奉仕する

Niemand kann zwei Herren dienen.
誰も２人の主人に同時に仕えることはできない。(新約聖書、マタイ伝)

der Dienst　勤務、仕事

Als Krankenpfleger habe ich oft Frühdienst.　私は看護師なので早朝勤務がよくあります。
Morgen habe ich keinen Dienst.　明日は非番だ(仕事が休みだ)。

dies-　これ、これら(指示代名詞dies-に語尾を付け、単独で)

Welchen Rock nehmen Sie? — Diesen hier.
どちらのスカートになさいますか？　一ここのこれを買います。

diesmal　今回は、今度は

Das Spiel von gestern haben wir verloren. Diesmal haben wir zum Glück gewonnen.
昨日のゲームは負けたが、今度は運よく勝てたよ。

digital　デジタルの

Ich habe mir eine Digitaluhr gekauft.　私はデジタル時計を買いました。

direkt　生中継の

Sie werden das Fußballspiel direkt übertragen.
このサッカーの試合は生中継される予定です。

der Direktor, -en / **die Direktorin**, -nen　部長、所長

Ich möchte gern mit dem technischen Direktor sprechen.
技術部長とお話ししたいのです。

die Diskussion, -en　討論（会）、ディスカッション

Im Fernsehen gab es eine Diskussion zum Thema „Umweltschutz".
テレビでは「環境保護」に関する討論会をやっていた。

die Distanz, -en　距離

Vermutlich ist das nur eine kurze Distanz entfernt.
おそらくそれはほんの少し離れているだけだ。

doch　①やはり

Wir haben es uns anders überlegt. Wir möchten doch mit in die Stadt kommen.
私たち、気が変わりました。やっぱり一緒に街に行きたいです。

doch　②（確認）…だよね？＜心態詞＞

Du kommst doch heute Abend?　今晩、来るよね？

doch　③そうはいっても、さすがに＜心態詞＞

Fragen Sie doch Frau Müller, die ist Computerspezialistin.
そうはいってもやはりミュラーさんに訊いてごらんなさい。あの人はコンピュータの専門家なんだから。

doch　④（願望）…だったらなぁ＜心態詞＞

Ach, wenn doch schon Samstag wäre!
ああ、土曜日だったらなあ！

das Dokument, -e　①書類

Haben Sie alle Dokumente für die Anmeldung dabei?
申告に必要な書類はすべて持参されましたか？

das Dokument, -e　②（石碑などの）記録

Dieser Stein ist ein wichtiges Dokument für die alte griechische Kultur.
この石碑は古代ギリシア文化の重要な記録です。

donnern, donnert, donnerte, hat gedonnert　①(非人称主語 es と)雷が鳴る

Hören Sie es donnern? Das Gewitter kommt näher.
雷の音、聞こえますよね？　雷雨が近づいています。

donnern, donnert, donnerte, hat gedonnert　②轟音をとどろかせる

Viele LKWs haben über die Straße gedonnert.
LKW(LastKraftWagen：貨物自動車、トラック) がたくさん轟音を立てて通りを横切っていった。

der Donner, -　雷の音、雷鳴、轟音

Kurz nach einem Blitz folgte ein lauter Donner.　稲光のすぐ後に大きな雷鳴が聞こえた。

doppelt　二重の

Mein Mann hat das Buch doppelt.　夫はその本を２冊持っています。

Doppel-　ダブルの、２人用の

Wir haben schon ein Doppelbett gekauft.　私たちはすでにダブルベッドをひとつ買ってあります。

die Dose, -n　缶(詰め)(ドイツ、スイスでは Büchse)

Ich habe noch eine Dose Tomaten.　トマト缶はもうひとつありますよ。

der Dreck　①泥

Iss die Kirschen nicht! Die lagen im Dreck.
そのサクランボ食べちゃだめよ！　泥だらけだったんだから。

der Dreck　②汚れ

Mein Hemd steht vor Dreck.　僕のシャツは汚れすぎてゴワゴワしてる。

der Dreck　③(kümmern sich um eigenen Dreck で)自分の汚れの面倒をみる

Kümmert euch um euren eigenen Dreck!
君らは自分のことを心配していろよ！(＝余計なお節介だ！)

drehen, dreht, drehte, hat gedreht　①(４格を)回す

Drehen Sie zum Ausschalten den Schalter nach links.
スイッチを切るには、左にスイッチを回してください。

sich⁴ drehen, dreht, drehte, hat gedreht　②回る

Die Schülerrinnen drehten sich zur Musik im Kreis.
女子生徒たちは音楽に合わせて、輪になって回った。

sich⁴ drehen, dreht, drehte, hat gedreht　③(um 4格を中心に)行なわれる

Bei Familie Heinemann hat sich alles um das Baby gedreht.
ハイネマン家ではすべてが赤ちゃん中心だった。

drin　中に

In der Hosentasche ist nichts mehr drin.
ズボンのポケットにはもう中に何も入っていないよ。

die Droge, -n　薬物、麻薬

Nimmt der Junge etwa Drogen?　ひょっとしてあの少年、薬物使っているのかな？

die Drogerie, -n　ドラッグストア

Waschmittel bekommst du auch in der Drogerie.　洗剤はドラッグストアでも買えるよ。

der Druck　①押すこと

Mit einem Knopfdruck schaltet man das Gerät aus.
ボタンを押せば、機械のスイッチが切れます。

der Druck　②圧力、圧迫、空気圧

Mit 5 Minuten Training am Tag kann man seinen Blutdruck senken.
１日５分のトレーニングで血圧を下げることができます。

ausdrucken
[活用はレベルA1へ]（分離動詞）出力する、プリントアウトする

Warum haben Sie den Brief noch nicht ausgedruckt?
その手紙、どうしてまだプリントアウトしていないのですか？

drucken　[活用はレベルA1へ]　印刷する

Bei welcher Firma hat der Chef diese Prospekte drucken lassen?
ボスはどこの会社にこのパンフレットの印刷を依頼したんだろう？

durch（4格名詞に添える副詞）　（期間中）…を通じて

Meine Eltern haben den ganzen April durch geheizt.
私の両親は４月いっぱい暖房をしていた。

durch（4格支配の前置詞）　（仲介）…を通じて、…を介して

Felix hat seine Wohnung durch einen Verwandten bekommen.
フェリクスは住まいを親戚の仲介で手に入れた。

durcheinander　入り乱れて、ごちゃごちゃに

Alle deine Sachen waren durcheinander.
君の物はみなごちゃごちゃになっていたよ。

Bitte reden Sie nicht alle durcheinander.
順番に話してくださいね。

der Durchschnitt, -e　①平均

Der Durchschnitt der Ausgaben liegt bei 35 Euro in der Woche.
支出の平均は、１週につき35ユーロ程度です。

der Durchschnitt, -e　②（im Durchschnitt で）平均して

Im Durchschnitt brauche ich täglich 45 Minuten zur Arbeit.
平均すると仕事に行くのに毎日45分必要です。

durchschnittlich　平均して、おおむね

Die Preise sind im letzten Jahr um durchschnittlich 10 % gesunken.
昨年、価格は平均して10パーセント下がった。

duzen, duzt, duzte, hat geduzt　（４格を）du で呼ぶ（⇔ siezen）

Wollen wir uns gern duzen?
du で呼びあうことにしないか？

【E】 レベルB1

eben ①ちょっと前に、たった今

Wir sind eben erst angekommen. 私たちは今ようやく着いたところです。

eben ②とにかく、まさに

Er hat das Spiel aufgegeben. Er hatte eben kein Glück!
彼はゲームを放棄した。ともかく彼はついていなかったんだ。

ebenfalls 同じく、同様に

Ich wünsche Ihnen eine schöne Reise. — Danke, ebenfalls.
どうか楽しい旅を。一ありがとう、そちらも楽しい旅を。

ebenso 同程度に、(ebenso ... wie ～で)～と同じくらい…

Daniel ist ebenso groß wie du. ダニエルは君とちょうど同じくらいの背丈だ。

die e-card 保険証(オーストリアで。ドイツでは die Versichertenkarte)

Hast du deine e-card dabei? 保険証持ってきている？

die ec-Karte / EC-Karte デビットカード(ec/EC=Electric Cash)
(オーストリアでは Bankomat-Karte)

Zahlen Sie bar? Oder mit der ec-Karte?
現金でのお支払いですか？ それともデビットカードですか？

eckig 角のある、角ばった(< die Ecke)

Wir möchten einen runden Tisch, keinen eckigen.
私たちがほしいのは、四角いテーブルではなくて丸いのです。

die Ehe, -n 結婚生活

Er hat zwei Kinder aus erster Ehe.
彼には最初に結婚した時の子供が２人いる。

das Ehepaar, -e 夫婦

Das Ehepaar neben uns hat 3 Kinder.
隣の夫婦には子供が３人いる。

eher　①より早く（< bald「まもなく」の比較級）

Meine Frau steht meist eher auf als ich.
妻はたいてい私より早く起きます。

eher　②むしろ（=lieber）

Michael sieht gerne Fußballspiele, seine Freundin mag eher Krimis.
ミヒャエルはサッカーを観るのが好きだが、ガールフレンドはむしろミステリーが好きだ。

ehrlich　①誠実な

Herr Stolze ist ein ehrlicher Mensch.
シュトルツェさんは誠実な方です。

ehrlich　②正直な、公正な、（ehrlich gesagt で）正直に言えば

Ehrlich gesagt, seine Vorlesung ist immer langweilig.
正直に言うと、彼の講義はいつも退屈です。

sich^{4} eignen, eignet, eignete, hat geeignet
（für 4格に）ふさわしい、適している

Das Hotel eignet sich besonders für Familien mit kleinen Kindern.
このホテルは特に幼児のいる家族向きです。

eilen, eilt, eilte, hat / ist geeilt　（非人称主語 es と）急を要する、急ぐ

Es eilt sehr. Bitte mach schnell.　急を要するんだ。急いでやってね！

die Eile　急ぐこと、（in Eile sein で）（主語は）急いでいる

Wir sind sehr in Eile.　私たち、とっても急いでいるんです。

die Einbahnstraße, -n　一方通行路

Die Goethestraße ist bis morgen eine Einbahnstraße.
ゲーテ通りは明日まで一方通行です。

einbrechen, bricht ein, brach ein, ist eingebrochen　押し入る

Ist jemand in Ihre Wohnung eingebrochen?
誰かがお宅に押し入ったのですか？

der Einbrecher, - / **die Einbrecherin**, -nen　侵入者

Der Einbrecher hat nichts gestohlen.　その侵入者は何も盗らなかった。

der Einbruch, ¨-e　家宅侵入、押し入り

Im Sommer gibt es viele Wohnungseinbrüche.　夏は住居侵入（空き巣）が多発します。

eindeutig　①明白な、一義的な（⇔ mehrdeutig）

Das Ergebnis des Spiels ist eindeutig. Sie haben gewonnen.
ゲームの結果ははっきりしています。あなたの勝ちです。

eindeutig　②疑いもなく

Meine Mutter kann eindeutig besser kochen als ich.
母の方が私より料理が上手いのは間違いありません。

der Eindruck, ¨-e　印象

Ich finde die Leute auf der Straße sehr freundlich. Wie ist Ihr Eindruck?
通りに出ている人たちはとても友好的だと思いますが、あなたの印象はいかがですか？
Ich glaube, ich habe beim ersten Treffen einen guten Eindruck gemacht.
最初の会合ではいい印象を持ってもらえたと、私は思っています。

einerseits ... andererseits ~　一方では…、他方では～

Einerseits möchte ich Deutsch gern lernen, andererseits ist es zu schwer für mich.
私はドイツ語を習いたい気持ちが一方にはあるけれど、他方で私には難しすぎます。

einfach　とにかく、まったく

Wir haben im Regen einen Ausflug gemacht. Es war einfach blöde.
雨の中をハイキングしたのですが、まったく馬鹿げたことでした。

die Einfahrt, -en　乗り入れ口、進入口

Können Sie nicht lesen: Ein- und Ausfahrt freihalten!
車両出入り口につき駐停車禁止！と書いてあるのが読めないんですか。

einfallen, fällt ein, fiel ein, ist eingefallen　（３格の）念頭に浮かぶ、思い出す

Mir ist wieder eingefallen, wie die Zeitung heißt.　それが何という新聞なのか、思い出したよ。

der Einfall, ¨-e　思いつき、アイデア

Frag einfach unsere Lehrerin. Sie hat immer gute Einfälle.
ともかく先生に訊いてごらんよ。彼女はいつもいいアイデアでいっぱいだから。

der Einfluss, ¨-e　影響

Hat das Wetter Einfluss auf die Gesundheit der Menschen?
天候は人間の健康に影響するんでしょうか？

beeinflussen, beeinflusst, beeinflusste, hat beeinflusst　（４格に）影響を及ぼす

Sie ist leicht zu beeinflussen.
彼女は影響されやすい。

einfügen, fügt ein, fügte ein, hat eingefügt　（４格を）挿入する、貼り付ける

Sie zeigte ihm, wie man ein Bild in das Dokument einfügt.
彼女は彼に、写真を文書にどうやって挿入するかを教えた。

einführen, führt ein, führte ein, hat eingeführt　①（４格を）輸入する（⇔ ausführen）

Darf man diese Ware ins Land einführen?
これらの商品は輸入できるのだろうか？

einführen, führt ein, führte ein, hat eingeführt　②（４格を）導入する

Letztes Jahr wurde ein neues System eingeführt.
昨年、新しいシステムが導入されたんです。

die Einführung, -en　導入、入門、序論

Leider haben wir die Einführung des Kurses verpasst.
私たちは残念ながらこのコースの導入編を聞き逃したんです。

einheitlich　均一の、画一的な、一貫した

Die Schüler der privaten Schule tragen einheitliche Kleidung.
私立学校の生徒たちは制服を着ています。

einig-（述語的には使わない）　①いくつかの、2, 3の

In seinem Bericht waren einige Fehler.　彼の報告書には間違えがいくつかあった。

einig- (述語的には使わない)　②いくらかの、少しの

Der Mann wurde vor einiger Zeit verhaftet.
その男は少し前に逮捕されました。

einig- (述語的には使わない)　③何人かの、若干の

Einige Leute sind gegen das Gesetz, aber viele sind auch dafür.
何人かはその法律に反対だが、それでも多くは賛成しています。

einig (述語としても用いる)　統一した、意見が一致した

Wir sind uns darüber einig, dass wir morgen abfahren.
明日出発するということに関して、私たちはみな意見が一致しています。

die Vereinigten Staaten von Amerika　アメリカ合衆国 (U.S.A.)

sich[4] einigen, einigt, einigte, hat geeinigt　意見が一致する

Jeder hatte einen anderen Vorschlag. Wir konnten uns leider nicht einigen.
それぞれが別意見だったので、意見の一致をみることができませんでした。

der Einkauf, ⸚e　買い物、ショッピング

Die Mutter hat alle Einkäufe erledigt. Jetzt kann die Familie essen gehen.
母親が買い物をすべて終えたので、その一家は食事に行けます。

das Einkommen, -　収入

Ihre neue Arbeit brachte ihr ein schönes Einkommen.
彼女は新しい仕事でかなりの収入を得る。

einmal　①(auf einmal で)突然に、急に

Auf einmal ging das Fenster auf.　不意に窓が開いた。

einmal　②(auf einmal で)一度に、いちどきに

Ich kann nicht zwei Dinge auf einmal tun.
私には一度にふたつのことはできない。

einmal　③いつか

Kann ich dich einmal besuchen?　いつか君を訪ねて行っていいかな？

einmal　④以前に(一度)、かつて

Vor Jahren habe ich (ein)mal in Hannover gewohnt.
何年か前に一度、ハノーファーに住んでいたことがあります。

einmal　⑤ちょっと

Komm doch bitte (ein)mal her und hilf uns.　いいからちょっと来て手伝ってよ。

einnehmen, nimmt ein, nahm ein, hat eingenommen　(４格を)服用する

Wann muss ich die Tablette einnehmen?　この錠剤はいつ飲まないといけませんか？

die Einnahme, -n　収入、所得

Unser Geschäft ist gut gelaufen. Unsere Einnahmen waren in diesem Jahr höher als im letzten.　うちの会社は業績がよかった。僕らの収入は今年は去年より多かった。

einrichten, richtet ein, richtete ein, hat eingerichtet　①(４格を)家具を備え付ける

Er hat seine Wohnung selbst eingerichtet.　彼は自分で住宅の家具を設えた。

einrichten, richtet ein, richtete ein, hat eingerichtet　②(4格を)設置する

Unsere Firma hat eine extra Telefonnummer eingerichtet.
当社では専用の電話番号を設けました。

die Einrichtung, -en　家具(調度)、設備

Die Wohnung ist sehr gemütlich, vor allem die Einrichtung gefällt mir sehr.
この住宅はとても感じがいい、とくに私は家具調度が気に入っている。

einsam　孤独な

Ohne meine Familie fühle ich mich einsam.　家族と一緒でないと私は孤独を感じます。

einschalten, schaltet ein, schaltete ein, hat eingeschaltet　(４格を)スイッチを入れる

Können Sie bitte den PC einschalten?　コンピュータのスイッチを入れてもらえますか？

einschließlich(２格支配の前置詞)　…を含めて

Alles zusammen kostete 400 Euro einschließlich Fahrtkosten.
旅費も含めて全部で400ユーロかかりました。

das Einschreiben, -　書留郵便

Bertram hat seinen Brief als Einschreiben geschickt.
ベルトラムは自分の手紙を書き留めで送りました。

einsetzen, setzt ein, setzte ein, hat eingesetzt　①（４格を）動員する、投入する

Ich glaube, wir können jemanden einsetzen, der sich mit der Forschung beschäftigt.
私たちならその研究に携わる人材を誰か投入できると、私は思います。

sich⁴ einsetzen, setzt ein, setzte ein, hat eingesetzt　②（für４格に）力を尽くす

Christoph hat sich dafür eingesetzt, dass mein Sohn den Job bekommt.
クリストフは私の息子がその職につけるよう尽力してくれた。

einstellen, stellt ein, stellte ein, hat eingestellt　①（4格を）採用する

Die Firma hat in diesem Jahr drei neue Leute eingestellt.
会社は今年新人を３名雇い入れた。

einstellen, stellt ein, stellte ein, hat eingestellt
②（4格を）設定する、調節する、セットする

Die Klimaanlage ist richtig eingestellt.　エアコンは正しく設定されている。

eintreten, tritt ein, trat ein, ist eingetreten　（方向を示す語句と）…に入る

Letztes Jahr ist mein Bruder in einen Sportverein eingetreten.
昨年、私の兄（弟）はスポーツクラブに入会した。

der Einwohner, - / **die Einwohnerin**, -nen　住民、定住者

Nagoya hat über 2 Millionen Einwohner.　名古屋の人口は200万人以上です。

einzahlen, zahlt ein, zahlte ein, hat eingezahlt　（４格を）預け入れる、払い込む

Seine alte Mutter hat gestern Geld auf sein Bankkonto eingezahlt.
彼の老いた母は昨日彼の口座にお金を振り込みました。

die Einzahlung, -en　振り込み、払い込み

Du solltest die Einzahlung pünktlich machen.
振り込みは期日通りにやらないとだめですよ。

einzeln ①個々の、単独の

Dieses Bier gibt es nur als Sechserpack, nicht einzeln.
このビールは6個パックだけで、バラ売りはないんです。

einzeln ②個別的に、ひとりずつ

Heute müssen die Schüler einzeln zum Schularzt kommen.
今日は生徒たちはひとりずつ校医のところへ行かねばなりません。

die Einzelheit, -en （通例、複数で）細部、詳細

Sie müssen mir das in allen Einzelheiten erzählen.
そのことは細かな点まで私に話していただかないといけません。

einzig ①唯一の

Sie waren die einzigen Gäste. 彼らが唯一のお客だった。

einzig ②一度きりの

Das war das einzige Mal, dass ich das Tier gesehen habe.
私がその動物を見たのはただの一回きりでした。

das Eis ①アイスクリーム（ドイツ、オーストリアで。スイスではGlace / Glacé）

Zum Nachtisch gibt es Bananeneis. デザートとしてバナナ風味のアイスが出ます。

das Eis ②氷

Im Winter gibt es auch hier Eis und Schnee. 冬になればここでも氷と雪があります。

der Eiswürfel, - さいころ形の氷、アイスキューブ

Bitte eine Cola mit Eiswürfeln. 氷入りのコーラをひとつください。

die Eisenbahn, -en 鉄道

Das Kind wünscht sich eine elektrische Eisenbahn.
その子供は電気で動く鉄道（模型）をほしがっている。

elegant 優雅な、エレガントな

Ich finde deinen Anzug sehr elegant. 君のスーツはとてもエレガントだと思うよ。

elektrisch 電気の、電気による

Wir kochen nicht elektrisch, sondern mit Gas.
私たちは電気ではなく、ガスで調理します。

Elektro- (名詞につけて)電気の…

das Elektrogerät 電化製品 der Elektroingenieur 電気技師
der Elektroherd 電子レンジ など

elektronisch 電子工学の、エレクトロニクスの

Du solltest die Daten elektronisch bearbeiten, sonst dauert es zu lange.
データは電算処理した方がいいよ、そうしないと時間がかかりすぎる。

empfangen, empfängt, empfing, hat empfangen ①受信する

Mit meinem Fernseher kann ich über 15 Programme empfangen.
私のテレビなら15局以上受信できます。

empfangen, empfängt, empfing, hat empfangen ②迎える、歓迎する

Die Gäste werden immer sehr herzlich empfangen.
お客様はいつでも大歓迎いたします。

der Empfang, ¨-e ①受領、受け取り

Bitte den Empfang eines Schecks bestätigen! 小切手の受領確認をお願いします。

der Empfang, ¨-e ②受信(状態)

Meine Schwester ist mit dem Fernseher nicht zufrieden. Der Empfang ist ziemlich schlecht. 姉(妹)はこのテレビに満足していない。受信状態がかなりひどいんだ。

der Empfang, ¨-e ③レセプション、歓迎会、招待パーティー

Zur Geschäftseröffnung bitten wir zu einem kleinen Empfang.
開店に際しまして、ささやかなレセプションに招待いたします。

empfehlen, empfiehlt, empfahl, hat empfohlen 勧める、推薦する

Was können Sie uns denn empfehlen?
ではどれがお勧めですか?

die Empfehlung, -en　紹介(状)、推薦(状)

Ich rufe Sie auf Empfehlung von Frau Professor Brand an.
ブラント教授に勧められて電話を差し上げました。

das Ende, -n　①(Ende+ 月の名で)…月末に(⇔ Anfang)

Die Zwischenprüfung findet Ende Juni statt.
中間試験は6月末に行なわれます。

das Ende, -n　②終わり

Rika war Ende sechzig.　リカは60代の終わりだった。

das Ende, -n　③(zu Ende gehen で) 終了する

Am Donnerstag gehen die Sommerferien zu Ende.
木曜日になれば夏休みも終わりだ。

endgültig　最終的な、決定的な

Damit ist das schwierige Problem endgültig gelöst.
これであの厄介な問題も最終解決だ。

die Energie, -n　①エネルギー

In unserer Zeit müssen wir Energie sparen.
現代ではエネルギーは節約しなければならない。

die Energie, -n　②体力

Freitags habe ich keine Energie mehr, um Sport zu machen.
金曜日にはもうスポーツをやるような体力がなくなっています。

eng　親密な、親しい

Wir arbeiten mit dieser deutschen Firma eng zusammen.
私たちはこのドイツの会社と緊密な協力関係にあります。

der Enkel, - / **die Enkelin**, -nen　孫

Meine einzige Enkelin geht schon zur Schule.
私のたったひとりの孫娘ももう学校に行っています。

ent- 非分離前綴りとして基本動詞に、離脱、解除、開始、起源などの意味を加える

entnehmen 取り出す　enteisen 氷を除去する　entflammen 燃え上がる
entstehen 生じる　など

entdecken, entdeckt, entdeckte, hat entdeckt　(4格を)発見する

Ich habe in deinem Brief noch einen Fehler entdeckt.
おまえの手紙には間違えがもう一つあるのを見つけたよ。

entfernen, entfernt, entfernte, hat entfernt　(4格を)取り除く

Der giftige Müll muss dringend entfernt werden.
毒性のあるごみは迅速に取り除かれねばなりません。

entfernt　離れている、遠ざかっている(< entfernen「遠ざける」の過去分詞形)

Das Restaurant steht etwa 50 m vom Strand entfernt.
そのレストランは海辺から50メートルほど離れたところにあります。

die Entfernung, -en　距離

Aus dieser Entfernung ist das Haus nicht zu erkennen.　この距離からではその家は見分けられない。

entgegenkommen(分離動詞)　[活用はレベルA1へ] ①(3格に)近づいてくる

Auf dem Weg nach Hause ist mir meine Nachbarin entgegengekommen.
帰宅途中、私の隣人が私の方に向かってやって来ました。

entgegenkommen(分離動詞)　[活用はレベルA1へ] ②歩み寄る、(希望など3格に)応じる、(3格の)意に添う

Er ist mir mit dem Preis entgegengekommen.
値段に関して、彼は私に歩み寄ってくれた(私の希望に応じてくれた)。

enthalten, enthält, enthielt, hat enthalten　①(4格を)含む

Diese Schokolade enthält viel Zucker.　このチョコレートには砂糖がたくさん入っています。

enthalten sein, ist enthalten, war enthalten, ist enthalten gewesen
②(in 3格に)含まれている

Sind diese Änderungen im Preis enthalten?　これらの変更も価格に含まれていますか？

entlang （後置で４格と）…に沿って

Gehen Sie diese Straße entlang. Dann kommen Sie zum Hauptbahnhof.
この通りに沿って歩いて行ってください、そうすれば中央駅に行けますよ。

entlassen, entlässt, entließ, hat entlassen
①(aus３格から４格を)解放する、退院させる

Wir können Ihren Vater nächste Woche aus dem Krankenhaus entlassen.
お父様は、来週には退院していただけますよ。

entlassen, entlässt, entließ, hat entlassen　②(４格を)解雇する

Die Firma soll viele Mitarbeiter entlassen.
会社は多くの仕事仲間を解雇すると言われている。

die Entlassung, -en　解雇

Ihre Entlassung aus der Firma kam völlig überraschend.
彼女が会社から解雇されたのはまったく突然のことだった。

entscheiden, entscheidet, entschied, hat entschieden
①(４格を)決める、決定する

Das kann ich nicht allein entscheiden, da muss ich erst meinen Mann fragen.
それは私一人では決められません、まず夫に訊いてみないと。

sich^4 entscheiden, entscheidet, entschied, hat entschieden
②(für４格に)決める、選ぶ

Für welchen Anzug hast du dich entschieden?
どのスーツに決めたの？

die Entscheidung, -en　決定

Diese wichtige Entscheidung möchte ich zuerst mit meinem Vater besprechen.
この大事な決定についてまず第一に父と相談したいと思います。

unentschieden　①引き分けの

Das Fußballspiel endete unentschieden.
サッカーの試合は引き分けに終わった。

unentschieden ②未決定の

Das Mädchen ist noch immer unentschieden, was es morgen tut.
その女の子は明日何をするのか、まだ決めていない。

sich⁴ entschließen, entschließt, entschloss, hat entschlossen
決心する、決める

Mein Cousin hat sich nun doch entschlossen, sein Auto zu verkaufen.
従兄弟はもう自分の車を売ることに決めた。

entschlossen sein, ist entschlossen, war entschlossen, ist entschlossen gewesen
(zu不定詞句で)…する決心をしている

Erwin ist fest entschlossen, seine Ausbildung fertigzumachen.
エルヴィンは自分の職業訓練をやり終えると決心している。

entschuldigen ［活用はレベルA1へ］（4格の）欠席を届け出る（sich⁴ entschuldigen lassenで）欠席、欠勤すると届け出る

Herr Sudermann lässt sich entschuldigen, er ist stark erkältet.
ズーダーマン氏は欠勤届を出しています。彼はひどい風邪をひいています。

entsorgen, entsorgt, entsorgte, hat entsorgt
（4格を）ゴミとして処理する、廃棄する

Wie kann ich meine alte Waschmaschine entsorgen?
自分の古い洗濯機を処分するにはどうしたらいいですか？

entspannend リラックスさせる、リラックス効果のある（entspannen「緊張を緩める」の現在分詞形＝形容詞で）

Der Urlaub in den Bergen war sehr entspannend.
山での休暇はリラックス効果が十分だった。

entstehen, entsteht, entstand, ist entstanden ①建つ

Hier entsteht eine neue Sporthalle. ここには新しい室内競技場ができるんだ。

entstehen, entsteht, entstand, ist entstanden ②生じる

Andere Kosten sind nicht entstanden. 費用は別途生じなかった。

enttäuschen, enttäuscht, enttäuschte, hat enttäuscht
(4格を)がっかりさせる、失望させる

Leider hat uns sein Verhalten enttäuscht. 残念なことに彼の振る舞いは私たちを失望させた。

enttäuscht sein がっかりさせられる

Wir waren von dem Jazzkonzert etwas enttäuscht.
私たちはあのジャズコンサートに少しがっかりさせられた。

enttäuschend sein 期待外れである

Das war sehr enttäuschend für uns. それは私たちにはおおいに期待外れだった。

die Enttäuschung, -en 失望・がっかり(させるもの)

Das Endspiel der Weltmeisterschaft war eine große Enttäuschung.
ワールドカップの決勝戦は大変な期待外れだった。

entweder A oder B AかBかどちらか一方

Franz kommt etweder morgen oder übermorgen.
フランツが来るのは明日か明後日かのどちらかだ。

das Entweder- Oder, - 二者択一

Wir stehen vor einem Entweder-Oder. 我々はふたつのうちどちらか一方を選ばないといけない。

sich⁴ entwickeln, entwickelt, entwickelte, hat entwickelt ①成長する

Deine Tochter entwickelt sich gut in der Schule. 君の娘は学校で順調に伸びているね。

entwickeln, entwickelt, entwickelte, hat entwickelt ②(4格を)開発する

Seine Firma entwickelt jetzt ein neues Produkt . 彼の会社は今新製品を開発中です。

die Entwicklung, -en 成長、発達

Guter Schlaf ist wichtig für die Entwicklung Ihres Kindes.
お子さんの成長に重要なのはよい睡眠です。

die Erde ①土、土壌

Diese Pflanze braucht neue Erde. この植物には新しい土が必要です。

die Erde ②地球

An der Konferenz werden Vertreter aus fast allen Ländern der Erde teilnehmen.
会議には世界のほとんどすべての国の代表者が参加することでしょう。

die Erde ③地面

Mein Kind hat das Glas auf die Erde fallen lassen.
私の子供はコップを地面に落としてしまった。

der Erdapfel, ¨- ジャガイモ(オーストリアで。= Kartoffel)

Können wir bitte noch Erdäpfel bekommen? ポテトをもっといただけませんか？

sich⁴ ereignen, ereignet, ereignete, hat ereignet 起こる、生じる

Der Verkehrsunfall ereignete sich am frühen Morgen.
その交通事故は早朝に起きた。

das Ereignis, -se 事件、出来事

Nur diese Abendzeitung hat über das Ereignis berichtet.
この夕刊紙だけが事件について報道していた。

erfahren, erfährt, erfuhr, hat erfahren （4格を）知る、見聞して知る

Wann und wo erfahren wir das Ergebnis der Prüfung?
試験の結果は、いつどこでわかるんだろうか？

erfinden, erfindet, erfand, hat erfunden （4格を）発明する、考案する

Die Kamera wurde vor ca. 150 Jahren in Frankreich erfunden.
カメラはおよそ150年前にフランスで発明された。

die Erfindung, -en 発明

Die Erfindung des Computers ist sehr wichtig für die Menschen.
コンピューターの発明は人間にとって大変重要なものだ。

der Erfolg, -e 成功

Das Konzert war ein großer Erfolg. コンサートは大成功だった。
Viel Erfolg bei den Prüfungen! 試験がうまくいきますように！

erfolgreich 成功した

Mein Großvater war ein erfolgreicher Kaufmann.
祖父は商人として成功した人だった。

erforderlich 必要な

Es ist erforderlich, dass man den Reisepass persönlich abholt.
旅券は自分で取りにいかないといけないのです。

erfordern, erfordert, erforderte, hat erfordert 必要とする

Dieser Job erfordert keine Kraft. このバイトには力は要りません。

erfüllen, erfüllt, erfüllte, hat erfüllt ①(４格を)満たす

Du musst den Vertrag in allen Punkten erfüllen.
君はその契約のどの項目も果たさないといけない。

erfüllen, erfüllt, erfüllte, hat erfüllt ②(４格を)かなえる

Wir erfüllen euch jeden Wunsch. 君らのどんな望みも聞いてあげる。

ergänzen, ergänzt, ergänzte, hat ergänzt (４格を)補足する、完全なものにする

Haben Sie die Lücken im Text ergänzt? 文中の空所を埋めましたか？

erhalten, erhält, erhielt, hat erhalten (４格を)受け取る

Ihr Schreiben vom 25. September habe ich erhalten.
９月25日付のあなたの手紙(メール)、受領いたしました。

erhöhen, erhöht, erhöhte, hat erhöht ①(４格を)上げる、高くする

Die Firma wird sicher bald wieder die Preise erhöhen.
あの会社はまた、きっとすぐに価格を上げるよ。

sich^4 erhöhen, erhöht, erhöhte, hat erhöht ②上がる、増す

Die Zahl der Unfälle hat sich erhöht. 事故件数は増加した。

die Erhöhung, -en 引き上げ、増加

Wir sind für die Gehaltserhöhung. 私たちは給与の引き上げに賛成です。

sich[4] erholen, erholt, erholte, hat erholt
①休養する、元気を取り戻す

Im Urlaub haben wir uns sehr gut erholt.
休暇で私たちは十分元気を取り戻しました。

sich[4] erholen, erholt, erholte, hat erholt
②立ち直る、落ち着きを取り戻す

Unser Freund hat sich nach dem Unfall sehr schnell wieder erholt.
私たちの友人は事故からあっという間に立ち直りました。

die Erholung, -en　休養

Mein Mann hat zu viel gearbeitet. Jetzt braucht er etwas Erholung.
夫は働きすぎでした。今はすこし休養が必要です。

sich[4] erkälten, erkältet, erkältete, hat erkältet　風邪をひく

Die Jungen haben sich beim Baden erkältet.
男の子たちは水浴びをして風邪をひいてしまった。

die Erkältung, -en　風邪

Sie haben eine schlimme Erkältung!　ひどい風邪をひいてしまいましたね。

erkennen, erkennt, erkannte, hat erkannt　①(４格を)わかる

Ich erkenne Frau Dreyer gleich an ihrer Stimme.
私は声でドライアーさんとわかります。

erkennen, erkennt, erkannte, hat erkannt　②(４格を)識別する

Ich konnte die Schrift nicht erkennen.
私はその筆跡が判読できなかった。

erkennen, erkennt, erkannte, hat erkannt　③(４格に)気づく

Sie erkannte ihre Fehler.　彼女は自分の誤りに気づいた。

die Erklärung, -en　①(Steuererklärungで)納税申告

Haben Sie schon die Steuererklärung gemacht?　納税申告はもうお済みですか？

die Erklärung, -en ②説明、解説

Die Erklärung des Lehrers ist besser als die im Buch. 先生の説明は本のそれよりよかった。

sich⁴ erkundigen, erkundigt, erkundigte, hat erkundigt
①(nach 3格について)問い合わせる、尋ねる

Haben Sie sich schon nach einem Zug erkundigt?
すでに列車のことは問い合わせたのですか？

sich⁴ erkundigen, erkundigt, erkundigte, hat erkundigt
②(従属節と)…を問い合わせる、尋ねる

Ich möchte mich erkundigen, ob das Gerät diese Version von Windows unterstützt.
ウィンドウズのこのバージョンでもこの機器が使えるかどうかを、ききたいのです。

erleben, erlebt, erlebte, hat erlebt （4格を)体験する

Im Urlaub hat Barbara viel Schönes erlebt.
バルバラは休暇中に素敵なことをたくさん経験した。

das Erlebnis, -se 体験

Diese Reise war ein tolles Erlebnis. この旅行は素晴らしい体験だった。

erledigen, erledigt, erledigte, hat erledigt (4格を)済ます、片付ける、処理する

Diese zwei Briefe müssen zur Post. Könnten Sie das für mich erledigen?
この手紙2通は郵便局までもっていく必要があるのだけど､私の代わりにもっていっていただけませんか？

erleichtern, erleichtert, erleichterte, hat erleichtert (3格の仕事などを)楽にする

Der neue PC erleichtert mir die Arbeit sehr. 新しいPCのお陰で私の仕事はとても楽になる。

erleichtert sein 気が楽になる、安心する

Wir sind wirklich erleichtert, dass alles so gut geklappt hat.
すべてがこんなにうまくいって、私たちは本当にほっとしています。

sich⁴ ernähren, ernährt, ernährte, hat ernährt ①栄養を摂取する

Wie ernähre ich mich eigentlich richtig?
そもそもちゃんと栄養を取るにはどうしたらいいのでしょうか？

ernähren, ernährt, ernährte, hat ernährt　②(4格を)養う、扶養する

Meine Eltern mussten beide arbeiten, um die Familie zu ernähren.
家族を養うため、両親は２人とも働かねばなりませんでした。

die Ernährung　栄養、食品や食物や栄養を与えること

Wir finden eine gesunde Ernährung wichtig.
健康によいものを摂取することは大事だと私たちは思います。

ernst　重大な、深刻な

Der dichte Verkehr ist ein ernstes Problem.
交通量が多いのは深刻な問題です。

ernsthaft　まじめに、真剣に

Wir überlegen ernsthaft, ob wir in eine andere Stadt ziehen sollen.
私たちは別の街に引っ越すべきか、まじめに考えています。

die Ernte, -n　収穫

Die Ernte ist dieses Jahr sehr gut.　今年は収穫がとてもよい。

eröffnen, eröffnet, eröffnete, hat eröffnet　①(4格を)開業する、開く

Mein alter Freund hat letzte Woche ein Geschäft eröffnet.
私の旧友が先週、店を開いた。

eröffnen, eröffnet, eröffnete, hat eröffnet　②(口座など4格を)開設する

Gustav möchte ein Konto bei einer Bank eröffnen.
グスタフは銀行に口座を開きたい。

die Eröffnung, -en　開始すること、開会、開設

Die Eröffnung des neuen Theaters ist am 11.(elften) Juli.
新劇場のこけら落としは7月11日だ。

erschöpft　疲れ果てた

Nach dem Unterricht bin ich immer sehr erschöpft.
授業のあとはいつもくたびれ果てています。

erschrecken, erschrickt, erschrak, **ist** erschrocken　①驚く

Sie haben richtig krank ausgesehen. Ich war ganz erschrocken.
あなたは本当に具合が悪そうに見えました。まったく私は驚きましたよ。

erschrecken, erschreckt, erschreckte, **hat** erschreckt　②(４格を)驚かす

Entschuldigung. Ich wollte dich nicht erschrecken.
ごめんね。君を驚かすつもりはなかったんだ。

ersetzen, ersetzt, ersetzte, hat ersetzt
①弁償する、(立て替えなど４格を)清算する

Sie müssen mir die Schaden ersetzen.　彼らは私に損賠を賠償しなければならない。

ersetzen, ersetzt, ersetzte, hat ersetzt　②(４格の)代わりをする

Isabel ist krank. Jemand muss sie ersetzen.
イザベルは病気です。誰かが彼女の代わりをしないといけない。

der Ersatz　代用品、代替商品

Kathrin bekommt von der Firma einen Ersatz für das alte Gerät.
カトリンは会社から古い機械の代替商品を受け取る。

erst-(序数)　①(zum ersten Malで)初めて

Ich bin zum ersten Mal allein in den Bergen gefahren.
私は初めて一人で山間部をドライブした。

erst-(序数)　②(der Stockとともに)２階

Er wohnt im ersten Stock.　彼は２階に住んでいる。

erst-(序数)　③(die Stelleとともに)第１位に、第１位で

An erster Stelle steht die Schule.
学校が一番大事です。

erst　①副 まず、最初に

Sprechen Sie erst mit dem Arzt.
まず医師に診察してもらってください。

erst ②副 (erst A dann B で) 最初は A、次に B

Erst überlegen, dann handeln(reden)! まずよく考えて、それから行動するんだ(話すんだ)！

erstellen, erstellt, erstellte, hat erstellt （４格を）作成する

Erstelle bitte eine Liste mit allen Informationen, die du brauchst.
君に必要な情報が全部載っているリストを作ってよ。

erwachsen 成人した、大人の

Kevin hat zwei erwachsene Töchter. ケヴィンには成人した娘が２人いる。

erwarten, erwartet, erwartete, hat erwartet ①(４格を)待ち望む

Mein Chef erwartet einen Anruf aus Japan. 私の上司は日本からの電話を待っている。

erwarten, erwartet, erwartete, hat erwartet ②(ein Kind erwarten で)妊娠している

Frau Sander erwartet ein Kind. ザンダーさんは身籠っている。

erwarten, erwartet, erwartete, hat erwartet ③期待する

Ihr Mann erwartet, eingeladen zu werden. 彼女の夫は招待されると期待している。

erzählen ［活用はレベルA1へ］（４格を）物語る、読んで聞かせる

Das Mädchen musste dem König abends immer eine neue Geschichte erzählen.
乙女は毎晩王様に新しいお話をひとつお聞かせしないといけないのでした。

die Erzählung, -en 物語、短編小説

Diese Erzählung ist sehr interessant. Sie müssen sie einmal lesen.
この物語は大変興味深い。あなたも一度読んでみないといけませんよ。

erziehen, erzieht, erzog, hat erzogen （４格を）教育する、育てる

Kinder alleine zu erziehen ist nicht leicht.
子供を１人で育てるのは簡単なことではない。

die Erziehung 教育、しつけ

Die Erziehung von Kindern ist eine anstrengende Aufgabe, die viel Zeit kostet.
子供の教育というのは、多くの時間を費やすもので、骨の折れる課題です。

es ①前文を受ける指示代名詞

Weißt du nicht, wo Lena ist? — Nein, ich weiß es nicht.
レナがどこにいるか、知らない？　ーいや、知らないよ。

es ②実質的な主語名詞を予告する指示代名詞

Es wurden bei seinem Vortrag viele Fragen gestellt.
彼の講演では、多くの質問が出た。

es ③その場からわかるものを漠然と示す指示代名詞

Sag mal, wer ist da? — Ich bin's.　ねえ、(そこにいるのは)誰？　ー私です。

es ④形式主語(身体・心理状況を表現する形式主語)

Es ist mir kalt. (= Mir ist kalt.)　私は寒気がする。寒い。

es ⑤あとに置かれるdass文を指す

Ich finde es sehr nett von dir, dass du mich abholst.
迎えに来てくれるなんて、君はほんとに親切だと思います。

es ⑥あとに置かれたzu不定詞句を指す

Es macht Spaß, zusammen einen Ausflug zu machen.
一緒にハイキングに行けたら、楽しいよね。

der Essig, -e　酢

Am Salat fehlt noch ein bisschen Essig.　サラダにはもう少しお酢がほしいね。

die Etage, -n　階、フロアー(ドイツ、スイスで。= Stock)

Das Büro ist in der 2. Etage, Zimmer 211.
事務所は3階、部屋番号は211です。

etwa ①約、およそ

Von hier sind es etwa 30 Kilometer.　ここからの距離は約30キロです。

etwa ②ひょっとして、まさか〈心態詞〉

Sind sie doch nicht etwa krank?　まさか具合が悪いわけではないですよね？

etwas ①少し、いくらか

Sie sind noch etwas müde, nicht wahr? まだ少しお疲れなのでしょう？

etwas ②そんな(ばかげた)こと

So etwas haben wir noch nie gehört. そんなこと、私たちは聞いたことがありません。

etwas ③(中性名詞化した形容詞と)何か…なもの

Wir haben etwas Gutes für Sie gekocht. あなたにいいものを作ってあげましたよ。

eventuell 場合によっては、ひょっとしたら

Sie kommt eventuell etwas später. 彼女はひょっとすると少し遅れて来るかも。

ewig ①非常に長い間、いつまでも

Wir haben unsere Großeltern ewig nicht gesehen.
私たちはずいぶん長いこと祖父母に会っていない。

ewig ②永遠の

Zum ewigen Gedenken. 永遠の記念として。

der Experte, -n / **die Expertin**,-nen 専門家、エキスパート

Sie versteht zwar etwas von Computern, aber sie ist keine Expertin.
確かに彼女はコンピューターにいささか心得があるけれど、専門家というわけではないんだ。

der Export, -e 輸出

Hier ist die Firma Hildemeyer, Import und Export. こちら、ヒルデマイアー貿易会社です。

extra ①別に、余計に

Die alkoholfreien Getränke kosten auch extra. ソフトドリンクも別料金です。

extra ②わざわざ

Wir sind extra deswegen gekommen. 私たちはわざわざそのために来たんです。

extrem きわめて、極度の

Die Prüfungen waren extrem schwer. 試験は極端に難しかった。

【F】 レベルB1

die Fabrik, -en　工場

Mein Bruder und ich arbeiten in einer Autofabrik.
兄と私は自動車工場で働いています。

der Fachmann, ¨er / **die Fachfrau**, -en　専門家、エキスパート

Meine Cousine ist Computerfachfrau.　私の従姉妹はコンピュータの専門家です。

die Fachleute(複数)　専門家たち、エキスパートたち

Sie sind Fachleute auf diesem Gebiet.　彼らはこの分野の専門家たちだ。

die Fähigkeit, -en　(zu 3格/zu不定詞句)する能力

Wir brauchen heute die Fähigkeit, andere zu überzeugen.
私たちには現在ほかの人たちを納得させる能力が必要だ。

Ich glaube, der Mann hat die Fähigkeit dazu.
あの男の人はそのための能力を持っていると、私は思います。

die Fähre, -n　フェリー

Wir möchten die Fähre über den Bodensee nehmen.
私たち、ボーデン湖を渡るフェリーに乗りたいんです。

fahren, fährt, fuhr, **hat** gefahren　①(4格に)乗る、(4格を)運転する

Herr Koller fährt einen Mercedes.　コラーさんはベンツに乗っている。

fahren, fährt, fuhr, **hat** gefahren　②(乗り物で)(4格を)運ぶ

Darf ich Sie nach Hause fahren?　お宅まで車でお送りしてもいいですか？

fahren, fährt, fuhr, **hat** gefahren　③(4格を)走らせる、動かす

Seine Großmutter hat das Auto in die Garage gefahren.
彼のお祖母ちゃんが車をガレージに入れたよ。

die Fahrbahn, -en　車道、車線

Bitte vorsichtig. Es sind Schafe auf der Fahrbahn.
気をつけてよ。車道に羊が(何頭も)いるよ。

die Fahrkarte, -n　乗車券（スイスではBillett）

Fahrkarten kannst du auch am Schalter kaufen.　乗車券は窓口でも買えるよ。

das Fahrzeug, -e　乗り物、車両

Wem gehört das Fahrzeug hier?　ここの車は誰のですか？

fair　公正な、フェアな

Dass Kilian mitspielen darf, ist eigentlich nicht fair.
キリアンが出場していいなんて、まったくフェアじゃないよ。

der Faktor, -en　要素、成分

Die Creme soll einen hohen Sonnenschutzfaktor haben.
このクリームには日焼け予防成分が多く含まれているそうだ。

der Fall, ¨-e　①場合

Was tust du in diesem Fall?　こういう場合、君ならどうする？

auf jeden Fall　②どんなことがあっても

Rufen Sie mich auf jeden Fall noch einmal an.
いずれにしても、もう一回私に電話をください。

der Fall, ¨-e　③（dass ... とともに）の場合には

Für den Fall, dass mein Onkel aus dem Krankenhaus kommt, bleibe ich zu Hause.
伯父（叔父）が退院するのなら、私は家にいます。

fallen　［活用はレベルA2へ］①（雨・雪などが）降る、落ちてくる

In den Alpen ist der erste Schnee gefallen.　アルプス山地では初雪が降った。

fallen　②（温度が）下がる、低下する

Im Februar kann das Thermometer auf ein paar Grad unter Null fallen.
２月には寒暖計が零下２、３度まで下がることがあります。

fallen　③（４格 fallen lassen で）（４格を）落とす

Das Kind hat das Glas fallen lassen.　あの子はコップを落としてしまった。

fällig　満期の、支払い期限に達した

Die Rechnung ist Ende September fällig.　この請求書の期日は９月末だ。

falls　(定動詞後置の従属接続詞)もし…ならば、…の場合

Falls es schneit, machen wir kein Picknick.　雪が降ったら、ピクニックはなしです。

falsch　①(時計などが)正確でない、くるった

Deine Uhr geht falsch.　君の時計は合ってないな。

falsch　②不正確な、見当外れな

Was du da sagst, ist falsch.　君の言っていることは、見当違いです。

fangen, fängt, fing, hat gefangen　①(４格を)受け止める

Das Kind hat den Ball gut gefangen.　あの子は上手にボールをキャッチした。

fangen, fängt, fing, hat gefangen　②(４格を)捕らえる

Warum fängt unsere Katze keine Mäuse?
どうしてうちの猫はネズミを捕まえないのかしら？

die Fantasie / Phantasie, -n　想像力、空想力

Meine Schwester malt sehr gut. Sie hat viel Fantasie.
僕の姉(妹)は絵がとてもうまい。想像力豊かなんだ。

farbig　色のついた、カラフルな(<die Farbe)

Diese Kinder brauchen kein farbiges, sondern weißes Papier.
この子たちは色紙じゃなくて、白いのが必要なんです。

das Faschierte, -s　ひき肉、ミンチ
(オーストリアで。ドイツ・スイスではHackfleisch)

Geben Sie mir bitte 300 g Faschiertes.　ひき肉300グラムください。

der Fasching, -　カーニバル(Karneval)、謝肉祭(スイスではdie Fasnacht)

Dort hängt dein Kostüm für den Faschings(um)zug.
カーニバルで着る君の仮装衣装なら、あそこに掛かっているよ。

fassen, fasst, fasste, hat gefasst ①(4格を)捕まえる、逮捕する

Die Polizei hat den Dieb gefasst. 警察が泥棒を捕まえた。

fassen, fasst, fasste, hat gefasst
②(Entschluss fassen + zu不定詞句で)…するのを決心する

Meine Eltern haben den Entschluss gefasst, nach Mannheim zu ziehen.
両親はマンハイムに引っ越すことに決めた。

faulenzen, faulenzt, faulenzte, hat gefaulenzt のんびり過ごす、怠ける

Am Wochenende kann ich faulenzen.
週末はぐうたら過ごせる。

der Fauteuil, -s 肘掛け付きの安楽椅子(発音注意：フォテユ)
(オーストリア・スイスで。ドイツ・スイスではSessel)

Ich hätte gerne einen guten Fauteuil. いい安楽椅子がほしいんだが。

die Feier, -n 式典、祝典

Es war eine wunderschöne Feier. すばらしい式典でした。

feierlich 祝典(調)の、儀式ばった

Die Professoren waren feierlich gekleidet. 教授たちは正装だった。

das Feld, -er 畑

Auf diesem Feld wächst Gemüse gut. この畑では野菜がよく育つ。

Ferien- 名詞に「休暇用の」という意味を加える

der Ferienjob 休暇中のバイト der Ferienkurs 夏期講習会 など

die Fernbedienung, -en リモコン(< fernbedienen「遠隔操作する」)

Wo ist die Fernbedienung? リモコンどこかな？

fertig ①(mit 3格 fertig sein で)(3格が)終わった、(3格を)済ませた

Wenn wir mit der Arbeit fertig sind, gehen wir spazieren.
仕事に切りがついたら、散歩をしよう。

fertig ②くたくたの、疲れ果てた

Das war ein harter Tag. Wir sind total fertig.
ハードな日だった。みんなほんとにくたくたです。

fest ①固く

Meine alte Freundin glaubt fest daran, dass sie die neue Stelle bekommt.
私の旧友は自分がその新しい役職を得られると確信しているんです。

fest ②しっかりと、ぐっすりと

Als der Vater nach Hause kam, hat sein Kind schon fest geschlafen.
その父親が帰宅したとき、彼の子供は熟睡していました。

fest ③しっかりした、確実な

Für die nächste Prüfung gibt es noch keinen festen Termin.
次回の試験に関して、まだはっきりと期日が決まっているわけではありません。

sich⁴ festhalten, hält fest, hielt fest, hat festgehalten
①(an 3格に)しっかりつかまる、体を支える、しがみつく

Sie hält sich am Geländer fest. 彼女は手すりにしっかりつかまっている。

festhalten, hält fest, hielt fest, hat festgehalten ②(４格を)しっかりとつかむ

Halten Sie bitte das Glas gut fest. グラスはしっかり持ってください。

festlegen, legt fest, legte fest, hat festgelegt ①(４格を)確定する

Ich kann den Reiseweg noch nicht festlegen.
私は旅行の経路をまだ決めかねています。

sich⁴ festlegen, legt fest, legte fest, hat festgelegt ②はっきり態度を決める

Seine Frau weiß noch nicht, ob sie das macht. Sie möchte sich noch nicht festlegen.
彼の奥さんはそれをやるかどうか、まだわからない。彼女はまだはっきり決めたくないのです。

festlegen, legt fest, legte fest, hat festgelegt ③(公式に４格を)決める

Haben Sie schon den Hochzeitstermin festgelegt?
婚礼の日取りはもうお決まりですか？

festnehmen, nimmt fest, nahm fest, hat festgenommen　(４格を)逮捕する

Die Polizei hat einen Jungen festgenommen.
警察は若者を１人拘引した。

die Festplatte, -n　ハードディスク

Mein PC hat eine große Festplatte.
私のPCには大きなハードディスクがついている。

festsetzen, setzt fest, setzte fest, hat festgesetzt
(日程・値段など４格を)定める、決定する

Die Schule hat den Prüfungstermin festgesetzt.
学校は試験の期日を決定した。

feststehen, steht fest, stand fest, hat festgestanden (ist festgestanden)
決定(確定)している

Der Termin der Abschlussprüfung steht seit langem fest.
修了試験の期日は、ずいぶん前に決定している。

feststellen, stellt fest, stellte fest, hat festgestellt
①(dass 文とともに)…であることに気づく

Sie hat festgestellt, dass der Absender des Briefes falsch war.
彼女は手紙の発信人が間違っていることに気づいた。

feststellen, stellt fest, stellte fest, hat festgestellt
②(調査して)突き止める、確定する、確認する

Die Ärztin hat mich untersucht, konnte aber nichts feststellen.
女医は私を診察したのだが、どこが悪いのか突き止められなかった。

feucht　①湿っぽい、湿った(⇔trocken)

Die Handtücher sind noch feucht.　そのタオルはまだ湿ってます。

feucht　②(非人称主語 es と)湿気のある

Es war gestern feucht und warm draußen.
昨日の外気は湿気があり温かかった。

die Feuerwehr, -en　消防署、消防隊（団）

Ruf doch die Feuerwehr! Die Nummer ist: 112.
消防に電話だ！　番号は112。

das Feuerzeug, -e　ライター

Ist das Feuerzeug deins?　そのライター、君の？

die Figur, -en　①容姿、スタイル

Leni hat eine gute Figur.　レニはきれいな体つきをしている。

die Figur, -en　②（チェスなどのゲームの）コマ、（トランプの）絵札

Zuerst erhält jeder von euch 4 Figuren in seiner Lieblingsfarbe.
最初に君たちはそれぞれ好きな色のコマを４つもらいます。

finanzieren, finanziert, finanzierte, hat finanziert
（4格を）ローンで買う、まかなう

Wie kann ich am besten ein Auto finanzieren?
車をローンを組んで買うにはどうするのが一番いいでしょうか？

finanziell　金銭的な、財政上の

Finanziell geht es meiner Nichte jetzt besser.
姪の財政状態は今は改善している。

der Finger, - / **die Zehe**, -n　（手の）指／足の指

Andreas hat sich in den Finger geschnitten.
アンドレーアスは自分の指を切ってしまった。

flach　①かかとの低い、平たい、フラットな

Für die Arbeit braucht sie flache Schuhe.
彼女の仕事にはかかとの低い靴が必要だ。

flach　②浅い

Kinder können im flachen Wasser sehr gut spielen.
水深の浅い所なら子供たちは本当に楽しく遊べます。

die Fläche, -n　面積、広がり

Hat deine Wohnung eine Wohnfläche von 100 m^2?
君の住宅の居住面積は100平方メートルあるの？

der Fleck, -en　しみ、汚れ

Du hast einen Fleck auf der Jacke.　君のジャケットにはしみがあるよ。

der Fleischhauer, - / **die Fleischhauerin**, -nen　肉屋
（オーストリアで。＝Metzger）

Dieser Fleischhauer macht sehr gute Leberwurst.
この肉屋はとてもうまいレバーソーセージを作る。

flexibel　融通性のある、柔軟な

Ist Ihre Arbeitszeit flexibel?　あなたの勤務時間はフレキシブルなのですか？

fliehen, flieht, floh, ist geflohen　逃げる

Der Dieb ist sofort geflohen.　泥棒はすぐ逃げて行った。

die Flucht　逃亡、（auf der Flucht sein で）逃走中である

Der Dieb war schon auf der Flucht.　泥棒はすでに逃亡中だった。

fließen, fließt, floss, ist geflossen　流れる

Die Elbe fließt in die Nordsee.　エルベ川は北海に注いでいる。

fließend　流暢に

Mein Kollege spricht fließend Chinesisch.
私の同僚は中国語がペラペラだ。

fließend　（fließendes Wasser で）水道設備

Ich brauche ein Zimmer mit fließendem Wasser.
水道設備のある部屋が私には必要だ。

die Flöte, -n　フルート、笛

Ihre Tochter spielt sehr schön Flöte.　彼女の娘さんはフルートが大変上手だ。

der Flur, -e　廊下、玄関ホール（ドイツではGangも。スイスではKorridor）

Er hat schon lange draußen im Flur gewartet.
彼はもう長い時間、外の玄関ホールで待っていました。

die Flüssigkeit, -en　液体

Das war eine farblose Flüssigkeit.　それは無色透明の液体だった。

folgen, folgt, folgte, ist gefolgt　①続く

Es folgen die Nachrichten und die Meldungen vom Sport.
次はニュースとスポーツ情報です。

folgen, folgt, folgte, ist gefolgt　②（3格に）ついて行く

Folgen Sie dem Reiseleiter.　添乗員について行ってください。

die Folge, -n　結果、帰結

Die Folgen des Verkehrsunfalls waren schlimm.　交通事故の結末はひどいものだった。

folgend　①次の、続く

Weitere Informationen auf den folgenden Seiten.　詳細情報は次ページ以下をご覧ください。

folgend　②以下の、次のとおりの

Diese Firma hat folgende Angebote: ...　この会社からの提案は以下の通りです：

fordern, fordert, forderte, hat gefordert　（4格を）要求する

Kann ich eine Kürzung der Arbeitszeit auf 35 Stunden fordern?
労働時間を35時間に短縮するよう要求できるでしょうか？

die Forderung, -en　要求

Alle Forderungen der Arbeitnehmer kann man in diesem Heft lesen.
従業員の要求はすべてこの冊子で読めます。

fördern, fördert, förderte, hat gefördert　（4格を）援助する、振興する

Der König förderte die Wissenschaft und Künste sehr.
国王は学術と芸術を大いに奨励した。

die Förderung, -en　援助、助成

Für die Ausstellung bekommen wir eine Förderung von der Stadt.
展覧会のために我々は市の援助を得ている。

die Form, -en　①形

Dieser PC hat eine schöne Form.　このPCの形は美しい。

die Form, -en　②鋳型、焼き型

Meine Tochter möchte einen Kuchen backen. Können Sie ihr eine Backform leihen?
うちの娘はケーキを焼きたいと言ってます。ケーキ型を貸していただけませんか？

die Forschung, -en　研究、調査

Alexandra ist in der Forschung tätig.　アレクサンドラは研究に携わっています。

die Fortbildung, -en　（職に就いている人の）継続教育、研修、研鑽

Die Fortbildung, die er machen will, ist sehr teuer.
彼が受けようとしている研修プログラムは大変高額なんだ。

der Fortschritt, -e　進歩、上達、成長（⇔Rückschritt）

Du hast beim Deutschlernen große Fortschritte gemacht.　君はドイツ語学習で大きく進歩したね。

fortsetzen, setzt fort, setzte fort, hat fortgesetzt　（４格を）続ける、続行する

Wir wollen das Gespräch wieder fortsetzen.　対話は継続するつもりです。

die Fortsetzung, -en　続編、次号

Da steht, „Fortsetzung folgt".　「次号に続く」とあるよ。（連載記事・小説などの末尾で）

das Forum, Foren　フォーラム、（公開）討論会

Mein Student meldet sich heute bei diesem Forum an.
私の学生は今日、このフォーラムへの参加を申し出ます。

der Fotograf, -en / **die Fotografin**, -nen　カメラマン、写真家

Wie heißt die Fotografin, die die schönen Fotos gemacht hat?
このきれいな写真を撮った写真家のお名前は？

die Fotografie, -n　写真、写真技術、写真撮影

Die Franzosen Niépce und Daguerre gelten als die Erfinder der Fotografie.
フランス人のニエプスとダゲールは写真を発明した人と見なされています。

frech　厚かましい、(小)生意気な

Bist du in der Schule immer so frech?　学校ではいつもそんな生意気な態度なの？

fressen, frisst, fraß, hat gefressen　(動物が)食べる、餌を食む

Hat die Katze schon etwas zu fressen bekommen?
その猫はもう何か餌をもらったの？

die Freude, -n　(3格 eine Freude machen で)(3格を)喜ばせる

Diese Arbeit hat ihm viel Freude gemacht.　この仕事は彼には楽しかった。

die Freundschaft, -en　友好関係、友情

In Geldsachen hört die Freundschaft auf.　金と友情は別問題。(諺)

der Friede, -n / **Frieden**, -　平和、平穏

Die Menschen sehnen sich nach dem langen Krieg nach Frieden.
長い戦争の後、人々は平和を求めている。

frieren, friert, fror, hat gefroren　①寒がる、寒く感じる

Wenn du frierst, mache ich das Fenster wieder zu.
寒いのなら、また窓を閉めるよ。

frieren, friert, fror, hat gefroren　②(非人称主語 es と)氷点下になる、いてつく

Letzte Nacht hat es gefroren.　昨晩は氷点下になった。

der Friseur, -e / **die Friseurin**, -nen　理髪師、美容師
(ドイツ・オーストリアで。スイスでは Coiffeur)

Peters Tochter will Friseurin werden.　ペーターの娘は美容師になるつもりだ。

die Frisur, -en　ヘアスタイル、髪型

Coco hat eine tolle Frisur!　ココのヘアスタイルは凄いね！

die Frist, -en　期限、期日

Die Frist ist abgelaufen.　期限が切れています。

fröhlich　上機嫌の、陽気な、愉快な

Fröhliche Weihnachten!　楽しいクリスマスを！　メリークリスマス！

die Frucht, ¨-e　果実、果物、木の実

Der Apfel gilt als verbotene Frucht in der Bibel.
リンゴは聖書では禁断の木の実とされている。

Früchte　果物・果実（スイスで。ドイツ、オーストリアではObst）

Früchte kaufe ich immer auf dem Markt.　果物はいつも市場で買います。

führen, führt, führte, hat geführt　①（4格を）連れて行く、案内する

Der Lehrer führt uns durch das Museum.　先生が私たちに美術館を案内してくれる。

führen, führt, führte, hat geführt　②（4格を）運営する、経営する

Herr Rinke führt den Betrieb schon seit 8 Jahren.
リンケさんが会社を率いてからもう８年になります。

führen, führt, führte, hat geführt　③（スポーツの試合で）リードしている

Jetzt führt Japanische Mannschaft 2:0 (zwei zu null).
今のところ、日本チームが2対0で勝っている。

führen, führt, führte, hat geführt　④（道などが…へ）通じる、至る

Führt diese Straße direkt zum Bahnhof?　この通りは駅までまっすぐ通じているの？

die Führung, -en　（in Führungで）リードしている、優勢である
（< führen「…を導く、引率する」）

Liegt (Ist) Bayern München in Führung?　バイエルン・ミュンヒェンが試合をリードしている？

der Führerausweis, -e　運転免許証
（スイスで。ドイツ・オーストリアではFührerschein）

Haben Sie einen Führerausweis?　運転免許証をお持ちですか？

das Fundbüro, -s　遺失物保管所

Du hast deinen Sonnenschirm verloren. Da fragst du am besten im Fundbüro.
日傘をなくしたんだね。それなら遺失物保管所で訊くのが一番だよ。

funktionieren, funktioniert, funktionierte, hat funktioniert　①作動する

Können Sie mir bitte mal zeigen, wie das Gerät funktioniert?
この装置がどんなふうに動作するのか、一度見せていただけませんか？

funktionieren, funktioniert, funktionierte, hat funktioniert　②機能する

Ihre Ehe soll nicht mehr funktionieren.
彼らの結婚生活はもうどうにもならないそうだ。

für（**4格支配の前置詞**）　①（代償）…と引き換えに

Diese alten Möbel haben Herr und Frau Scott für 200 Euro bekommen.
この古い家具をスコット夫妻は200ユーロで買ったんだ。

für　②（基準）…のわりには

Für einen Anfänger spricht er schon gut Deutsch.
初心者のわりには彼はドイツ語を上手に話すね。

für　③（代理）…の代わりに

Sie können nicht einkaufen gehen? Ich kann es für Sie machen.
買い物に出られないのですか？　私が代わりに行きましょう。

für　④（限定）…にとって

Für mich ist das sehr wichtig.　私にはそれはとても大事なことだ。

für　⑤（予定の期間・日時）…の間

Wir wollen die Wohnung für ein halbes Jahr mieten.
私たちはその住宅を半年間借りるつもりなんです。

sich⁴ fürchten, fürchtet, fürchtete, hat gefürchtet　（vor 3格を）恐れる、怖がる

Ich fürchte mich vor Schlangen und Fröschen.
私は蛇と蛙が怖いのです。

der Fußgänger, - / **die Fußgängerin**, -nen　歩行者

Diese Gasse ist nur für Fußgänger.
この小路は歩行者専用です。

die Fußgängerzone, -n　歩行者天国、歩行者専用区域

Ich habe meinen alten Freund in der Fußgängerzone getroffen.
歩行者専用区間で旧友に出くわした。

füttern, füttert, fütterte, hat gefüttert　（4格に）餌を与える

Es ist im Zoo verboten, die Tiere zu füttern.
動物園では餌をあげることは禁止されています。

#COLUMN

組み合わせが大事！ ―― 機能動詞結合

以前、機能動詞について説明しましたね。特定の語と結びついて、本来動詞が持つ意味と異なる意味を表出する動詞です。例えば、Sorgen machen「心配する」、Bescheid geben「知らせる」などが当たります。この機能動詞と特定の語の組み合わせを、機能動詞結合と呼びます。

これら機能動詞は、前置詞句と組み合わされるものが多いです。前置詞句との組み合わせが基本となるので、組み合わせを覚えておきましょう。例えば以下のようなものが挙げられます。

・zur Diskussion stehen（議論になっている）
　Dieses Thema steht zur Diskussion.　このテーマが議論になっている。
・in Druck gehen（出版される）
　Diese Zeitschrift geht im April in Druck.　この雑誌は４月に出版される。
・in Frage stellen（疑問視する）
　Ich stelle diese Analyse in Frage.　私はこの分析を疑問視する。

zur Diskussion と stehen、in Druck と gehen、in Frage と stellen は組み合わさって意味をなします。これらそれぞれの関係を機能動詞結合と呼ぶわけですね。

（中野英莉子）

【G】 レベルB1

die Galerie, -n　絵画館、画廊、ギャラリー

Diese Galerie ist natürlich interessant für uns.
もちろんこの絵画館は私たちには興味深いものです。

der Gang, ¨-e　①通路、廊下(ドイツ・スイスではKorridor、ドイツではFlur)

Ich warte draußen im Gang.　私は外の廊下で待ってます。

der Gang, ¨-e　②(自動車などの)ギア、変速機

Du kannst jetzt in den dritten Gang schalten.
もう3速(サード)ギアに入れていいよ。

der Gang, ¨-e　③(食事のコースの)一品

Die Mahlzeit hat 5 Gänge.　食事は5品、出てきます。

gar　①じゅうぶん火の通った、煮えた

Die Karotten sind noch nicht gar.　ニンジンはまだじゅうぶんに火が通っていません。

gar　②(gar nichtで)全然…ない

Er trinkt sehr viel, dagegen trinkt seine Frau gar nicht.
彼は大酒飲みだけれど、奥さんはまったく飲まない。

garantieren, garantiert, garantierte, hat garantiert
(3格に4格／dass ... を)保証する

Ich kann dir nicht garantieren, dass der PC richtig funktioniert.
このPCがちゃんと動くとは保証できないよ。

die Garantie, -n　保証(複数の発音注意：ガランティーエン)

Auf den Kühlschrank haben Sie ein Jahr Garantie.
この冷蔵庫は1年間の保証付きです。

die Garderobe, -n　①クローク、携帯品預り所

Muss ich meinen Mantel abgeben? Wo ist die Garderobe?
自分のオーバーコートは預けないといけないんですか？　預り所はどこでしょうか？

die Garderobe, -n ②(オーバーコートなどの)衣類、服飾品

Wir bitten Sie auf Ihre Garderobe selbst zu achten.
コート類・服飾品はご自分で管理いただくようお願いします。

das Gas, -e ①気体、ガス、(燃料用の)ガス

Wir haben mit Gas gekocht. 私たちはガスで調理していました。

das Gas, -e ②(Gas gebenで)アクセルを踏む(比喩的にも)

Ich muss jetzt wirklich Gas geben.
本当に今はアクセルを踏まないといけませんね(急がないといけませんね)。

das Gasthaus, ¨-er (レストランを兼ねた)宿屋(オーストリアで)

Gehen Sie in ein Gasthaus ein Bier trinken?
ビールを飲みにガストハウスに行くのですか?

die Gaststätte, -n 飲食店、レストランを兼ねた宿屋(ドイツで)

Felina arbeitet seit einem Monat in einer Gaststätte.
フェリーナはひと月前からレストランで働いている。

das Gebäck, -e (通例、単数で)クッキー、ビスケット類

Das Gebäck ist leider nicht frisch. このクッキーは残念だけど焼きたてではないね。

das Gebäude, - (比較的大きな)建物

Das ist ein öffentliches Gebäude. これは公共建築物です。

das Gebiet, -e ①地域

In diesem Gebiet gab es viele Industrien. この地域には多くの産業がありました。

das Gebiet, -e ②分野、専門分野

Diese Zeitschrift berichtet über Fortschritte auf dem Gebiet der Informatik.
この雑誌は情報学の分野での進捗について知らせてくれる。

das Gebirge, - 山岳地帯、山地、山脈

Wir wollen unseren Urlaub im Gebirge verbringen. 休暇は山で過ごすつもりなんです。

gebrauchen, gebraucht, gebrauchte, hat gebraucht　（４格を）使う、使用する

Wir können diesen PC noch gut gebrauchen.　このPCはまだ十分使えます。

gebraucht　①副 中古で

Er hat das Auto gebraucht gekauft.　彼はこの車を中古で買った。

gebraucht　②形 中古の、使い回しの

Ich suche ein gebrauchtes Bücherregal.　私は中古の本棚を探しているんです。

die Gebrauchsanweisung, -en　取扱説明書、使用上の注意

Lesen Sie bitte die Gebrauchsanweisung sehr sorgfältig.
取扱説明書はしっかりと読んでください。

die Gebühr, -en　（公共の）料金、使用料、手数料

Die Gebühr liegt bei 30 Euro.　料金はおよそ30ユーロになります。

das Gedicht, -e　詩

Kennst du das schöne Gedicht?　君はこの素晴らしい詩を知っている？

die Geduld, -　忍耐、我慢、辛抱、寛容

Bitte, haben Sie noch etwas Geduld.　もう少しご辛抱いただけませんか。

geeignet　ふさわしい、適当な、適した

Dieses Spiel ist nicht für Kinder unter 12 Jahren geeignet.
このゲームは12歳未満のお子様向きではありません。

die Gefahr, -en　危険

Betreten dieses Berges auf eigene Gefahr.　この山への立ち入りは自己責任で。

gefallen　[活用はレベルA1へ]（sich³ 4格 gefallen lassenで）（提案など4格を）甘受する

Felicitas lässt es sich gern gefallen.　フェリーツィタスはそれを甘んじて受ける。

das Gefängnis, -se　懲役（刑）、禁固（刑）

Der Einbrecher wurde zu 3 Jahren Gefängnis verurteilt.　その強盗には懲役３年の判決が下った。

das Gefühl, -e　感じ、予感、感情

Ich glaube, ich schaffe den Test. Ich habe ein gutes Gefühl.
私はテストに通ると思うんだ。いい予感がしています。

der Gegner, -　①反対者、敵対者

Er war ein Gegner von Tierversuchen.　彼は動物実験に反対だった。

der Gegner, -　②対戦相手、敵

Die Mannschaft aus der Türkei war ein sehr starker Gegner.
トルコのチームは大変な強敵だった。

gegen（4格支配の前置詞）
①…と引き換えに、（gegen bar で）現金と引き換えに、現金払いで

Wir verkaufen das Auto nur gegen bar.
この車は現金払いの販売のみです。

gegen（4格支配の前置詞）　②（おおよその時刻）…ごろ、近く

Wir sind gegen 14 Uhr wieder da.　14時くらいにまた行きます。

die Gegend, -en　①地方、地域

Der Schwarzwald ist eine sehr schöne und weltberühmte Gegend.
シュヴァルツヴァルトは大変美しく、また世界的に有名な地方です。

die Gegend, -en　②辺り、付近

Die Apotheke muss hier in der Gegend sein.
その薬局は大体この辺りに違いないのです。

der Gegensatz, ¨-e　①対立、矛盾

Die beiden Meinungen standen in starkem Gegensatz zueinander.
この２つの意見は互いに大きく隔たっていた。

der Gegensatz, ¨-e　②（im Gegensatz zu 3格で）（３格とは）反対に

Im Gegensatz zu ihr war ihre Mutter ziemlich klein.
彼女とは反対に、彼女の母親はかなり背の低い人だった。

der Gegenstand, ¨-e　①物、物品

Ich habe meine persönlichen Gegenstände im Schwimmbad in ein Fach eingeschlossen.
プールでは自分の物はロッカーに入れて施錠しました。

der Gegenstand, ¨-e　②物体、物

Eine Durchsage der Polizei: Auf der C13 liegen Gegenstände auf der Fahrbahn.
警察からのお知らせです：C13号線の車線上に落下物あり。

das Geheimnis, -se　秘密、機密

Das konnte ich Ihnen nicht sagen. Das war ein Geheimnis.
あなたにそのことを言えなかった。それは機密事項だったのです。

geheim　秘密の、内密の

Ich glaube, das ist eine geheime Kraft.　それは目に見えない力なんだと思います。

gehen　［活用はレベルA1へ］①(移住などで)行ってしまう

Ein Freund von mir ist ins Ausland gegangen.
私の友人のひとりは外国に移り住んだ。

gehen　②(乗り物が)出発する

Der erste Zug geht erst in 3 Stunden.　始発列車は3時間後にやっと出る。

gehen　③(物事が)進む、運ぶ

Am Anfang ist alles ganz gut gegangen.　始めはすべてうまくいっていたんだが。

gehen　④(機械などが)動く、作動する

Geht deine Uhr richtig?　君の時計、ちゃんと動いてる？
Warum geht das Licht nicht mehr?　どうして灯りがつかないんだろう？

gehen　⑤(物が…に)入る、収まる

Die Jacke geht nicht mehr in den Koffer.　その上着はもうスーツケースには入らないよ。

gehen　⑥(窓などが…を)向いている

Alle Fenster gehen auf die Straße.　窓は全部通りに面している。

gehen ⑦(道などが…に)通じている

Geht es hier zum Stadtzentrum?
この道を行けば市の中心部に行けますか？

gehen ⑧(esを主語にum 4格が)問題である

Worum geht es denn? いったい何が問題なんですか？

der Gehsteig 歩道(ドイツ・オーストリアで。スイスではTrottoir)

Mit dem Fahrrad auf dem Gehsteig zu fahren, ist verboten.
自転車で歩道を走ることは禁止されています。

der Geldautomat, -en 現金自動支払い機
(ドイツで。オーストリア・スイスではBancomat / Bankomat)

Holst du noch Geld vom Geldautomaten?
これから現金自動支払い機でお金おろしてくる？

die Gelegenheit, -en 機会、チャンス、きっかけ

Das Fest war eine gute Gelegenheit, alte Freunde zu sehen.
お祭りは旧友たちに会ういい機会でした。

gelingen, gelingt, gelang, ist gelungen (3格にとって)成功する、うまくいく

Es ist uns gelungen, unsere Chefin zu überzeugen.
私たちの上司をうまく説得できました。

gelten, gilt, galt, hat gegolten ①効力がある、有効である

Mein Reisepass gilt noch ein Jahr. 私の旅券はまだ1年有効です。

gelten, gilt, galt, hat gegolten ②(als ... で)と見なされている

Sie müssen diesen Zettel gut aufheben: Er gilt als Garantie.
このラベルはしっかりと保存しないといけません：保証書になります。

gemeinsam 共同の、共通の

Benutzen Sie die Garage gemeinsam mit dem Nachbarn?
ガレージをお隣さんと共同利用しているんですか？

die Gemeinschaft, -en　共同(体)、コミュニティー

Es ist nicht erlaubt, in den Gemeinschaftsräumen zu rauchen.
共用(共通)スペースでの喫煙は認められていません。

gemütlich　居心地のよい、くつろいだ

Er hat eine sehr gemütliche Wohnung.　彼はとても居心地のいい住まいをもっている。
Es war sehr gemütlich bei dir.　君の家ではとても寛げたよ。

genauso　(wie ... で)とまったく同じように

Kathrin sieht genauso aus wie ihre Schwester.
カトリンは姉(妹)さんと瓜二つだ。

genehmigen, genehmigt, genehmigte, hat genehmigt
(4格を)認可する、承認する、許可する

Sein Chef hat ihm nur 2 Wochen Urlaub genehmigt.
彼の上司は彼に2週間の休暇しか認めなかった。

die Generation, -en　世代、ジェネレーション

Was ist die Generation Z?　Z世代というのはなんのことですか？

genießen, genießt, genoss, hat genossen　①(4格を)食べる、飲む、味わう、楽しむ

Ich kann das Essen leider nicht genießen, weil es zu salzig ist.
残念ながら塩辛すぎてこの料理は食べられません。

genießen, genießt, genoss, hat genossen　②(教育など4格を)受ける、享受する

Seine Nichte hat eine gute Ausbildung genossen.
彼の姪はいい職能教育を受けられた。

genügen, genügt, genügte, hat genügt　(3格には)十分である、足りる

Wie viele Zimmer brauchst du? — Mir genügt eine 3-Zimmer-Wohnung.
何部屋必要なの？　―私には3部屋の住宅で十分なんだけどな。

gerecht　公平な、正当な

Sara wird ihre Torte gerecht verteilen.　ザラは彼女のケーキを公平に分けてくれるでしょう。

gering わずかな

Die Mannschaft aus Frankreich hatte nur eine geringe Chance.
フランスのチームにはわずかなチャンスしかなかった。

gesamt 全部の、すべての

Er hat seine gesamten Bücher verschenkt. 彼は自分の本を全部、ただであげてしまった。

Gesamt- 「全-」を意味する前綴り

Gesamtgewicht 総重量 Gesamteinkommen 総収入 など

geschehen, geschieht, geschah, ist geschehen ①生じる、起こる

Da ist ein Unfall geschehen. あそこで事故が起きたんだ。

geschehen, geschieht, geschah, ist geschehen
②(Gern geschehen で)(お礼に対して)どういたしまして！

Danke sehr für Ihre Hilfe. — Gern geschehen.
お手伝いいただきありがとうございました。一いえ、どういたしまして。

geschieden 離婚した(している)

Lukas ist seit drei Jahren geschieden. ルーカスは離婚して3年になる。

das Geschlecht, -er (男女の)性、性別

Kreuzen Sie bitte an: „Geschlecht: weiblich/männlich".
「性別：男・女」の欄に、チェックマークを入れてください。

der Geschmack ①味、風味

Die Kleine mag Kaugummi mit Colageschmack.
あの小さい女の子はコーラ味のガムが好きなんだ。

der Geschmack ②趣味、美的感覚

Elias hat einen guten Geschmack. エリアスはセンスがいい。

die Geschwindigkeit, -en 速度、スピード

Das Auto fährt mit zu hoher Geschwindigkeit. あの車、スピード出しすぎだ。

die Geschwindigkeitsbeschränkung(-begrenzung) 速度制限

Halten Sie unbedingt die Geschwindigkeitsbegrenzung ein!
速度制限は絶対に守ってください。

die Gesellschaft, -en ①社会

Sie will die Gesellschaft verändern. 彼女は社会を変えてしまうつもりだ。

die Gesellschaft, -en ②会社

Meine Tante arbeitet seit 30 Jahren bei einer Versicherungsgesellschaft.
私の伯(叔)母は30年前から保険会社で働いている。

die Gesellschaft, -en ③会、団体

Ich reise nicht gern in Gesellschaft. 私は団体旅行は苦手なんです。

das Gesetz, -e 法律

Welche neuen Gesetze gibt es 2022?
2022年にできた新法はどのようなものですか？

gespannt sein 緊張した、わくわくした、待ち受けている(< spannen「(4格を)緊張させる、(4格の)好奇心を掻き立てる」の過去分詞形)

Die Kinder sind gespannt, wer bei diesem Spiel gewinnt.
誰がこのゲームで勝つか、子供たちはワクワクだ。

die Gewalt, -en ①暴力

Meine Freundin mag keine Filme, in denen Gewalt vorkommt.
僕の彼女は、バイオレンス物の映画は好きじゃないんだ

die Gewalt, -en ②(mit Gewaltで)力ずくで、無理矢理に

Die Tür konnte nur mit Gewalt geöffnet werden.
ドアは力づくで開けるしかなかった。

die Gewerkschaft, -en 労働組合

Die Gewerkschaft muss die Interessen der Arbeitnehmer vertreten.
労働組合は従業員の利益を代表するものでなければならない。

der Gewinn, -e　賞金、賞品、利益

Damian hat bei einem Ratespiel mitgemacht. Der Hauptgewinn ist ein Auto.
ダミアンはクイズに参加した。一等賞は自動車なんだ。

das Gewissen　良心、善悪の意識、(ein schlechtes Gewissen で)良心の呵責、やましい気持ち

Wir haben ein ganz schlechtes Gewissen.　私たちはひどく気がとがめているんです。

sich⁴ gewöhnen, gewöhnt, gewöhnte, hat gewöhnt　(an 4格に)慣れる

Sein Kind hat sich an das Leben hier gewöhnt.　彼の子供はここでの暮らしに慣れた。

gewöhnt sein　慣れている
(< gewöhnen「(4格を an 4格に)慣れさせる」の過去分詞形)

Er ist daran gewöhnt, früh aufzustehen.　彼は早起きするのに慣れました。

die Gewohnheit, -en　①習慣

Sie hatte die Gewohnheit, morgens zuerst die Post zu erledigen.
彼女には毎朝一番に郵便物を処理する習慣があった。

die Gewohnheit, -en　②(aus Gewohnheit で)習慣で、習慣から

Aus alter Gewohnheit treffen wir uns jeden Mitwochabend.
古い習慣で私たちは毎週水曜の晩に会うことになっているんです。

gewohnt sein　…の習慣をもっている、慣れている

Mein Mann ist gewohnt, früh ins Bett zu gehen.
夫は早く寝るのが習慣になっています。

gewöhnlich　ふつう、通常

Um die Zeit ist Dominique gewöhnlich zu Hause.
この時刻ならドミニクはたいてい家にいます。

das Gewürz, -e　スパイス、香辛料、薬味

Von den scharfen Gewürzen bekomme ich immer Durst.
辛い薬味を食べると私はいつも喉が渇くんです。

gießen, gießt, goss, hat gegossen　(植物などの4格に)水をやる、水をかける

Ich muss meine Pflanzen gießen.　鉢植えに水をやらないといけません。

das Gift, -e　毒

Das Gift der Pilze schädigt die Leber sehr stark.
キノコの毒は肝臓に強い障害を与えます。

giftig　有毒な、毒のある

Vorsicht! Diese Pilze sind giftig, einige davon sogar tödlich!
気をつけて！　これらのキノコには毒があります。そのうちのいくつかは人を死に至らしめることさえあります。

die / das Glace (Glacé), -n
アイスクリーム(スイスで。ドイツ・オーストリアでは Eis)

Zum Dessert gab es Schokoladenglace.
デザートにはチョコレートのアイスが出ました。

glatt　つるつるした、滑らかな

Fahren Sie bitte vorsichtig! Es ist glatt.
注意して運転してください。滑りますよ。

glauben　[活用はレベル A1 へ]　(an 4格の)存在を信じる、価値を信じる

Glauben Sie an Zufälle?　あなたは偶然というものを信じますか？

gleichberechtigt　同等権利を持った、(特に男女の)同権の

Unser Lehrer sagt, dass Mann und Frau gleichberechtigt sind.
男女は同権だ、と先生は言います。

gleichfalls　あなたもね！(同様に、同じく)

Schönes Wochenende! — Danke, gleichfalls.
楽しい週末を！　―ありがとう、そちらもね。

gleichzeitig　同時に

Kannst du alles gleichzeitig machen?　何でもかんでもいっぺんにやれるわけ？

das Gold 金、黄金

Ist die Kette aus Gold? — Nein, die sieht nur so aus.
そのネックレス、ゴールドなの？ ーいや、そう見えるだけなの。

das Golf, - , **das Golfspiel** ゴルフ

Spielen Sie gern Golf? ゴルフ好きですか？

der Gott, ¨-er ①神（キリスト教の神の場合は無冠詞で複数なし）

Wer glaubt denn heute noch an Gott? いったい誰が今日なお神の存在を信じているのだろうか？

der Gott, ¨-er ②（慣用句 Gott sei Dank で）ありがたいことに

Gott sei Dank ist ihr nichts passiert. ありがたいことに彼女には何も起きなかった。

die Grafik, -en グラフ、図、挿絵

Die Grafik zeigt die Temperaturen im letzten Sommer.
このグラフは昨夏の気温（の変化）を示しています。

das Gras 草地、芝生、草

Wir möchten den ganzen Tag im Gras liegen. 一日中、草原で寝そべっていたいものだ。

gratis 無料の、ただで

Wir reparieren die Kaffeemaschine gratis für Sie.
コーヒーメーカーを無料で修理いたします。

die Gratulation, -en 祝賀、祝福

Herzliche Gratulation zur Hochzeit! 結婚式おめでとう！

greifen, greift, griff, hat gegriffen 手にとる、つかむ、（zugreifen で）（食事などで）手を伸ばす

Greifen Sie bitte zu! どうぞ手を伸ばして（手に取って食べて）ください。

die Grenze, -n 国境、境界

An der Grenze müssen Sie Ihren Ausweis zeigen.
国境では証明書を見せないといけないのです。

grillieren, grilliert, grillierte, hat grilliert　グリルする（スイスで。ドイツ、オーストリアではgrillen）

Morgen wollen wir im Garten grillieren.
明日は庭でバーベキューをやるつもりなんです。

der Grill　グリル、グリル装置

Können Sie mir Ihren Grill leihen?
お宅のバーベキューセットを貸していただけませんか？

gründen, gründet, gründete, hat gegründet　（４格を）設立する

Herr Bernstein hat eine kleine Firma gegründet.
ベルンシュタインさんは小さな会社をおこした。

der Grund, ¨-e　理由、根拠

Die Firma hat dir gekündigt. Aus welchem Grund?
会社は君に解雇を通告してきたんだね。どんな理由からなの？

gründlich　①徹底的な

Wir müssen die Wohnung gründlich reinigen.
私たちは住居を徹底的にクリーニングしないといけないのです。

gründlich　②余すところなく、念入りな

Waschen Sie sich regelmäßig gründlich die Hände?
いつも念入りに両手を洗っていますか？

das Grundstück, -e　土地、地所

Der Onkel will ein Haus bauen und sucht ein günstiges Grundstück.
伯(叔)父は家を一軒建てるつもりで、条件のいい土地を探しているんだ。

grüßen, grüßt, grüßte, hat gegrüßt　（４格に）挨拶をする

Wer war die junge Frau, die Sie eben gegrüßt haben?
あなたが今しがた挨拶した、あの若い女性は誰ですか？
Ich soll Sie von Herrn Meisels grüßen.
マイゼルスさんからあなたによろしくとのことでした。

gucken, guckt, guckte, hat geguckt ①見る

Guck doch mal! Es beginnt zu regnen. 見てみろよ、雨が降り出したよ。

gucken, guckt, guckte, hat geguckt ②(nachgucken=nachsehenで)調べる

Was bedeutet das Wort? — Guck doch in diesem neuen Wörterbuch nach.
この単語どういう意味かな？ ーまあ、この新しい辞書で調べてごらんよ。

die Gymnastik 体操、体育

Die Alten machen jeden Morgen Gymnastik.
あの老人たちは毎朝体操をするんです。

#COLUMN

これ、それ、あれ、どれ？——指示代名詞

前に出てきた名詞を「それ」のように指し示すには人称代名詞を使うのでしたね。

Ich kaufe einen Mantel. **Er** ist schön. 私はコートを買う。それはきれいだ。

指示代名詞も同様に、「それ」「これ」「この人」のように対象を指し示すことができます。

Ich kaufe einen Mantel. **Der** ist schön. 私はコートを買う。それはきれいだ。

え？ この指示代名詞、人称代名詞と一緒じゃないのかって？ いえいえ、違いがあります。指示代名詞を使うと、指示されるものが引き立たされるのです。ちょっと目立っているイメージですね。人称代名詞よりも強く指示されます。

指示代名詞はder/die/das以外にもあります。例えばdieser/diese/dieses(これに対応してjener/jene/jenes)。dieser/diese/diesesはより近いものを指すときに使用され、jener/jene/jenesは少し離れたものを指示します。他にもderjenige/diejenige/dasjenige「…する人、もの」、derselbe/dieselbe/dasselbe「…と同じ人、もの」、solcher/solche/solches「そのような人、もの」のような指示代名詞があり、それぞれ格変化します。 (中野英莉子)

【H】 レベルB1

haben　［活用はレベルA1へ］①手に入れる

Kann ich bitte eine Zwiebelsuppe haben?　オニオンスープを一皿くださいませんか？

haben　②(viel zu tun habenで)やることがたくさんある(=多忙である)

Unser Lehrer hat heute viel zu tun.　私たちの先生は今日は忙しい。

haben　③(es gut / schlecht habenで)幸せである／幸せでない

Er hat es gut. Er kann in Urlaub fahren.　彼はいいよな。休暇に出かけられるんだもの。

haben　④(es eilig habenで)急いでいる

Wir haben es sehr eilig.　私たち、とっても急いでいるんです。

das Hackfleisch(複数なし)　ひき肉(<hacken「(4格を)みじん切りにする」)(ドイツ・スイスで。オーストリアではFaschierte)

Ich hätte gerne 500g Hackfleisch.　ひき肉500グラムください。

der Hafen, ¨-　港

Wenn Sie in Kiel sind, müssen Sie sich unbedingt den Hafen ansehen.
キールに行ったら、ぜひとも港を見てくださいね。

hageln, hagelt, hagelte, hat gehagelt　(非人称主語esとともに)雹が降る、霰が降る

Warum hagelt es bei Gewitter?　雷雨の時にどうして雹が降るのですか？

halb　①(…時に向かって30分過ぎ)…時半

Treffen wir uns um halb 11?　10時30分に待ち合わせようか？

halb　②半分の(付加語的に)

Bei dieser Firma hat Greta ein halbes Jahr gearbeitet.
グレータはこの会社で半年間働いていた。

halb　③半分の、(zum halben Preisで)半額で

Die Flasche ist noch halbvoll.　(ワインなどの)瓶にはまだ半分残っている。
Ich gebe Ihnen die Orangen zum halben Preis.　このオレンジ、半額ですよ。

halbtags 半日、半日間

Die Mutter möchte halbtags arbeiten. あのお母さんは半日の仕事がしたい。

die Hälfte, -n 半分

Bitte teilt euch den Kuchen. Jeder bekommt die Hälfte.
このケーキは２人で分けっこしなさい。ひとり、半分だよ。

Was hat der Professor gesagt? Ich habe nur die Hälfte verstanden.
あの先生、何ておっしゃったの？ 僕には半分しかわからなかった。

das Hallenbad, ¨er 屋内プール

Die Mädchen gehen jeden Tag zum Schwimmen ins Hallenbad.
あの娘たちは毎日屋内プールに泳ぎに行くんだ。

halt （あきらめの表現）どのみち、結局は<心態詞>

Da kann man leider nichts machen. Das ist halt so.
それでは残念ながらどうにもできない。どのみちそういうことなんだ。

halten ［活用はレベルA1へ］①（４格を）ある状態にしておく

Halten Sie bitte das Fenster im Keller geschlossen.
地下室のあの窓、閉めたままにしておいてください。

sich^4 halten ②（an４格を）守る、（４格に）従う

Alle Mieter haben sich an die Hausordnung gehalten.
（アパートの）借主はみな、入居者心得を守っていた。

halten ③（von３格について）思う

Die Stadt will eine neue Sporthalle bauen. Was halten Sie davon?
市は新たな体育館を建設するつもりですが、あなたはそのことについてどう思われますか？

halten ④（立ち）止まる

Halt, stehenbleiben! Polizei! 止まれ、動くな、警察だ！

sich^4 halten ⑤もつ、持ちこたえる

Diese Milch hält sich noch eine Woche. この牛乳はあと１週間もつ。

haltbar　長持ちする、保存がきく

Diese Karotten sind mindestens 5 Wochen haltbar.
このニンジンは最低でも５週間は保存できます。

der Halt　停止、停車(駅)

Nächster Halt ist am Wiener Westbahnhof.
次の停車地はウィーン西駅です。

der Hammer, ¨-　ハンマー

Haben Sie einen Hammer für mich?
ハンマー、私に貸してもらえませんか？

handeln, handelt, handelte, hat gehandelt
①(mit 3格(商品)を)商う、売買する

Frau Eggers hat ein kleines Geschäft. Sie handelt mit Obst und Gemüse.
エガースさんは小さな店をやっている。彼女は果物と野菜を売っているのだ。

sich⁴ handeln, handelt, handelte, hat gehandelt
②(非人称主語 es と um 4格で)(4格に)かかわる問題である

Worum handelte es sich?
何が問題だったのですか？

handeln, handelt, handelte, hat gehandelt
③(von 3格 / über 4格 handeln で)(題材として)…を取り扱う

Der Film handelt von Napoleon.
この映画はナポレオンを題材としている。

der Handel, ¨-e　(通例、単数で)商売

Der Handel mit Wagen war ein gutes Geschäft.
自動車の売買はいい商売だった。

der Händler, - / **die Händlerin**, -nen　商人

Ich gehe zum Obsthändler, soll ich Ihnen etwas mitbringen?
果物屋さんに行くんですが、あなたに何か買ってきてあげましょうか？

der Handwerker, - / **die Handwerkerin**, -nen　職人

Vorgestern waren bei uns die Handwerker.
一昨日、その職人たちは我が家にいました。

hassen, hasst, hasste, hat gehasst　（４格を）嫌う

Meine Frau hasst Radfahren.　妻は自転車嫌いなんです。
Der Vater hasst es, Comics zu lesen.　あのお父さんは漫画を読むのが嫌いなんだ。

häufig　たびたびの

Hast du häufig Augenschmerzen? Dann solltest du nicht so lange am Computer sitzen.
ちょくちょく目が痛くなるの？　それならPCに長時間しがみつかない方がいいね。

haupt-　名詞につけて「主な」という意味を加える前綴り

Hauptstadt 首都　Haupteingang 正面入り口　Hauptfach 主専攻分野　など

der Hauptbahnhof, ¨-e　中央駅

Wo treffen wir uns morgen, am Hauptbahnhof?
明日はどこで落ち合おうか、中央駅がいいかな？

der Hausmeister, - / **die Hausmeisterin**, -nen　（アパートなどの）管理人（ドイツ・オーストリアで。スイスではAbwart）

Die Hausmeisterin hat uns geholfen, das Bücherregal in die Wohnung zu tragen.
管理人さんが私たちに手を貸してくれたので、本棚を住まいに搬入できました。

die Haut　（通例、単数で）肌、皮膚

Ich hätte gerne eine Creme für trockene Haut.　乾燥肌用のクリームがほしいんですが。

heben, hebt, hob, hat gehoben　①（４格を）持ち上げる

Können Sie mir bitte helfen? Den Fernseher kann ich allein nicht heben.
手伝っていただけませんか、このテレビ、私ひとりでは持ち上げられないんです。

heben, hebt, hob, hat gehoben　②（４格を）あげる

Wenn Sie gegen diesen Vorschlag sind, heben Sie bitte die Hand!
本案に反対の方、挙手してください。

heim 我が家で(へ)、自宅で(へ)

Ich möchte heim, heim möchte ich gerne ziehen.
我が家に、私は我が家に帰りたい。

das Heim, -e ホーム

Mein Opa wohnt in einem Seniorenheim. 私のお祖父ちゃんは老人ホームに居る。

heimlich ひそかな、こっそりと

Gestern habe ich gehört, dass meine Frau heimlich raucht.
昨日聞いたんだが、妻は隠れてタバコを吸っているんだ。

das Heimweh(複数なし) ホームシック

Der Ausländer hat oft Heimweh nach seiner Familie.
あの外国人はよく、自分の国の家族が恋しくなるんだ。

heißen [活用はレベルA1へ] 意味する

Leben heißt Lieben. 生きるとは(人を)愛することなのだ。

d.h. (das heißtの略)すなわち、つまり、言い換えれば

Ich habe die Prüfung bestanden, d.h., ich kann nächstes Jahr in Wien studieren.
僕は試験に合格した、つまり、来年ウィーンに留学できるということだ。

heizen, heizt, heizte, hat geheizt ①暖める、暖房する

Heizen Sie mit Gas? ガスで暖房しているのですか？

heizen, heizt, heizte, hat geheizt ②(geheizt seinで)暖房が効いている

In der Sporthalle ist nicht geheizt. 体育館の中は暖房が効いていない。

der Held, -en / **die Heldin**, -nen ①主人公、英雄

Henrik spielt gern den Helden. ヘンリクは主役を演じるのが好きだ。

der Held, -en / **die Heldin**, -nen ②注目の人物

Gabi ist die Heldin des Tages /des Abends.
ガービはみなの注目を一身に浴びている。(今日の主役だ、今夜の主役だ)

die Hilfe ①助け、助力

Vielen Dank für deine Hilfe. 手伝ってくれてありがとうね。

die Hilfe ②(Erste Hilfe で)応急処置

Hast du einen Kurs für Erste Hilfe gemacht?
応急処置のコース、受講した？

die Hilfe ③((Zu) Hilfe! で)助けて！

Zu Hilfe ! Zu Hilfe ! 助けて！ 誰か助けて！

das Hend(e)l, - ローストチキン、鶏肉
(オーストリアで。ドイツでは Hähnchen / Hühnchen、スイスでは Poulet)

Zum Mittagessen gab es Hendl mit Pommes.
昼食には、フライドポテト添えのローストチキンがあった。

her (過去からの時間の経過を示して)今まで、ずっと

Ich glaube, das ist schon lange her.
それはずっと前からのことだと思います。

herausfinden, findet heraus, fand heraus, hat herausgefunden
(4格を)見つけ出す

Haben Sie schon (he)rausgefunden, wann und wo man sich für den Kurs anmelden muss? そのコースへの申し込みはいつどこでしないといけないか、探し出せましたか？

die Herausforderung, -en 挑戦、試練、課題

Spielen macht Kinder stark für die Herausforderungen der Zukunft.
遊ぶことで子供たちは将来であう試練に向けて強くなる。

herein-, rein 中へ

Komm doch herein! まあ入っておいでよ！

die Herkunft (通例、単数で)出自、出身

Viele Leute haben mich nach meiner Herkunft gefragt.
多くの人が私の出自について尋ねてきた。

herunterfahren, fährt herunter, fuhr herunter, hat heruntergefahren
(PCなどを)終了させる、停止させる

Zum Schluss müssen Sie den Computer herunterfahren.
最後にコンピューターを終了させないといけませんよ。

runterwerfen, wirft runter, warf runter, hat runtergeworfen
投げ落とす

Wirf mir bitte den Schlüssel runter! Ich habe meinen im Büro vergessen.
カギを上から投げてくれよ！　自分のを事務所に忘れてきたんだ。

das Herz, -en　心臓

Ich werde immer nervös. Mein Herz klopft mir bis zum Hals.
私はますますイライラしてきて、心臓がのどから飛び出しそうなくらいなのだ。

heute　①(ab heute で)今日から、今日以降

Ab heute bleibt das Restaurant nachmittags geschlossen.
今日からこのレストランは午後閉店のままです。

heute　②(heute in acht Tagen で)来週の今日(= heute in einer Woche)

Frau Heinzmann kommt heute in acht Tagen zurück.
ハインツマンさんは来週の今日戻ってきます。

heute　③今日(こんにち)、現代

Heute kann man sich eine Welt ohne Autos nicht mehr vorstellen.
今日では、誰も自動車のない世界など思い浮かべることができない。

hierher　こちらへ、(hierherkommen で)ここまで来る

Meine Freundin kommt oft hierher. In diesem Café gibt es guten Kuchen.
私のお友達はこの辺りまでよく来ます。このカフェにはおいしいケーキがあるんです。

hinterher　あとから、そのあとに

Vor der Prüfung hat der Schüler so viel gelernt. Hinterher hat er vieles wieder vergessen.
その生徒は試験前はうんと勉強したのですが、あとになってまた忘れてしまったのも多かったのです。

hinterlassen, hinterlässt, hinterließ, hat hinterlassen　あとに残す、言い残す

Die Sängerin aus Spanien hat einen guten Eindruck bei uns hinterlassen.
そのスペイン出身の歌手は私たちによい印象を残した。

hinweisen, weist hin, wies hin, hat hingewiesen
（4格＋auf 4格で）（4格にauf以下を）指摘する、指示する

Wir möchten Sie darauf hinweisen, dass das Rauchen am Bahnsteig nicht erlaubt ist.
あなたに指摘しておきたいことがあるのですが、それはホームでの喫煙は認められていないことです。

der Hinweis, -e　指示、指摘、示唆

Die Polizei bekommt viele Hinweise zum Autounfall.
警察は自動車事故に関して多くの手がかりを得ている。

historisch　歴史の、歴史上の

Wir haben das historische Museum besucht.　私たちは歴史博物館を訪ねました。

die Hitze　暑さ

Vorgestern war eine schreckliche Hitze!　一昨日はひどい暑さだったね！

die Höhe　①高さ

Sein Tisch hatte folgende Maße: Länge: 1,50 m, Breite: 1,00 m, Höhe: 0,90 m.
彼の机の寸法はこんなふうだった。長い方が1.5メートル、短い方が1メートル、高さが90センチだった。

die Höhe　②高度、海抜、標高

La Paz, die Hauptstadt von Bolivien, liegt in einer Höhe von 3 650 Metern.
ボリビアの首都ラパスは海抜3650メートルのところにある。

hochladen, lädt hoch, lud hoch, hat hochgeladen　（4格を）アップロードする

Unser Lehrer hat die Datei für die Hausaufgabe hochgeladen.
先生が宿題用のデータをアップロードしてくれたよ。

höchstens　せいぜい

Ich hatte wenig Zeit. Ich konnte höchstens eine halbe Stunde bleiben.
私には時間がなかった。せいぜい30分しかいられなかったんだ。

der Hof, ¨-e　中庭、裏庭

Meine Kinder spielen am liebsten im Hof.
うちの子供は中庭で遊ぶのが一番好きなのです。

der Bauernhof, ¨-e　農場

Meine Großeltern haben einen großen Bauernhof in Italien.
私の祖父母はイタリアに大きな農場をもっている。

höflich　礼儀正しい

Unsere Nachbarin ist höflich. Sie sagt immer als Erste Guten Morgen.
お隣さんは礼儀正しい女性で、いつも最初におはようと言ってくれます。

das Holz　木、木材

Brauchst du ein Bücheregal aus Holz?　木製の本棚が必要なの？

der Honig, -（通例、単数。種類を言う場合の複数形はHonige）　蜂蜜

Wir essen oft Brötchen mit Honig und Butter zum Frühstück.
朝食にはバターと蜂蜜をつけた小型パンをよく食べます。

der Hörer, - / **die Hörerin**, -nen　聞き手、リスナー

Die Abendsendung bei NHK hat viele Hörer und Hörerinnen.
NHKの夕方の放送には多くの聴取者がいる。

der Zuhörer, - / **die Zuhörerin**, -nen　聴衆、聴取者、リスナー

Wegen des Regenschauers waren wenige Zuhörer beim Konzert.
にわか雨があったので、コンサートの聴衆者数は少なかった。

hübsch　①素敵な

Wir haben einen hübschen Garten gefunden.
素敵なお庭を見つけました。

hübsch　②可愛らしい

Hendriks neue Freundin ist ganz hübsch.
ヘンドリックの新しいガールフレンドはまあまあかわいい人だ。

der Hügel, - 丘

Auf diesem Hügel essen wir zu Mittag.
この丘の上で昼ご飯にしよう。

der Humor, -e（通例、単数で） ①ユーモア

Wir mögen Pauls Vater, weil er so viel Humor hat.
僕らはパウルのお父さんが好きなんだ、なぜってユーモアたっぷりなんだ。

der Humor, -e（通例、単数で） ②洒落（しゃれ）

Den Humor des Komikers verstehe ich gar nicht.
あのコメディアンの洒落が、私にはさっぱりわからないんだ。

hupen, hupt, hupte, hat gehupt クラクションを鳴らす

Hier ist ein Seniorenheim. Hier darfst du nicht hupen.
ここは老人ホームだよ。クラクションを鳴らしてはいけないんだ。

der Hut, ¨-e 帽子

Du solltest im Sommer nicht ohne Hut ausgehen.
夏は帽子なしでの外出はやめたほうがいいな。

die Hütte, -n 小屋、山小屋、ヒュッテ

Ihr könnt in der Hütte auf dem Berg übernachten.
君たちは山小屋に宿泊できるよ。

【I】 レベルB1

ideal 理想的な

Sie ist eine ideale Ehefrau. 彼女は理想的な奥さんだ。

illegal 違法の

Illegale Arbeiter mussten Deutschland verlassen.
不法就労者はドイツを退去せねばならなかった。

der Imbiss, -e 軽食、おやつ、ファストフード店
（ドイツで。オーストリアではJause、スイスではZvieri / Znüni）

Hier kann man einen kleinen Imbiss einnehmen. ここで軽い食事がとれますよ。

immer ①(immer nochで)いまだに

Meine Kollegin liegt immer noch im Krankenhaus.
私の同僚はいまだに入院したままです。

immer ②(比較級と)ますます

Die Kopfschmerzen werden immer schlimmer.
頭痛はますますひどくなっていく。

der Import, -e 輸入、(複数で)輸入品(⇔der Export, -e)

Im dritten Stock ist eine Import-Export-Firma. 4階に輸出入の会社がひとつあります。
Der Import von Zigaretten war nicht erlaubt. タバコの輸入は許可されていなかった。

in(3・4格支配の前置詞) ①(in Urlaub seinで)休暇中である

Im Juni war ich in Urlaub.（オーストリアではauf Urlaubも）
6月に私は休暇を取っていた。

in(3・4格支配の前置詞) ②(状況)…の状態で

Wir waren in einer schwierigen Lage. 我々は困難な状況にあった。

indem (定動詞後置の従属接続詞)…することで、…によって

Sie können die Datei öffnen, indem Sie hier klicken.
ここをクリックすれば、データを開けますよ。

individuell　個々に、一人ひとり

Der Lehrer hat versucht, jedes Kind individuell zu fördern.
その先生は一人ひとり、どの子も伸ばそうとしていた。

die Industrie, -n　産業

In dieser Gegend gab es keine Industrie.　この地方には産業というものがなかった。

die Infektion, -en　感染、炎症

Du hast eine Infektion. Du musst dieseTabletten nehmen.
感染症だな。君はこの錠剤を飲まないといけない。

der Ingenieur, -e　技師、技術者

Richard wollte Ingenieur werden.　リヒャルトは技術者になるつもりだった。

der Inhalt, -e　中身、内容

Beschreiben Sie bitte den Inhalt der Sendung.　発送物の内容を書いてください。

inklusive　（2格支配の前置詞）…を含めて、…込みの

Das Zimmer kostet 75 Euro inklusive Frühstück.
この部屋は朝食込みで75ユーロです。

innen　副 中に、内部に（⇔ außen）

Die Tür ging nach innen auf.　ドアは内側に開くものだった。

inner　内の、内側の

Ich muss den Jungen untersuchen. Es kann sein, dass er innere Verletzungen hat.
この少年を診ないといけない。体の中が怪我をしているのかもしれない。

innerhalb　（2格支配の前置詞）①…の範囲内で

Die Monatskarte gilt nur innerhalb der Stadt.　この月ぎめ定期が使えるのは市内だけです。

innerhalb　（2格支配の前置詞）②…以内に

Nach dem Umzug muss man sich innerhalb einer Woche ummelden.
転居後は1週間以内に転居届を出さねばなりません。

das Inserat, -e　広告

Unsere Firma setzt ein Inserat in die Zeitung.
わが社は新聞広告を載せる。

insgesamt　全部で

Insgesamt haben sich 50 Teilnehmer für die Deutschprüfung B1 angemeldet.
総計50人がドイツ語試験B1に申し込みました。

installieren, installiert, installierte, hat installiert
(４格を)インストールする、設置する、据えつける

Kannst du mir helfen, meinen neuen Computer zu installieren?
私の新しいPC、設置するのを手伝ってくれない？

das Institut, -e　研究所、施設

Meine Tochter besucht einen Deutschkurs in einem kleinen Sprachinstitut.
私の娘は、小さな語学学校のドイツ語コースに通っています。

integrieren, integriert, integrierte, hat integriert
①統合する、吸収する

Damals waren ausländische Arbeiter in die Gesellschaft gut integriert.
当時の外国人労働者は社会にうまく吸収されていた。

integrieren, integriert, integrierte, hat integriert
②(integriert sein で)…にとけ込んでいる、仲間になっている

Die Schweizerin ist schon gut im Team integriert.
あのスイス人女性はもうチームにうまくとけ込んでいる。

die Integration, -en　統合

Welche Rolle spielt die Sprache bei der Integration?
(外国人を)吸収統合していく際に、言語はどんな役割を果たすのでしょうか？

die Intelligenz　知能

Gestern hat meine Enkelin in der Schule einen Intelligenztest gemacht.
昨日、孫娘は学校で知能テストを受けてきた。

intensiv　集中的な

Wir möchten intensiv Spanisch lernen.
私たちはスペイン語を集中的に勉強したいんです。

der Intensivkurs, -e　集中講座

Der Intensivkurs findet vormittags, von 9 bis 11:30 Uhr, statt.
集中講座は午前中、9時から11時半までです。

interkulturell　諸文化(間)の、文化の入り混じった

Wir möchten ein interkulturelles Fest feiern.　私たちは多文化交流祭をやりたいんです。

inzwischen　その間に

Frau Müller-Schneider kommt gleich zurück. Sie können inzwischen in ihrem Büro warten.
ミュラー＝シュナイダーさんはまもなく戻ります。それまでの間彼女の事務室でお待ちになったらいかがでしょう。

irgend-　疑問副詞・代名詞などにつけて不定の副詞・代名詞をつくる前綴り

irgendwas なにかあるもの　irgendwie 何とかして　など

irgendein　(不定代名詞)だれかある…、なにかある…

Was für einen Wein möchtest du? — Egal, irgendeinen.
どのワインがいい？　ーどれでもいいよ、ワインなら。

irgendwann　いつかあるときに

Ich habe Sie irgendwann schon gesehen.　以前にお目にかかったのではないですか？

sich^4 irren, irrt, irrte, hat geirrt　思い違いをする

Du irrst dich. Sein Anzug war nicht blau, sondern grau.
思い違いしてるね。彼のスーツは紺じゃなくってグレーだったよ。

sich^4 verirren　道に迷う

Die Reisegruppe hat sich im Nebel verirrt.
あの旅行グループは霧の中で道に迷った。

【 J 】 レベルB1

ja ①(問い返し)へえ、そうなんだ

Letzte Nacht gegen 11 hat es geschneit. — Ja, wirklich?
昨夜、11時ころ雪が降ったんだ。ーへえ、ほんとに？

ja ②たしかに…だけれど＜心態詞＞

Wir würden ja gern kommen, aber es geht wirklich nicht.
私たちもむろん行きたいんだけど、ほんとに都合がつかないんです。

ja ③(共通認識の確認)ね、でしょう＜心態詞＞

Du weißt ja, dass ich keinen Wein trinke.　僕がワイン飲めないこと、知ってたよね。

ja ④(命令・要求)決して、とにかく＜心態詞＞

Steige bitte ja nicht auf den Tisch!　テーブルの上に登っては絶対ダメ！

die Jause, -n　軽食、スナック、おやつ
(オーストリアで。ドイツではImbiss、スイスではZvieri / Znüni)

Kinder! Es ist Zeit für eine kleine Jause.　皆さん、おやつをちょっと食べる時間ですよ。

je ①(nach 3格に)応じて

Die Hosen kosten je nach Qualität zwischen 40 und 60 Euro.
スラックスの価格は、品質により40～60ユーロです。

je ②(nachdem, 定動詞後置の従属節に)応じて

Fahren Sie morgen oder übermorgen? — Je nachdem, ob es regnet oder nicht.
明日、車で行く？　それとも明後日？　雨が降るかどうかによるよ。

je 比較級 , desto 比較級　…であればあるほど、ますます…

Je länger ich Griechisch lerne, desto besser kann ich es verstehen.
ギリシア語を学ぶ時間が長ければ長いほど、私にはよりよく理解できるようになる。

jeder　誰でもが、各人が

Im Supermarkt gibt es Lebensmittel. Das weiß doch jeder.
スーパーに行けば食料品がある。そんなことは誰でも知っている。

jederzeit いつでも

Du kannst mich jederzeit anrufen.
いつ電話してきても構わないよ。

jedes Mal, jedesmal 毎回、必ず

Paulina kommt jedesmal zu spät.
パウリーナはいつだって遅刻する。

jedoch しかし

Jessika ruft immer wieder an, jedoch ohne Erfolg.
イェシカは何度も電話をかけるのですが、繋がりません。

jemals かつて(過去の事柄)

Haben Sie jemals von dem Problem gehört? — Nein, nie.
今までにこの問題について聞いたことがありますか？ 一いえ、一度も。

jetzt ①(bis jetztで)今まで、これまで

Ich habe bis jetzt keinen Brief von Simone erhalten.
これまでシモーネから手紙は受け取っていません。

jetzt ②(ab jetztで)これからは、今後は、今から(= von jetzt an / ab)

Ab jetzt werde ich nicht zu viel essen. これからは食べ過ぎないようにします。

jetzt ③(直前に起こったことを指して)いま、これで

Ich habe jetzt schon dreimal bei meiner Schwester angerufen. Aber sie ist nie da.
もうこれで姉の家に3度も電話をかけました。それでも彼女はいないんです。

jetzt ④今や、現在では

Über viele Dinge denkt Andreas jetzt anders als früher.
多くのことに関して、アンドレアスは今では昔とは違う考えをもっている。

jeweils そのたびに、それぞれ

Der Intensivkurs findet jeweils mitwochs und freistags um 13 Uhr statt.
集中講座は毎週水曜と金曜13時に開催されます。

der Journalist, -en / **die Journalistin**, -nen　ジャーナリスト

Meine Schwester möchte Journalistin werden.
姉はジャーナリストになりたいんです。

die Jugend　青春時代

In meiner Jugend habe ich mich sehr für Jazz interessiert.
若かった時分はジャズに大変興味をもっていました。

#COLUMN

これは私の！――所有冠詞の独立用法

所有冠詞とは、「私の」や「君の」と言ったように、所有を表す冠詞でしたね。

Meine Katze heißt Mia.　私の猫はミアと言います。

所有冠詞も他の冠詞と同様、格変化し、名詞の前につけて使いますよね。これら所有冠詞は、名詞なしで単独で使用されて、「私のもの」、「君のもの」などのように所有物を表すこともできます。所有冠詞の格変化と同じような格変化語尾がつきますが、男性1格には -er、中性1格・4格には -es がつきます。

Ist das dein Kugelschreiber? Wo ist meiner?
これは君のボールペン？　私のはどこ？

Mein Kleid ist blau. Dein(e)s ist rot.
私のワンピースは青い。君のは赤だ。

なお、中性１格・４格の meines, seines, ihres は、口語では meins, seins, ihrs という形になります。　（中野英莉子）

【K】 レベルB1

das Kabel, - ①ケーブル

Weißt du, wo das Kabel für das Aufnahmegerät ist?
録音(画)機器のケーブル、どこにあるか知っているかい？

das Kabel, - ②ケーブルテレビ

Mit Kabel bekommst du über 50 Fernsehkanäle.
ケーブルテレビにすれば、50局以上のチャンネルが見られるんだよ。

die Kabine, -n キャビン、ブース、ボックス

Alle Kabinen im Internetcafé sind schon besetzt. ネットカフェのブースはもう満席だった。

das Kaffeehaus, ¨-er カフェ、喫茶店(オーストリアで)

Ist hier in der Nähe ein gutes Kaffeehaus? この近くにいいカフェはある？

der Kakao, -s ココア

Zum Frühstück trinkt mein Mann immer einen Kakao.
夫は朝食にはいつもココアを１杯飲みます。

kämpfen, kämpft, kämpfte, hat gekämpft (für4 格のために)戦う

Die Frauen haben für mehr Rechte gekämpft.
この女性たちはより多くの権利を求めて戦ってきたのです。

der Kampf, ¨-e 争い、諍い、戦い、(für 4格のための)戦い・闘争、(gegen 4格に反対する)闘争、(um 4格をめぐる)争い・闘争

Im Schulbus gab es oft einen Kampf um die Sitzplätze.
スクールバスの中では座席をめぐる争いがよく起きました。

der Kanal, ¨-e 運河、(放送用語で)チャンネル

Welche TV Kanäle gibt es in Österreich? オーストリアのテレビにはどんなチャンネルがあるのですか？

der Kandidat, -en 候補者、志願者

Wie viele Kandidaten kommen zur Prüfung SD-1?
SD1の試験には何人の志願者が来るのでしょうか？

die Kanne, -n　ポット

Das ist aber eine schöne Kaffeekanne. — Ja, die ist aus Frankreich.
これはまたきれいなコーヒーポットですね。ーはい、フランス製です。

das Kännchen, -　小型ポット

Bitte einen Kaffee! — Eine Tasse oder ein Kännchen?
コーヒーをひとつください！　ーカップでそれとも小ポットで？

die Kantine, -n　(社員・従業員用の)食堂

In der Kantine können wir günstig essen.
私たちは社員食堂で手ごろな値段で食事ができるんです。

das Kapitel, -　章

Lesen Sie bitte das letzte Kapitel des Buches.　この本の最終章を読んでください。

kaputtgehen　[活用はレベルA1へ]　壊れる

Passen Sie bitte mit diesem Glas auf. Es geht leicht kaputt.
このグラスには気をつけてください。壊れやすいんです。
Das Radio ist gestern kaputtgegangen.　ラジオは昨日壊れてしまいました。

kaputtmachen　[活用はレベルA1へ]　(４格を)壊す

Wer hat meinen Stuhl kaputtgemacht?　私の椅子、壊したのは誰？

der Karneval, -s / -e　カーニバル
(ドイツで。ドイツ・オーストリアではFasching、スイスではFasnacht)

Dort hängt mein Hut für den Karnevals(um)zug.
カーニバルの行列で被る私の帽子はあそこに掛かっています。

die Karotte, -n　ニンジン(ドイツではMöhre、スイスではRüebliとも)

Pferde fressen gern Karotten.　馬はニンジンを好んで喰べます。

die Karriere, -n　キャリア、出世、経歴

Elisabeth hat große Pläne. Sie will Karriere machen.
エリーザベトには大きな計画があります。彼女は出世するつもりなんです。

die Kassette, -n　カセットテープ

Meine Großeltern besitzen noch viele Musikkassetten.
祖父母はいまでも音楽テープをたくさん持っています。

der Kasten, ¨　箱（ドイツで。オーストリア・ドイツではKisteも）

Wir haben 2 Kästen Tomatensaft gekauft.
私たちはトマトジュースを2箱買いました。

der Kasten, ¨　棚、たんす（オーストリア・スイスで。ドイツ・スイスではSchrankも）

Deine Handtücher liegen im Kasten.
君のタオルは棚の中だよ。

der Katalog, -e　カタログ

Wir haben uns 2 T-Shirts aus dem Katalog bestellt.
私たちはTシャツを2枚、カタログから注文しました。

die Katastrophe, -n　悲惨、破滅、破局、まったくひどいもの

Mein Urlaub war eine Katastrophe. Es hat nur geregnet.
僕の休暇はまるでダメだった。ずっと雨降りだったんだ。

der Kauf, ¨e　買い物、購入

Der neue Schreibtisch war ein guter Kauf.
新しい書き物机はいい買い物だったな。

der Käufer, - / **die Käuferin**, -nen　買い手

Wir haben schon einen Käufer für den alten Esstisch.
この古い食卓にはもう買い手がついているんです。

kaum　①ほとんど…ない

Es hat letzten Monat kaum geregnet.
先月はほとんど雨が降らなかった。

kaum　②（数的表現とともに）そこそこ、かろうじて

Er ist kaum älter als 20.　彼は20歳そこそこだ。

der Kellner, - / **die Kellnerin**, -nen　ウェイター、給仕
（ドイツ、オーストリアではOberも、スイスではServiceangestellter）

Seine Schwester ist Kellnerin von Beruf.
彼のお姉さんの仕事はウェイトレスだ。

das Kennzeichen, -　目印、記号、（自動車の）国籍登録標識

Der Wagen hat ein Schweizer Kennzeichen.　あの車はスイス・ナンバーだね。

die Kerze, -n　ろうそく、キャンドル

Für den Hochzeitstisch brauchen wir viele Blumen und Kerzen.
婚礼の席には、花とキャンドルがたくさん必要なんです。

die Kindheit（複数なし）　幼年時代

In meiner Kindheit war ich oft in der Stadt bei meinem Onkel.
子供のころ、私は街に住んでいる伯（叔）父のところによく泊まりました。

das Kissen, -　クッション、（Kopfkissenで）枕

Ohne Kopfkissen kann ich gut schlafen.　枕がなくても僕は熟睡できる。

die Kiste, -n　箱（オーストリア・ドイツで。ドイツではKastenも）

Er hat 3 Kisten Mineralwasser gekauft.
彼はミネラルウォーターを３箱購入しました。

klagen, klagt, klagte, hat geklagt
（über 4格について）こぼす、苦情を言う、訴える

Sie klagt manchmal über Kopfschmerzen.
彼女はときどき頭痛を訴える。

klären, klärt, klärte, hat geklärt　（４格を）明らかにする

Ich glaube, wir können die Ursache des Seeunfalls bald klären.
海難事故の原因はまもなく究明できると私は考えています。

klasse　形（無変化）素晴らしい

Ich finde den Film klasse.　私はこの映画は素晴らしいと思う。

die Klassenarbeit, -en　（学校でする）課題、試験
（ドイツで。オーストリアではSchularbeit）

Meine Kinder schreiben bei Klassenarbeiten immer gute Noten.
うちの子供たちは試験でいつもいい成績を取ります。

kleben, klebt, klebte, hat geklebt　①くっつく、付着する

Diese Briefmarken kleben nicht mehr.　ここにある切手もう貼れないよ。

kleben, klebt, klebte, hat geklebt　②（４格を）貼り付ける

Ich klebe dir ein Pflaster darauf.　そこに絆創膏を貼ってあげようね。

klettern, klettert, kletterte, ist geklettert　登る、よじ登る

Die Mädchen sind auf den Baum geklettert.　あの女の子たちは木によじ登ったね。

klicken, klickt, klickte, hat geklickt　クリックする

Klicken Sie hier, um das Kapitel 1 zu lesen.
第１章を読むには、ここをクリックしてください。

der Klick, -s　クリック

Ein Klick auf die Kategorie „e-sport" führt Sie zu weiteren Informationen.
「e-スポーツ」のところをクリックすると、詳細情報がご覧になれます。

das Klima, Klimata　気候

Die Leute sagen, dass sich das Klima ändert.　あの人たちは、気候が変わるという。

die Klimaanlage, -n　空調設備、エアコン

Im Sommer brauchen wir unbedingt eine Klimaanlage.
夏にはエアコンは必須だよ。

klingeln, klingelt, klingelte, hat geklingelt　①（非人称主語esと）ベルが鳴る

Hat es an der Tür geklingelt?　ドアのベル、鳴らなかった？

klingeln, klingelt, klingelte, hat geklingelt　②鳴る

Dein Handy klingelt.　君の携帯、鳴ってるよ。

die Klingel, -n　ベル、呼び鈴

Drücken Sie bitte auf die Klingel!　呼び鈴を押してください！

klingen, klingt, klang, hat geklungen　響く、聞こえる、感じを与える

Wollen wir einkaufen gehen und danach einen Kuchen essen? — Ja, das klingt gut.
お買い物に行ってそのあとケーキでも食べない？　―そうだね、それはいいねえ。

die Klinik, -en　大学病院、専門病院

Ich muss in die Klinik, um meine kranke Tante zu besuchen.
大学病院に行かなくちゃ、病気の伯(叔)母のお見舞いなんです。

klopfen, klopft, klopfte, hat geklopft
①(an 3格・4格を)ノックする、コツコツ叩く

Da klopft jemand an die Tür.　誰かがドアを叩いている。

klopfen, klopft, klopfte, hat geklopft　②(非人称主語esと)ノックする音がする

Hat es nicht geklopft?　ノックの音、聞こえなかった？

klopfen, klopft, klopfte, hat geklopft　③(anklopfenで)ドアをノックする

Klopfet an, so wird euch aufgetan.　叩けよ、さらば開かれん。(新約聖書・マタイ伝)

der Kloß, ¨-e　だんご、クヌーデル(ドイツで。ドイツ・オーストリアではKnödelも)

Möchtest du zum Fleisch Kartoffeln oder Klöße? — Egal.
お肉にはジャガイモをつける？　それともクレーセ？　―どっちでもいいよ。

knapp　①余裕のない

Macht schnell! Die Zeit ist knapp.　みんな急いでやって！　時間がないんだ。

knapp　②乏しい、きつい

Mein Geld wird knapp. Ich muss ab heute sparen.　お金が乏しくなってきた。今日から節約しないと。

knapp　③かろうじて

Die Fahrt ist sehr kurz. Nur knapp eine halbe Stunde.
ドライブの時間はとても短いよ。ほんの30分程度だ。

knapp ④やっと

Seine Wohnung hat nur knapp 33 m^2.
彼の住居は33平方メートルあるかないかだ。

die Kneipe, -n 飲み屋、居酒屋（ドイツで）

Gehen wir mal in eine Kneipe? みんなで飲み屋でも行かないか？

das Knie, - ひざ

Mein Bruder hat sich am Knie verletzt. 兄（弟）はひざのところを怪我したんだ。

der Knochen, - 骨

Gestern bin ich hingefallen. Jetzt tun mir alle Knochen weh.
昨日転んでしまって、今は骨という骨が痛むんだ。

der Knödel, - だんご、クネーデル（ドイツ・オーストリアで。ドイツではKloßも）

Möchtest du zum Fleisch Erdäpfel oder Knödel? — Knödel bitte.
肉につけるのはジャガイモ、それともクネーデル？ ―クネーデルでお願い。

der Knopf, ¨-e ①ボタン

An deiner Jacke fehlt ein Knopf. 君のジャケット、ボタンがひとつ取れてるよ。

der Knopf, ¨-e ②（機械などの）操作ボタン

Der Aufzug kommt nicht. — Du musst auf den Knopf drücken.
エレベーター、来ないなあ。―ボタン押さないと来ないでしょ。

der Koch, ¨-e / **die Köchin**, -nen コック

Ein Freund von mir ist Koch in einem chinesischen Restaurant.
私の友達のひとりに、中華料理店のコックがいます。

kommen ［活用はレベルA1へ］①（in die Schule kommen で）入学する

Maya kommt im Herbst in die Schule. 秋にはマーヤは入学だ。

kommen ②（dran kommen で）順番である（<an der Reihe kommen「…の番である」）

Wer kommt als Nächste dran? 次の順番の女性は誰ですか？

kommen ③(方向を示す語句と)…に入れられる

Die Socken kommen in den Schrank. そのソックスはタンスに入れます。

kommen ④(auf eine Idee kommenで)あることを思いつく

Wie bist du denn auf diese Idee gekommen?
いったいどうしてこんなことを思いついたのかな?

die Kommunikation, -en コミュニケーション

Die Kommunikation zwischen den Abteilungen war damals nicht gut.
部局間のコミュニケーションはそのころはよくなかった。

komplett 完全な

Unsere alte Küche war nicht komplett eingerichtet.
うちの古い台所は設備が万全というわけではなかった。

kompliziert 複雑な

Du schreibst viel zu kompliziert. 君の文章はあまりに複雑だね。

der Kompromiss, -e 妥協、妥協点

Ihr müsst einen Kompromiss finden. 君たちは妥協点を見つけないといけません。

die Konferenz, -en 会議

Die internationale Konferenz für Umweltschutz findet in Raum 15 statt.
環境保護のための国際会議は15番会議室にて開催されます。

die Konfitüre, -n ジャム(スイスで)

Ich bringe noch ein Glas Konfitüre mit. 私はジャムをもうひと瓶持っていきます。

der Konflikt, -e 紛争、不和、衝突

Er ist mit seinen Eltern in Konflikt geraten.
彼は両親とぶつかってしまった。

der König, -e 王

Der niederländische König ist in Deutschland zu Besuch. オランダ国王がドイツを訪問中です。

die Konkurrenz ①競争相手、ライバル、競合店

Der neue PC ist mir hier zu teuer. Bei der Konkurrenz bekomme ich ihn viel billiger.
ここにある新型PCは私には高額すぎる。競合店でならずっと安く買えるんだ。

die Konkurrenz ②競争

Es war wirklich schwer, ein Geschäft aufzumachen. Die Konkurrenz war groß.
店を開くというのは本当に困難なことだった。競争が大変だった。

das Konsulat, -e 領事館

Ein Visum bekommen Sie auch im Konsulat. 領事館でもビザは発給してもらえますよ。

konsumieren, konsumiert, konsumierte, hat konsumiert （4格を）消費する

Die Österreicher haben im letzten Sommer mehr Fisch konsumiert.
昨夏、オーストリア人は魚をより多く消費した。

der Konsum, -s 消費

Der Konsum von Obst und Gemüse steigt. 果物や野菜の消費は増えている。

die Kontrolle, -n チェック、検査

Wo gibt es keine Grenzkontrolle? 国境検問がないのはどこですか？
Fahrkartenkontrolle! 乗車券を拝見いたします！

sich⁴ konzentrieren, konzentriert, konzentrierte, hat konzentriert
(auf 4格に)集中する

Ich störe dich jetzt nicht. Du musst dich auf deine Arbeit konzentrieren.
今は邪魔しないよ、君は自分の仕事に集中しないといけないのだから。

kopieren （4格を）コピーする

Ich möchte mir diesen Artikel kopieren. この記事をコピーしたいんです。
Ich kopiere Ihnen die Datei auf die Speicherkarte.
データをSDカードにコピーしてあげましょう。

die Kopie, -n コピー

Machen Sie mir bitte eine Kopie? コピーしてもらえますか？

der Kopierer, -　コピー機

Der Kopierer ist wieder kaputt.　コピー機がまた壊れました。

korrekt　正確な、正しい

Sie haben die Rechnung geprüft. Ist alles korrekt?
検算してくれたんですね。全部合ってましたか？

der Korridor, -e　廊下、回廊（= Gang。ドイツ・スイスではFlurとも）

Wir warten auf dich draußen im Korridor.
外の廊下で君を待つよ。

korrigieren, korrigiert, korrigierte, hat korrigiert　（4格を）訂正する、修正する

Können Sie bitte meinen Aufsatz korrigieren?
私の作文、修正していただけませんか？

Der Lehrer hat ihre Fehler korrigiert.
先生が彼女の間違いを訂正した。

kosten　［活用はレベルA1へ］①（時間が）かかる

Eine gute Wohnung zu finden, kostet viel Zeit.
いい住宅を見つけるには、時間がずいぶんかかるんだ。

kosten　［活用はレベルA1へ］②試食をする（= probieren）

Möchten Sie den Kuchen mal kosten?　このケーキ、試食してみたいですか？

das Kostüm, -e　衣装

In dem Film tragen die Jungen bunte Kostüme.
あの映画の少年たちはいろどり鮮やかな衣装を着ている。

die Kraft, ¨-e　力

Für diese Arbeit braucht man nicht so viel Kraft.
この仕事ではそれほど力はいらない。

kräftig　①たくましい

Der Mann ist sehr kräftig. Wie heißt er?　あの男性、とてもたくましいね。なんて名前？

kräftig ②こってりした

Heute Abend möchte ich eine kräftige Suppe essen.
今晩はこってりしたスープがほしいな。

das Kraftfahrzeug, -e 原動機付車両、自動車(=Kfz)

Auf dieser Straße sind Kraftfahrzeuge erlaubt. この道は車両の通行は可能です。

das Kraftwerk, -e 発電所

Die Menschen protestieren gegen das Atomkraftwerk.
この人たちは原子力発電所に抗議しています。

kreativ 創造的な

Meine Kinder sind beim Basteln sehr kreativ. 私の子供たちは工作ではとても創造的です。

der Kreis, -e ①円、輪

Die Kinder sitzen im Garten im Kreis. 子供らは庭で輪になって座っている。

der Kreis, -e ②丸、円形

Bitte malen Sie einen Kreis in Ihr Heft. ノートに丸を描いてください。

der Kreis, -e ③地方行政区画、郡

Unser Ort gehört zum Rhein-Necker- Kreis. うちの村はライン－ネッカル郡の一部なんだ。

das Kreuz, -e 十字、十字架

Was bedeutet das Kreuz da? 向こうの十字は何の意味なんだろう？

der Krieg, -e 戦争

Die Lehrerin spricht über den Ersten Weltkrieg. 先生は第一次世界大戦について話をする。

Kriminal- 「犯罪の…」の意味を加える前綴り

Kriminalroman 推理小説 Kriminalsoziologie 犯罪社会学 など

die Kriminalpolizei 刑事警察

Unsere Nachbarin arbeitet bei der Kriminalpolizei. お隣さんは刑事警察にお勤めだ。

die Krise, -n　危機

Die deutsche Wirtschaft steckte in einer schweren Krise.
ドイツ経済は危機的状況にあった。

kritisieren, kritisiert, kritisierte, hat kritisiert　(4格を)批判する

Kritisiere uns nicht so.　そんなに僕らを批判するなよ。

die Kritik, -en　①批判、批難

Es gab viel Kritik an der Politik der Regierung.　政府の政策には多くの批判があった。

die Kritik, -en　②批評(文)

Dieser Roman hat sehr gute Kritiken bekommen.　この小説は好意的な批評を得た。

kritisch　批判的な

Die Journalistin hat oft kritische Fragen gestellt.
あの女性ジャーナリストは批判的な質問をよくしていました。

die Kündigung, -en　解約(解雇)告知

Gestern habe ich die Kündigung bekommen. Jetzt bin ich arbeitslos.
昨日、解雇通知が届いた。僕は無職になった。

der Künstler, - / **die Künstlerin**, -nen　芸術家

In diesem Dorf wohnten viele Künstler.
この村には多くの芸術家が住んでいた。

künstlich　人工の

Der Maler mag kein künstliches Licht.　あの画家は人工的な光が好きではないんだ。

der Kunststoff, -e　プラスチック、合成物質

Der Tisch ist aus Kunststoff.　この机はプラスチック製だ。

der Kursleiter, - / **die Kursleiterin**, -nen　講師

Der Kursleiter ist manchmal in den Computerraum gegangen.
講座の先生はときどきPCルームに行っていた。

die Kurve, -n　カーブ

Der Bus fährt in die Kurve.　バスはカーブにさしかかる。

kurz　①(vor 3格の)すぐ前に

Kurz vor 6 Uhr hat das Telefon geklingelt.
6時ちょっと前に電話が鳴ったんです。

kurz　②(nach 3格の)すぐ後に

Meine Frau ist kurz nach mir gekommen.　妻は私のすぐ後にやってきたんです。

kurz　③(vor kurzem / vor Kurzem で)最近

Die Familie ist vor kurzem nach München gezogen.
その家族は最近ミュンヒェンへ引っ越していきました。

kurz　④(seit kurzem / seit Kurzem で)ちょっと前から

Wir wohnen seit Kurzem in Heidelberg.
私たちはちょっと前からハイデルベルクに住んでいます。

kürzlich　先日

Wir haben doch kürzlich darüber gesprochen, dass wir nach Hamburg umziehen.
私たちはつい先日、ハンブルクに引っ越すことについて話し合ったんです。

küssen, küsst, küsste, hat geküsst　(4格に)キスをする

Sie hat mich zum Abschied geküsst.　彼女は私に別れのキスをした。

der Kuss, ¨-e　キス

Gib der Oma einen Kuss!　お祖母ちゃんにキスをなさい！

die Küste, -n　海岸

Das Hotel liegt direkt an der Küste.　ホテルは波打ち際に立っていた。

das Kuvert, -s　封筒
(オーストリアで。ドイツで der Briefumschlag。スイスでは Couvert)

Ich hätte gerne 20 Kuverts.　封筒20枚ください。

【L】 レベルB1

lächeln, lächelt, lächelte, hat gelächelt　微笑む

Ich mache ein Foto! Bitte lächeln!　写真を撮るよ！　はい、ニッコリだよ！

die Lage　位置

Er sucht ein Haus an/in zentraler Lage.　彼は中心部に位置する家を探している。

das Lager, -　①倉庫

Ich weiß nicht, ob wir diesen Rock in Ihrer Größe haben. Ich sehe mal im Lager nach.
あなたに合ったサイズのスカートがあるかはわかりません。倉庫を確認してきます。

das Lager, -　②(Zeltlagerで)キャンプ場

Mein Kind fährt im Sommer ins Zeltlager.　私の子供は夏にキャンプ場に行く。

das Land, ¨-er　土地、国

Sie hat ein Stück Land gekauft und will dort bauen.
彼女は土地を１区画買ったので、そこに家を建てるつもりだ。

die Landwirtschaft　農業、(小)農場

Viele Leute arbeiten in der Landwirtschaft.　多くの人が農業に従事している。

landen, landet, landete, ist gelandet　着陸する

Wir landen in wenigen Minuten in Frankfurt.　まもなくフランクフルトに着陸します。

die Landung, -en　着陸

Bei der Landung dürfen Sie sich nicht abschnallen.
着陸の際してはシートベルトを外してはいけない。

lang　(数詞とともに)…の長さの

Der Vorhang ist 1.8 m lang und 3 m breit.　カーテンは長さが1.8mで、幅が３mだ。

die Länge　長さ

Der Schrank hat folgende Maße: Länge 1.5 m, Breite: 1,3 m, Höhe: 1,9 m.
タンスの大きさは以下の通り：寸法の長い方が1.5m、短い方が1.3m、高さが1.9m。

langsam　だんだんと、ゆっくりと（⇔ schnell）

Es wird langsam warm. Es wird Frühling.
だんだんと暖かくなってきた。春になる。

längst　とっくの昔に、ずっと前に

Wann repariert er den Kühlschrank? — Den hat er schon längst repariert.
いつ彼は冷蔵庫を修理するの？　―とっくの昔に直していたよ。

sich⁴ langweilen, langweilt, langweilte, hat gelangweilt　退屈する

Langweilen Sie sich?　退屈ですか？

die Langeweile　（複数なし）退屈

Das Kind ist aus Langeweile eingeschlafen.　子供は退屈さから寝入ってしまった。

der Lärm　（複数なし）騒音

Sein Auto macht einen schrecklichen Lärm.　彼の車はひどい騒音をだす。

lassen, lässt, ließ, hat gelassen　（本動詞）①（４格を）置いておく、置いていく

Sie hat ihr Gepäck im Hotel gelassen.
彼女は荷物をホテルに置いていった。

Ich kann meinen kleinen Sohn noch nicht allein lassen.
私はまだ幼い息子を一人にしておけない。

lassen, lässt, ließ, hat lassen　（助動詞）②…させる、してもらう

Am Sonntag habe ich mir die Haare schneiden lassen.
日曜日に私は髪を切ってもらった。

lassen, lässt, ließ, hat lassen　（助動詞）③…させておく

Frau Schneider lässt ihre Kinder abends nur eine Stunde fernsehen.
シュナイダー夫人は、夜には子供に１時間しかテレビを見させない。

der Laster, -　トラック（< der Lastkraftwagen = Lkw）

Auf der Autobahn haben wir so viele Laster gesehen.
アウトバーンでたくさんのトラックを見た。

das Laster, - 悪徳、悪習

Müßiggang ist aller Laster Anfang. (der Müßiggang「無為」)
すべての悪習は無為に始まる。(諺) =小人閑居して不善を為す。

laufen, läuft, lief, ist gelaufen 進展する

Wie geht's beruflich? — Danke, die Firma läuft gut.
仕事の調子はどう？ ―ありがとう、会社はうまくいっているよ。

das Laufwerk, -e 駆動装置、ドライブ

Für seinen Computer hat er sich ein neues Laufwerk gekauft.
彼は自分のコンピューターに新しいドライブを買った。

die Laune, -n 気分、機嫌

Gestern hatte mein Kind richtig schlechte Laune. 昨日、私の子供は本当に機嫌が悪かった。

laut 音(声)の大きい(⇔ leise)

Kannst du bitte etwas lauter sprechen? もう少し大きな声で話してくれない？

der Lautsprecher, - 拡声器

Du musst auf die Lautsprecher-Ansagen am Bahnhof beachten.
駅の構内(拡声器による)アナウンスには注意しないといけないよ。

laut (3格支配の前置詞)…によると

Laut Wetterbericht gibt es morgen keinen Regen.
天気予報によると、明日は雨は降らないらしい。

lecker おいしい

Das Eis war sehr lecker. アイスはとてもおいしかった。

das Leder, - 革、皮革

Ist der Mantel aus Leder? このコートは革製なの？

leer からの

Die Cafeteria war fast leer. カフェテリアはほとんど人がいなかった。

die Lehre 見習い修行、研修、実習

Mein Bruder will eine zweijährige Lehre machen.
私の弟は2年間の研修をするつもりだ。

der Lehrling, -e 徒弟、見習い

Als Lehrling arbeitet man sehr viel. 徒弟はたくさん働くものだ。

die Lehrstelle, -n 見習いのポスト

Leider sind es jetzt nur zwei Lehrstellen frei.
残念ながら、今は見習いのポストは2つしか空いていません。
（esはLehrstellenを予示する形式主語）

leid tun, tut leid, tat leid, hat leid getan
①（3格を）残念がらせる（=〈主語が〉（3格には）気の毒に思われる）

Du tust mir leid. 私は君が気の毒だ。

leid tun, tut leid, tat leid, hat leid getan ②（Tut 3格 leidで）残念ながら

Wie komme ich zum Rathaus? — Tut mir leid, das weiß ich nicht.
市庁舎まではどう行ったらいいですか？ ー残念ながら、知りません。

leid tun, tut leid, tat leid, hat leid getan ③（es ... dass ...で）残念だ

Es tut mir leid, dass ich dir nicht helfen kann.
君を助けられなくて残念だ。

leiden, leidet, litt, hat gelitten ①（an 3格で）（病気に）かかっている

Seine Schwester leidet an einer schweren Krankheit.
彼の姉は重い病気にかかっている。

leiden, leidet, litt, hat gelitten ②（unter 3格に）悩まされている

Leidest du unter den Verhältnissen? 対人関係に悩んでいるの？

sich^3 leihen, leiht, lieh, hat geliehen （von 3格から4格を）借りる

Hast du dir von deiner Schwester 100 Euro geliehen?
君はお姉さんから100ユーロ借りたの？

leise　音(声)の小さい(⇔laut)

Könntest du den Fernseher bitte etwas leiser stellen?
テレビの音を少し落としてくれない？

leisten, leistet, leistete, hat geleistet　①(können leisten で)する余裕がある

So einen teuren Ring kann sie sich leider nicht leisten.
こんな高い指輪を買う余裕は彼女にはない。

leisten, leistet, leistete, hat geleistet　②(3格 Hilfe leisten で)(3格に)援助する、助力する

Bei dem Unfall hat er ihr Hilfe geleistet.　彼はあの事故の時、彼女の手助けをした。

die Leistung, -en　成績、成果

Seine Leistungen in der Schule waren sehr gut.
彼の学校での成績はとてもよかった。

leiten, leitet, leitete, hat geleitet　(4格を)率いる、導く

Herr Müller leitet den Kurs.
ミュラー先生がこのコースの担当です(このコースを率いています)。

der Leiter, - / **die Leiterin**, -nen　指導者

Die Leiterin der Schule heißt Julia Schneider.
この学校の校長はユーリア・シュナイダーと言います。

die Leitung, -en　①管理、統率

Ab 1. Oktober übernimmt Herr Müller die Leitung der Abteilung.
10月1日からはミュラーさんがこの部署の責任者になります。

die Leitung, -en　②回線、電話線

Jetzt sind alle Leitungen besetzt.　ただ今、すべての回線が使用中です。

die Leitung, -en　③(水道・ガス)管

Wir mussten eine neue Leitung legen lassen.
水道(ガス)管を敷設してもらわねばならなかった。

die Leiter, -n　はしご

Hast du eine Leiter für mich? Ich will die Lampe putzen.
はしごはある？　電灯をキレイにしたいの。

der Lerner, - / **die Lernerin**, -nen　学習者

Er war ein fleißiger Lerner.　彼は勤勉な学習者だった。

der Leser, - / **die Leserin**, -nen　①読者

Die Leserinnen und Leser sind mit der Zeitschrift zufrieden.
読者はこの雑誌に満足している。

der Leser, - / **die Leserin**, -nen　②(der Leserbriefで)読者の投書

Wirst du einen Leserbrief schreiben?　投書を書くつもりなの？

das Lexikon, Lexika　辞書

Du musst im Lexikon nachsehen.　君は辞書で調べてみないといけない。

die Liebe　(単数で)愛

Er hat die Geschenke mit viel Liebe gemacht.
彼は愛情を込めてプレゼントを作った。

lieb　①愛らしい

Die Katzen waren heute sehr lieb.　猫たちは今日、とても愛らしかった。

lieb　②(von 3格とともに)親切な

Vielen Dank für Ihren Rat. Das ist sehr lieb von Ihnen.
ご助言をありがとうございます。ご親切にどうも。

der Lift, -e　エレベーター(ドイツ、オーストリアではAufzugも)

Im Hotel ist leider der Lift kaputt.
残念ながらホテルのエレベーターが壊れています。

die Limonade, -n　レモネード

Die Limonade war etwas bitter.　そのレモネードはすこし苦かった。

die Linie, -n　線、(鉄道などの)…線

Zum Marienplatz können Sie mit der Linie 5 fahren.
マリーエン広場へは5番線で行くことができますよ。

link　形 左の(⇔ recht)

Sie hat sich den linken Arm gebrochen.　彼女は左腕を折った。

die Lippe, -n　唇

Es war sehr kalt. Seine Lippen waren ganz trocken.
とても寒かった。彼の唇はすっかり渇いていた。

die Liste, -n　リスト

Was brauchen wir für das Fest? — Mach doch eine Einkaufsliste.
お祭りのために何が必要かな？　ーともかく買い物リストでも作ってよ。

die Literatur, -en　(単数で)文学

Nina interessiert sich für Literatur.　ニーナは文学に興味がある。

loben, lobt, lobte, hat gelobt　(4格を)ほめる

Der Lehrer hat mein Kind heute gelobt, denn es hat alle Hausaufgaben gemacht.
今日は先生がうちの子をほめてくれた、宿題を全部やって行ったからね。

das Loch, ¨-er　穴

Deine Socke hat ein Loch.　君の靴下には穴があいているよ。

locker　気楽な、ゆるんだ

Lass bitte die Arme ganz locker und atme tief ein.　腕の力を抜いて深呼吸をしてね。

der Lohn, ¨-e　賃金

Er bekommt seinen Lohn immer am Ende des Monats.　彼は賃金を毎月、月末に受け取る。

sich⁴ lohnen, lohnt, lohnte, hat gelohnt　する価値がある

Mein Großvater hat oft gesagt, Fleiß lohnt sich immer.
祖父はよく言っていた、真面目にやれば必ず報われるって。

los ①さあ

Los! Beeil dich! さあ、急いで！

los ②起こった

Was ist denn mit Ihnen los?
あなたにいったい何があったんですか？

los ③かかれ！

Also jetzt: Achtung , fertig , los!
さてそれでは、位置について、よーい、どん！

losfahren, fährt los, fuhr los, ist losgefahren 出発する

Sie fährt um 7 Uhr los.
彼女は7時に出発する。

löschen, löscht, löschte, hat gelöscht (4格を)消す、消去する

Sie hat die Datei gelöscht. Sie brauchte sie nicht mehr.
彼女はデータを消した。もう必要なかったのだ。

lösen, löst, löste, hat gelöst ①(4格を)解決する

Ich muss dieses Problem lösen.
私はこの問題を解決しないといけない。

lösen, löst, löste, hat gelöst ②(4格を)買う

Du kannst die Fahrkarten auch an der Information lösen.
インフォメーションでも乗車券を買えるよ。

die Lösung, -en 解決策

Wir fahren alle zusammen mit dem Bus. Das ist die beste Lösung.
みんな一緒にバスで行こう。それが一番の解決法だよ。

die Luft (複数なし)空気

Hier ist aber schlechte Luft. Macht die Fenster auf!
ここは空気がよくないな。みんな、窓を開けて！

【M】 レベルB1

machen ［活用はレベルA1へ］①整える

Hast du die Betten schon gemacht? もうベッドは整えたの？

machen ②(4格を…に)する

Sie hat ihm die Suppe noch einmal warm gemacht.
彼女は彼のためにスープをもう一度温めた。

machen ③(Spaß machenで)楽しい

Der Deutschkurs macht mir viel Spaß. このドイツ語コースは私にはとても楽しい。

machen ④(Sorgen machenで)心配する

Machen Sie bitte keine Sorgen. 心配なさらないでください。

machen ⑤する、なす

Was würden Sie an seiner Stelle machen? 彼の立場なら、あなたはどうされてますか？
Leider war um 20 Uhr die Küche schon geschlossen. Da konnte man nichts machen.
残念なことに20時に調理場がおしまいだったので、どうにもなりませんでした。

das Magazin, -e 雑誌

Wir lesen gern dieses Magazin. 私たちはこの雑誌を好んで読む。

mager やせた、脂身のない(⇔fett)

Ich brauche 1 kg mageres Fleisch. 脂身の少ない肉が１キロ必要だ。

die Mahlzeit, -en 食事

Das Medikament bitte immer vor den Mahlzeiten einnehmen.
この薬はかならず食前に服用してください。
In Deutschland gibt es meist zweimal am Tag eine kalte Mahlzeit.
ドイツではたいてい一日に２回、火を使わない料理(食事)を摂ります。

die Mahnung, -en 警告、督促

Er hat eine Mahnung bekommen, weil er die Rechnung nicht pünktlich bezahlt hat.
彼は請求書の支払いを期日通りにしなかったために警告を受けた。

der Maler, - / **die Malerin**, -nen　①塗装工

Sie haben die Maler im Haus. Sie lassen die Wände neu streichen.
お宅には塗装工が来ているんですね。壁を新しく塗ってもらっているんですね。

der Maler, - / **die Malerin**, -nen　②画家

Ist Picasso vielleicht der bekannteste Maler der Welt?
ひょっとするとピカソは世界で一番有名な画家なの？

der Mangel, ¨　①(an 3格が)不足している、欠乏している

In dieser Stadt gibt es einen großen Mangel an Arbeiter.
この都市は大変な労働者不足だ。

der Mangel, ¨　②(複数で)欠陥

Der Laptop hat technische Mängel.　このノートパソコンには技術的な欠陥がある。

die Mappe, -n　紙ばさみ、ファイル

Das Dokument ist in dieser Mappe.　その書類はこのファイルの中にあります。

das Märchen, -　おとぎ話、昔話

Meine Mutter hat uns viele Märchen erzählt.
母は私にたくさんのおとぎ話を語ってくれた。

die Margarine　(複数なし)マーガリン

Mein Mann isst nur Butter und keine Margarine.
私の夫はマーガリンは食べず、バターだけです。

die Marille, -n　あんず(オーストリアで。ドイツ・スイスでは Aprikose)

Schmeckt dir der Marillenkuchen?　あんずケーキはおいしかった？

die Marke, -n　①(Briefmarke で)切手

Ich brauche bitte zehn Briefmarken.　切手を10枚、お願いします。

die Marke, -n　②ブランド品

Sind Markenschuhe dir zu teuer?　ブランド靴は君には高価すぎる？

markieren, markiert, markierte, hat markiert　(4格に)目印をつける

Hier ist die Information. Ich markiere Ihnen auf dem Plan den Weg zum Hotel.
ここがインフォメーションです。ホテルまでの道のりを地図に描いておきますね。

die Marmelade, -n　ジャム、マーマレード(ドイツ・オーストリアで)

Er hat mir ein Glas Marmelade mitgebracht.　彼は私にジャムを一瓶持ってきてくれた。

die Maschine, -n　飛行機

Unsere Maschine soll um 10 Uhr 20 starten.　我々の飛行機は10時20分に出発するそうだ。

das Material, -ien　素材

Aus welchem Material ist das Boot? — Aus Holz.
このボートは何でできているの？　—木製だよ。

die Matura　大学入学資格検定(オーストリア・スイスで。ドイツではAbitur)

Mein Sohn hat gestern die Matura gemacht.
私の息子は昨日、大学入学資格検定を受験した。

die Mauer, -n　壁

Sein Kind ist über die Mauer geklettert.　彼の子供は壁をよじ登っていった。

maximal　最大の、最高の(⇔ minimal)

Wie lange braucht ein Paket? — Maximal drei Tage.
小包はどれくらいで届きますか？　—最長で3日かかります。

der Mechaniker, - / **die Mechanikerin**, -nen　機械工、修理工

Die Maschine kann nur ein Mechaniker reparieren.
この機械は修理工じゃないと直せませんね。

Karla ist Automechanikerin bei Audi.
カルラはアウディの自動車整備工だ。

die Medien(複数)　メディア

Weltwirtschaft ist in den Medien ein großes Thema.
世界経済はメディアでは大きなテーマだ。

die Medizin ①薬

Sie müssen noch eine Medizin einnehmen.
あなたは薬をもうひとつ飲まなければなりません。

die Medizin ②医学

Meine Tochter will Medizin studieren. 私の娘は医学を専攻するつもりだ。

das Mehl, -e （通例、単数で）小麦粉

Ich möchte Kekse backen. Ist noch genug Mehl da?
クッキーを焼きたいの。小麦粉まだ十分ある？

mehrere ①何人かの

Er hat mehrere Leute gefragt. Aber niemand konnte ihm helfen.
彼は何人かの人に訊いたが、誰も彼の役には立てなかった。

mehrere ②いくつかの

Das Zeichen hat mehrere Bedeutungen.
この記号にはいくつかの意味がある。

die Mehrheit, -en 多数（派）（⇔ Minderheit）

Die Mehrheit der Menschen in Deutschland besitzt ein Auto.
ドイツでは大半の人が車を所持している。

die Mehrwertsteuer （複数なし）付加価値税

Die Mehrwertsteuer bei diesem Produkt beträgt 10 %.
この商品の付加価値税は10%です。

meinetwegen 私にかまわず、私のために

Meinetwegen kannst du heute das Auto benutzen.
私のことは構わないから、今日はこの車を使っていいよ。

meist （das Meiste で）大部分

Wie gut kann er Japanisch? — Das Meiste versteht er.
彼はどのくらい日本語ができるの？ 一大部分は理解できるよ。

der Meister, -　①親方

Wie kann man das machen? — Frag doch den Meister.
これはどうやるの？　一親方に訊けよ。

der Meister, -　②チャンピオン

Unsere Mannschaft konnte nicht deutscher Meister werden.
私たちのチームはドイツチャンピオンにはなれなかった。

sich[4] melden, meldet, meldete, hat gemeldet　①名乗り出る、(電話などに)出る

Er hat schon dreimal angerufen. Aber es meldet sich niemand.
彼はもう3回も電話した。しかし、誰も出なかった。

melden, meldet, meldete, hat gemeldet　②(3格に4格を)報告する、知らせる

Den Unfall habe ich der Versicherung gemeldet.
保険会社に事故のことを報告した。

sich[4] melden, meldet, meldete, hat gemeldet　③連絡を取る、連絡する

Sie hat sich so lange nicht gemeldet. Sie war krank.
彼女は長い間連絡してこなかった。病気だったのだ。

die Meldung, -en　報道

Haben Sie die Meldung im Radio gehört?　ラジオの報道を聞かれましたか？

die Mensa, -s / -en　学生食堂

Er isst fast jeden Tag in der Mensa.　彼はほとんど毎日、学生食堂で食事をしている。

das Menü, -s　日替わり定食(= Tagesmenü)

Ich nehme das Menü.　私は日替わり定食にする。

merkwürdig　奇妙な

Das ist ein merkwürdiges Märchen.　それはなんだか奇妙なお話だね。

messen, misst, maß, hat gemessen　①(4格を)測る

Hast du schon Fieber gemessen?　もう熱を計ったの？

messen, misst, maß, hat gemessen ②(ausmessenで４格を)正確に測る、きっちり測る

Er hat das Zimmer ausgemessen. Es sind genau 30 m^2.
彼は部屋の広さをきっちり測ってみた。ぴったり30平方メートルだった。

das Metall, -e 金属

Dieser Stuhl hier ist ganz aus Metall. ここにある椅子は金属でできています。

die Methode, -n 方法

Wissen Sie eine gute Methode, um schnell gut Japanisch zu lernen?
日本語を早く上手になるのによい方法をご存じですか？

die Metropole, -n 首都

Bern und Brüssel sind Metropolen. ベルンとブリュッセルは首都だ。

der Metzger, - 肉屋(オーストリアではFleischhauer)

Dieser Metzger hat keine gute Wurst. この肉屋にはよいソーセージはない。

der Mieter, - / **die Mieterin**, -nen 賃借人

Hast du heute neue Mieter für die Wohnung gefunden?
今日は新しい店子が見つかったかな？

der Migrant, -en / **die Migrantin**, -nen 移住者、亡命者

Viele Migranten kommen aus der Türkei. 移民の多くはトルコ出身だ。

die Migration 移民、人口移動

Vorgestern gab es im Radio eine Diskussion zum Thema Migration.
おとといラジオで移民をテーマにした討論会があった。

mild ①マイルドな

Möchtest du die Suppe scharf? — Nein, bitte ganz mild.
スープを辛くする？ 一いや、ほんとに辛くしないでください。

mild ②穏やかな

Das Wetter wird etwas milder. 天気はいくぶん穏やかになるでしょう。

die Minderheit, -en　少数(派)(⇔ Mehrheit)

Männer sind in unserer Firma in der Minderheit.　私たちの会社では男性は少数派だ。

minimal　最小限の、ごくわずかな(⇔ maximal)

Das ist nur ein minimaler Unterschied.　それはほんのわずかな差にすぎない。

mischen, mischt, mischte, hat gemischt　(4格を)混ぜる

Die Leute wollen Wasser und Wein mischen.
あの人たちはワインと水を混ぜるつもりなんです。
Wie möchtest du das Geld? — Bitte gemischt, große und kleine (Geld)scheine.
このお金はどうする？　一高額と少額の紙幣を取り混ぜてちょうだい。

miss-　①(反対の概念)不-、(Misserfolg で)失敗(< miss + Erfolg「成功」)

Die Diskussion war ein Misserfolg.　討論はうまくいかなかった。

miss-　②(反対の概念)不-、(Misstrauen で)不信(< miss + trauen「信頼する」)

Das Misstrauen zwischen den beiden Kollegen ist weiterhin groß.
同僚両氏の不信感はまだまだ大きい。

miss-　③(反対の概念)不-、(missverstehen で)誤解する(< miss + verstehen「理解する」)

Ich habe dich missverstanden.　君を誤解していたよ。

miss-　④(反対の概念)不-、(Missverständnis で)誤解(< miss + Verständnis「理解」)

Das ist ein Missverständnis. Das hat er nicht gesagt.
誤解だよ。彼はそんなこと言わなかった。

mit(3格支配の前置詞)　①…付きの

Ich suche eine Zweizimmerwohnung mit Küche.　私はキッチン付きの2室の住居を探している。

mit(3格支配の前置詞)　②…を入れて、込みで

Mit meinem Vater sind wir zehn Personen.　父を入れて10人です。

miteinander　一緒に

Sprecht bitte miteinander.　お互いに話してね。

das Mitglied, -er　メンバー、会員

Für Mitglieder ist der Eintritt zum Museum gratis.
会員の方は美術館への入館は無料です。

mitteilen, teilt mit, teilte mit, hat mitgeteilt　（３格に４格を）伝える

Mein Sohn hat mir einen Entschluss mitgeteilt.　息子は私に決心を伝えてきた。

mitten　①副（空間）真ん中で

Mein Onkel hat ein Haus mitten in der Stadt.
叔父は街の中心部に家を持っている。

mitten　②副（時間）…の最中に

Der Bus hatte Verspätung. Ich bin erst mitten in der Nacht angekommen.
バスは遅れていた。私は真夜中になってやっと到着した。

mittler　形真ん中の

In den mittleren Reihen sind leider keine Plätze frei.
真ん中の列には残念ながら空席はありません。

mittlerweile　その間に、そうこうするうちに

Am Anfang war die Arbeit schwer. Mittlerweile hat er sich daran gewöhnt.
最初は仕事は難しかった。そうこうするうちに彼は慣れていった。

mobil　可動の、移動しやすい

Mit dem Bus ist man in der Stadt sehr mobil.　バスでなら町中を移動しやすいですよ。

mobil-　「可動の」の意味を加える前綴り、(die Mobilbox, -en で)携帯電話のメッセージボックス

Meine Schwester hat 3 Nachrichten auf ihrer Mobilbox.
姉(妹)の携帯のメッセージボックスには伝言が３件入っている。

die Mobilität, -en　柔軟さ

Fremdsprachen zu lernen fördert die Mobilität.
外国語を学ぶには柔軟さが必要だ。

möbliert 家具付きの

Haben Sie ein möbliertes Zimmer?
家具付きの部屋はありますか？

möchte （要求口調を和らげ、懇請の形にしたもの）…してください

Herr Fischer, Sie möchten bitte sofort zum Büro kommen.
フィッシャーさん、すぐにオフィスにおいでください。

das Modell, -e モデル、型

Wie findest du dieses Motorrad? — Dieses Modell gefällt mir sehr.
このオートバイをどう思う？ ―このモデルはとても好きだな。

die Möglichkeit, -en 可能性、チャンス、見込み

Du willst ins Museum? Da gibt es mehrere Möglichkeiten.
美術館に行きたいの？ いくつか方法があるよ。

möglichst ①可能な限り、できるだけ

Sag mir bitte möglichst bald, ob du zu mir kommen kannst.
私のところに来られるかどうか、できるだけ早く教えて。

möglichst ②できれば、可能なら

Ich suche eine Wohnung, möglichst im zweiten Stock.
部屋を探しているんだ、できれば３階で。

die Möhre, -n ニンジン（ドイツで。＝Karotte。スイスではRüebliとも）

Pferde fressen gern Möhren. 馬はニンジンが好きだ。

der Moment, -e （im Momentで）目下、今のところ

Wir haben im Moment nicht so viel zu tun.
私たちは目下のところ、それほど忙しくない。

der Mond, -e 月

Auch bei Vollmond kann mein Hund gut schlafen.
満月でもうちの犬はよく眠れる。

der Monitor, -e　モニター

Hast du dir einen größeren Monitor gekauft? Das ist besser für deine Augen.
大きめのモニターを買ったの？　その方が目にいいね。

das Motorrad, ¨-er　バイク

Jana fährt jeden Tag mit dem Motorrad zur Uni.
ヤーナは毎日バイクで大学に行く。

die Mühe　①苦労、骨折り

Vielen herzlichen Dank für deine Mühe.　頑張ってくれて心からありがとう。

die Mühe　②努力

Mit viel Mühe konnten wir das schaffen.
やっとのことで我々はそれを成し遂げられた。

die Münze, -n　硬貨（⇔ der (Geld)schein）

Nimmt der Fahrkartenautomat nur Münzen?
この券売機は小銭しか使えないの？

der Muskel, -n　筋肉

Im Fitness-Studio kann man seine Muskeln trainieren.
フィットネススタジオでは筋力トレーニングをすることができます。

das Müsli / Müesli, -　ミュースリ

Leider gibt es heute kein Müsli zum Frühstück.
残念だけど今日の朝ごはんにはミュースリがないんだ。

der Mut　（複数なし）勇気

Man braucht viel Mut, um in einem fremden Land allein zu wohnen.
見知らぬ国で一人で住むのには勇気が必要だ。

mutig　勇敢な

Es war sehr mutig von dir, der alten Frau zu helfen.
老婦人を助けたなんて、君は勇気があったんだね。

nachdem （定動詞後置の従属接続詞。過去完了形とともに）…したあとで

Nachdem er Deutsch gelernt hatten, hat er zu Mittag gegessen.
ドイツ語の勉強をやってしまってから、彼は昼食を取った。

nachdenken, denkt nach, dachte nach, hat nachgedacht
（über 4格について）じっくり考える

Sein Kind weiß nicht, was es machen soll. Es muss nachdenken.
彼の子供は何をすべきかわかっていない。その子はよく考えてみないといけない。

die Nachfrage, -n 需要（⇔ Angebot）

Die Nachfrage für dieses Produkt ist nicht so groß.
この商品の需要はそれほど大きくない。

nachher 後で、後から（⇔ vorher）

Er sagt, dass er nachher nochmal anrufe. 彼は後でもう一度電話すると言っている。

die Nachhilfe, -n 補習、個人レッスン

Mein Kind braucht Nachhilfe in Englisch. 私の子供は英語の補習が必要だ。

nachschlagen, schlägt nach, schlug nach, hat nachgeschlagen
（4格を in 3格を使って）調べる、（辞書を）ひく

Kennst du das Wort nicht? Dann solltest du das im Wörterbuch nachschlagen.
その単語を知らないの？ それなら辞書で調べたほうがいいよ。

die Nachspeise, -n デザート（ドイツ・オーストリアで。＝ Dessert）

Nach dem Essen gibt es keine Nachspeise. 食後のデザートはありません。

nächst ①（nah の最上級）最も近い

Wo ist hier die nächste Polizei? ここから一番近い警察署はどこですか？

nächst ②（冠詞＋大文字で始めて名詞化）次の人

Der Nächste ist Herr Bauer. / Die Nächste ist Frau Bauer.
次の人はバウアーさんです。

der Nachteil, -e　短所、欠点（⇔ Vorteil）

Einen Nachteil hat die Wohnung. Sie hat kein Bad.
この住宅にはひとつ欠点がある。風呂場がないんだ。

der Nachwuchs　①後継者、若手

Der Nachwuchs bei Bäckern soll gefördert werden.
パン屋の後継者が育成されるべきだ。

der Nachwuchs　②子供

Der Hund hat Nachwuchs bekommen.　その犬に子供ができた。

die Nadel, -n　針

Du musst einen Knopf annähen. Brauchst du eine Nadel?
君はボタンをつけないといけないね。針が要る？

der Nagel, ¨-　①釘

Er hat den Nagel in die Wand geschlagen.　彼は壁に釘を打ち付けた。

der Nagel, ¨-　②爪

Du musst dir die Fingernägel schneiden.　指の爪を切らないといけないよ。

nah　近い（比較級 näher-／最上級 nächst）（⇔ fern）

Wie weit ist es zum Hotel? — Das ist nicht so nah, zwanzig Minuten von hier.
ホテルまではどのくらい遠いの？　ーそんなに近くないよ。ここから20分だ。

nähen, näht, nähte, hat genäht　①（4格を）縫う

Hanna näht ihre Jacke selbst.　ハンナは自分のジャケットを自分で縫った。

nähen, näht, nähte, hat genäht　②（4格を）縫合する

Der Arzt musste die Wunde nähen.　医師は傷口を縫合しなければならなかった。

sich⁴ nähern, nähert, näherte, hat genähert　（3格に）近づく

Wir haben uns dem Unfallort langsam genähert.
私たちは事故現場にゆっくりと近づいていった。

das Nahrungsmittel, - （通例、複数で）食料

Dieses Jahr fehlen in Ostasien Nahrungsmittel.
今年は東アジアで食糧が不足している。

nämlich ①（文頭以外で）というのは、そのわけは

Er muss leider gehen. Er hat nämlich noch einen Termin beim Zahnarzt.
残念ながら彼は行かないといけない。そのわけは、彼には歯医者の予約があるからだ。

nämlich ②すなわち

Heinz geht nur einmal in der Woche aus, nämlich mittwochs.
ハインツは週に一度だけ外出する、すなわち水曜日に。

die Nase, -n 鼻

Bist du erkältet? Ich habe Nasentropfen.
風邪ひいたの？　点鼻薬あるよ。

national 国の、国民の

Was ist heute für ein Nationalfeiertag? 今日はどういった国民の祝日でしたか？

nebenbei そのかたわら、片手間に

Meine Freundin studiert Literatur. Und nebenbei arbeitet sie in einem Restaurant.
私の女友達は文学を専攻している。そのかたわら、彼女はレストランで働いている。

der Neffe, -n 甥（⇔ Nichte）

Mein Bruder hat ein Kind. Mein Neffe ist zwei Jahre alt.
私の兄には子供がいる。甥は2歳だ。

negativ 否定的な

Mein Bruder sieht alles immer negativ.
私の弟はいつもすべてのことを悲観的に見る。

nehmen ［活用はレベルA1へ］（Urlaub nehmen で）休暇を取る

In diesem Jahr kann meine Mutter ihren Urlaub erst im September nehmen.
今年は、私の母は休暇を９月になってはじめて取得できる。

der Nerv, -en ①(通例、複数で)神経

Meine Tante leidet an einer Nervenkrankheit. 叔母は神経症を患っている。

der Nerv, -en ②(3格 auf die Nerven gehen で)(3格の)神経に障る

Er machte den Fernseher aus. Die Musik ging ihm auf die Nerven.
彼はテレビを切った。(テレビの)音楽が神経に障ったのだ。

das Netz, -e ①網袋、網

Bitte bring ein Netz Bananen. 網袋入りのバナナ、ひとつ買ってきて。

das Netz, -e ②(テニス、バレーボールなどの試合用)ネット

Hat der Ball das Netz berührt? ネットにボールが触れたのではないですか？

das Netz, -e ③通信網、電気水道などの供給網、ネット

Er ist noch nicht ans Netz angeschlossen.
彼はまだネットに接続していない。

das Netzwerk, -e ネットワーク

Wir brauchen immer soziale Netzwerke.
我々にはつねに社会(福祉)のネットワークが必要だ。

neu 初耳の

Man darf hier nicht mehr parken? Das ist uns ganz neu.
もうここに駐車してはいけないの？ 私たちには初耳だなあ。

die Neuigkeit, -en 新情報

Hast du einige interessante Neuigkeiten? 目新しい情報いくつか、もってない？

neugierig 好奇心の強い

Mein neuer Kollege ist sehr neugierig. 新しい同僚は好奇心がとても強い。

neulich 先日

Meine Schwester war neulich bei der Bank und hat eine alte Freundin getroffen.
私の姉は先日銀行に行き、昔の友達に出会った。

die Nichte, -n　姪(⇔Neffe)

Der Pullover ist ein Geschenk von der Nichte.　このセーターは姪からのプレゼントです。

der Nichtraucher, - / **die Nichtraucherin**, -nen　非喫煙者

In unserer Gruppe sind alle Nichtraucher.　私たちのグループは非喫煙者ばかりです。

niedrig　①低級な

Das Hotel war ihm zu niedrig.　そのホテルは彼にとっては低級すぎた。

niedrig　②低い

Die Temperatur am Arbeitsplatz war zu niedrig.
作業場の気温(室温)が低すぎたんだ。

niedrig　③安い

Das Unternehmen zahlt sehr niedrige Löhne.
その企業はとても低賃金だ。

nirgends　どこにも…ない

Er konnte die Fahrkarte nirgends finden.
彼はどこを見ても乗車券が見つからなかった。

Hier kann man nirgends rauchen.
ここはすべて禁煙です。

nirgendwo　どこにも…ない

Das Portemonnaie konnte sie nirgendwo finden.
彼女はどこにも財布を見つけられなかった。

noch　①他に

Möchten Sie sonst noch etwas? — Nein, danke.
他に何かご入り用ですか？　―いいえ、結構です。

noch　②(erst noch で)まず

Meine Schwester kommt später. Sie muss erst noch einkaufen.
私の姉(妹)は後で来るよ。彼女はまず買い物をしないといけないんだ。

noch ③加えて…も

Mein Bruder studiert, und abends arbeitet er noch als Verkäufer.
私の兄は大学で勉強しているのに、夜は販売員として働いてもいる。

noch ④あと

Es ist nicht mehr viel Zeit. Nur noch zehn Minuten.
もうあまり時間がないよ。あと10分だけだ。

noch ⑤そのうちに

Sind Hans und Julia schon da? — Vielleicht kommen sie noch.
ハンスとユーリアはもう来てる？　ーそのうち来るかもね。

noch mal もう一度

Kannst du das bitte noch mal sagen?
もう一度言ってくれない？

nochmals もう一度

Nochmals vielen herzlichen Dank!
もう一度、心から本当にお礼を言います！

normalerweise ふつうは

Wir haben normalerweise von 13 Uhr bis 14 Uhr Pause.
私たちはふつう、13時から14時まで休憩をとっている。

die Not, ¨-e 緊急、必要

Damit hat es keine Not.
緊急を要することではないです。

die Notaufnahme, -n 緊急受け入れ（＝救急窓口）

Wo ist die Notaufnahme? 救急窓口はどこ？

der Notausgang, ¨-e 緊急出口（＝非常口）

Ich kann den Notausgang nicht finden.
私は非常口を見つけられない。

der Notfall, ¨-e 非常事態

Wir haben einen Notfall. Ruf bitte die Polizei an!
緊急事態だ。警察に電話して！

Wenn Sie einen Notfall haben, rufen Sie 110 an.
非常事態なら、110番に電話してください。

der Notruf 緊急通報

Hat der Notruf die Nummer 115? — Nein, 110
緊急通報は115番だった？ —いや、110番だよ。

nötig 必要な

Nimm noch eine Medikament, wenn es nötig ist.
必要ならば、薬をもう1錠飲みなさい。

Kann ich dir helfen? — Danke, nicht nötig.
お手伝いしようか？ —いや、必要ないよ。

nun ①(nun malで)ともかく、どうせ

Musst du auch heute arbeiten? — Das ist nun mal so.
今日も仕事なの？ —しかたないよ。

nun ②(nun endlichで)やっとのことで、ようやくこれで

Er kommt nun endlich.
ようやく彼はやって来たよ。

nutzen, nutzt, nutzte, hat genutzt (4格を)利用する

Wir möchten das schöne Wetter nutzen und schwimmen gehen.
私たちは天気がよいのを利用して泳ぎに行きたい。

nützen, nützt, nützte, hat genützt 役に立つ、(nichts nützenで)役に立たない

Meine Großmutter hat jeden Morgen eine Tablette genommen. Aber es hat nichts genützt. 祖母は毎朝薬を1錠飲んできましたが、それはなんの役にも立ちませんでした。

【O】 レベルB1

ob（定動詞後置の従属接続詞）　…かどうか

Weißt du, ob dein Freund kommen kann?
君の友達が来られるかどうか知っているの？

ober　形 上の、上階の

Die Wohnung im oberen Stockwerk ist noch nicht vermietet.
上の階の部屋はまだ借り手がついていません。

der Ober, -　ウェイター、給仕
（ドイツ・オーストリアで。＝Kellner。スイスではServiceangestellter）

Mein Bruder ist Ober von Beruf.
私の兄の仕事はウェイターです。

das / der (Schlag-) Obers　（ホイップした）生クリーム
（オーストリアで。ドイツでは(Schlag-)Sahne、スイスでは(Schlag-)Rahm）

Ich hätte gern ein Stück Kuchen mit (Schlag-)Obers.
私には生クリーム添えのケーキをください。

obwohl（定動詞後置の従属接続詞）　…にもかかわらず

Obwohl mein Kollege krank ist, geht er arbeiten.
私の同僚は病気だけれども、仕事に行く。

der (Back-) Ofen, ¨　オーブン（ドイツ・スイスで。オーストリアではBackrohr）

Sie hat gerade einen Kuchen gebacken. Er ist ganz frisch aus dem Ofen.
彼女はケーキを焼いたばかりだ。オーブンから出したばかりのほやほやです。

offen　①隠しだてのない、オープンな

Sie hat mit ihrer Familie ganz offen über ihr Problem gesprochen.
彼女は隠しだてなく、家族と自分の問題について話し合った。

offen　②未決の、未解決の

Einige Fragen sind für mich noch offen.
いくつかの問題が私にはいまなお未解決だ。

öffentlich　公共の

In der Stadt fahren wir immer mit öffentlichen Verkehrsmitteln.
街なかでは、私たちはいつも公共交通機関を使っている。

In öffentlichen Gebäuden darfst du nicht rauchen.
公共の建物ではたばこを吸ってはいけないんだよ。

die Öffentlichkeit　①(集合としての)公衆、一般大衆

Der Schriftsteller bringt die Nachricht an die Öffentlichkeit.
作家はそのニュースを一般大衆に公表する。

die Öffentlichkeit　②(in der Öffentlichkeit で)公衆の面前で、ひと前で

Er wollte in der Öffentlichkeit nicht streiten.　彼にはひと前では争うつもりがなかった。

veröffentlichen, veröffentlicht, veröffentlichte, hat veröffentlicht
(4格を)出版する

Die Zeitschrift wurde vorgestern veröffentlicht.
その雑誌はおととい出版された。

offenbar　明らかに、まぎれもなく

Die Buchhandlung ist heute offenbar geschlossen.
その書店は今日はどう見ても閉まっている。

offiziell　公式の(⇔inoffiziell)

Wir bekommen von ihr keine offizielle Einladung.
私たちは彼女から公式の招待状はいただいていません。

öfter　(oftの比較級)より頻繁に、(比較の対象がない「絶対的比較級」として)ときどき、何度か

In letzter Zeit müssen wir öfter Überstunden machen.
最近、私たちは以前より頻繁に残業をしなければならない。

ohne　①(ohen zu 不定詞句で)…せずに、…することなく

Seine Tochter ist einfach mit dem Fahrrad weggefahren, ohne ihn zu fragen.
彼の娘は彼に聞きもせず、自転車でさっさと行ってしまった。

ohne ②(ohne dass ... で)…せずに

Leonie ist zur Party gekommen, ohne dass wir sie eingeladen haben.
レオニーは僕らが招待してもいないのにパーティーにやって来たんだ。

das Ohr, -en (kleine Ohren haben で)人の言うことを聞かない

Du hast aber kleine Ohren! 君はしかし言うことを聞かないね！

Öko- エコな(< ökologisch「環境にやさしい」／Ökoloigie「環境保全」)

der Ökoladen 自然食品店 der Ökowein 無農薬ワイン
Ökobewegung 環境保全運動 など

die Oper, -n オペラ

Mein Großvater mag Opern. 祖父はオペラ好きだ。
Waren deine Kinder schon mal in der Oper?
君の子供たちはオペラ観たことがあるの？

operieren, operiert, operierte, hat operiert (4格の an 3格を)手術する

Sie müssen am Arm sofort operiert werden.
あなたの腕はすぐに手術しないといけません。

die Operation, -en 手術

Seit der Operation kann er den Arm nicht mehr bewegen.
手術を受けてからは、彼は腕を動かせない。

das Opfer, - 犠牲(者)

Bei der Buskatastrophe gab es viele Opfer. あのバスの大事故では多くの犠牲者が出た。

optimistisch 楽観的な

Glauben Sie, dass Sie den Job bekommen? Sie sind zu optimistisch.
あなたはこの職を得られると思うのですか？ あなた、楽観的すぎますよ。

das Orchester, - オーケストラ

Auf ihrer Hochzeit hat ein kleines Orchester gespielt.
彼らの結婚式では、小オーケストラの演奏があった。

ordentlich ①几帳面な

Mein Opa ist ein sehr ordentlicher Mensch. 私の祖父はとても几帳面な人だ。

ordentlich ②整然とした

Auf ihrem Schreibtisch sieht es immer sehr ordentlich aus.
彼女の書き物机の上はいつもとても整然として見える。

die Ordination, -en ①診療所（オーストリアで）= Praxis

Die Ordination bleibt bis zum 14. Oktober geschlossen.
診療所は10月14日まで閉まっている。

die Ordination, -en ②診察時間（オーストリアで）= Sprechstunde

Herr Dr. Meier hat von 9 bis 13 Uhr Ordination.
マイヤー先生は9時から13時までが診察時間です。

ordnen, ordnet, ordnete, hat geordnet 整理する、整頓する

Letztes Wochenende hat er seine Papiere geordnet.
先週末、彼は書類を整理した。

der Ordner, - ファイル、書類綴じ

Hast du dir für deine Übungen im Japanischkurs einen Ordner gekauft?
君は日本語コースの勉強用にファイルを買ったの？

die Ordnung 整理整頓、秩序、(Ordnung machen で)整理する、秩序をもたらす

Mein Kind macht etwas Ordnung in seinem Zimmer.
私の子供は自分の部屋をすこしばかり整理している。

die Hausordnung 居住者心得、宿泊施設利用規定（約款）

Liebe Gäste, beachten Sie bitte die Hausordnung!
お客様各位、施設利用規定にご留意ください。

das Original, -e 原本、原作

Das Original ist für den Chef. Sie bekommen die Kopie.
原本は上司のためです。あなたが受け取るのはコピーです。

original オリジナルの

Mein Kollege hat das originale Dokument abgegeben.
私の同僚はオリジナルの書類を提出した。

der Ozean, -e 大洋

Fährt dieses kleine Schiff über den Pazifischen Ozean?
この小さな船が太平洋を横断するの？

#COLUMN

君もそう思うでしょ？ ―― 付加疑問文

Du hast eine Schwester.
「君にはお姉さんがいる」

たしかお姉さんがいたと思うけど、どうだったっけ…？

「君にはお姉さんがいるでしょ？」と相手に確認したいとき、どうすればいいでしょうか？ Hast du eine Schwester? とすると、「お姉さんはいるの？」という質問になります。いやいや、そうじゃなくて、お姉さんがいるって聞いたことがあると思うのだけど、確認したいだけ…そんな時は？

こういう時に使えるのが文末のoderです。oderは「もしくは」という意味の接続詞ですが、これを文末に置くことで、「でしょう？」という意味を表すことができます。英語の付加疑問isn't it? やaren't you? などと同じ働きをしますが、これらと違って、主語によって形が変わることはありません。

Du hast eine Schwester, oder?
「君、お姉さんがいるのでしょう？」

相手に問うように、上がり調子（上昇調）で言うようにしてくださいね！同じように使うことができる語に、ja, ne, nicht wahr, nicht などさまざまあります。

（中野英莉子）

【P】 レベルB1

die Panne, -n ①故障

Kurz vor Hamburg hatte ich eine Panne mit dem Auto.
ハンブルクまでもうすぐというところで、車が故障した。

die Panne, -n ②失敗、ミス

Die Party war nicht so gut organisiert. Dabei gab es einige Pannen.
パーティーはそれほどうまくは準備されていなかった。ミスがいくつかあった。

der Paradeiser, - トマト(オーストリアで) = Tomate

Wir brauchen noch Paradeiser.
私たちはもっとトマトが必要だ。

parallel 平行の

Die Berlinerstraße ist parallel zur Salzstraße.
ベルリーナー通りはザルツ通りに平行して走っている。

parkieren, parkiert, parkierte, hat parkiert 駐車する
(スイスで。ドイツ・オーストリアでは parken)

Hier darf man nicht parkieren. ここは駐車禁止だ。
Dort ist das Parkieren erlaubt. あそこなら駐車は許可されているよ。

der Passagier, -e / **die Passagierin**, -nen (船などの)乗客、(飛行機の)搭乗者

Die Passagiere Meier und Heinz sollen bitte zur Information kommen.
乗客のマイヤーさんとハインツさん、インフォメーションまでお越しください。

passen [活用はレベルA2へ] ①(zu 3格に)マッチする

Passt die Jacke zu dieser Hose?
そのジャケットはこのズボンに合うかな？

passen [活用はレベルA2へ] ②(非人称主語 es などとともに)(3格にとって)好ましい

Passt es dir, wenn wir morgen kommen?
明日僕らが来ても構わない？

passiv 受け身の

Du solltest im Deutschkurs nicht passiv sein, sondern mitdiskutieren.
君はドイツ語コースでは受け身になってはだめだよ、一緒に議論しないと。

der Patient, -en / **die Patientin**, -nen 患者

Er ist Patient bei Dr. Kaufmann.
彼はカウフマン医師の患者だ。

pauschal すべて込みの

Er hat die Reise pauschal gebucht.
彼は旅行を諸費用込みで予約した。

das Pech ①不運

Er ist krank. Die Party fällt leider aus. — So ein Pech!
彼は病気だ。パーティーは残念だけど中止になった。―なんてこった！

das Pech ②(mit 3格 Pech haben で)（3格に関しては）運が悪い

Er hatte im Urlaub Pech mit dem Wetter.
休暇中、彼は天気にはつきがなかった。

peinlich ①心苦しい

Es ist uns sehr peinlich, aber wir müssen es euch sagen.
大変心苦しいのですが、やはり君らには言っておかないといけないのです。

peinlich ②気まずい

Das ist keine peinliche Situation. これは気まずい状況ではない。

die Pension, -en ①ペンション

Im Urlaub haben sie in einer kleinen Pension gewohnt.
休暇中、彼らは小さいペンションに泊まっていた。

die Pension, -en ②年金（オーストリア・スイスで。ドイツ・スイスでは Rente も）

Mein Großvater ist siebzig und bekommt jetzt eine Pension.
私の祖父は70歳で、年金を受け取っている。

in Pension gehen / sein　年金生活に入る／している（ドイツ・オーストリアで。ドイツではin Rente gehen /sein、ドイツ・スイスではpensioniert werden/sein）

Mein Großvater geht Ende des Jahres in Pension.
私の祖父は年末に年金生活に入る。

Meine Großmutter ist seit zwanzig Jahren in Pension.
私の祖母は20年来、年金生活をしている。

pensioniert werden / sein　年金生活をする（ドイツ・スイスで。ドイツ・オーストリアではin Pension gehen / sein、ドイツではin Rente gehen / sein とも）

Mein Lehrer wird Ende des Jahres pensioniert.　私の先生は年末に年金生活に入る。

der Pensionist, -en / **die Pensionistin**, -nen　年金受給者
（オーストリアで。ドイツ・スイスではRentner）

Sein Großvater arbeitet nicht mehr. Er ist Pensionist.
彼の祖父はもう働いていない。年金受給者だ。

per（**4格支配の前置詞**）　（手段）…でもって

Sie können sich für den Kurs per E-Mail anmelden.　コースにはメールで申し込みができます。

perfekt　完璧な

Die Reiseorganisation war gar nicht perfekt.　旅行のオーガナイズは完璧だったとは到底言えない。

der / das Perron, -s　プラットホーム（英 *platform*）
（スイスで。ドイツ・オーストリアではBahnsteig）

Der / Das Perron 9/10 am Bahnhof Bern ist der / das längste der Schweiz.
ベルン駅の9・10番ホームはスイスで一番長いプラットホームです。

das Personal（**複数なし**）　（集合的に）職員、従業員、乗務員

Der rechte Eingang ist nur für das Personal.　右側の入り口は職員専用です。

die Personalien（**複数**）
（住所、氏名、年齢、電話番号等の）個人記録・情報、経歴、履歴

Zur Sicherheit werden die Personalien jedes Bergsteigers aufgenommen.
安全のため、全登山者の個人情報が記録されます。

der Personenstand
配偶者の有無（ドイツ・オーストリアではFamilienstandとも。スイスではZivilstand）

Bei „Personenstand“ müssen Sie „verheiratet“ ankreuzen.
「配偶者の有無」ではあなたは「結婚している」にチェックを入れなければなりません。

persönlich　①個人の、個人的な

Hier gibt es zu viele Fahrräder. Das ist unsre persönliche Meinung.
ここは自転車が多すぎる。これは私たちの個人的な意見ですが。

persönlich　②直接に、面と向かって

Du musst Herrn Müller persönlich sprechen.
君はミュラーさんと直接に話さないといけない。

die Pfanne, -n　平鍋、フライパン（スイスで。ドイツ・オーストリアではTopf）

Ich habe eine größere Pfanne. Damit kannst du Kartoffeln kochen.
大きめの平鍋なら私が持ってる。それならじゃがいもを茹でられるよ。

der Pfeffer　（通例、単数で）胡椒

Bring mir bitte Pfeffer und Salz.　塩と胡椒を持ってきて。

pflanzen, pflanzt, pflanzte, hat gepflanzt　（4格を）植える

Heute pflanze ich einen Baum im Garten.
今日、私は庭に木を植える。

das Pflaster, -　絆創膏

Er braucht ein Pflaster. Er hat sich geschnitten.
彼は絆創膏が必要だ。切り傷を作ってしまったから。

die Pflaume, -n　プラム、西洋スモモ

Meine Schwester isst gern Pflaumenkuchen.　私の妹はプラムケーキが好きだ。

pflegen, pflegt, pflegte, hat gepflegt　世話する、介護する

Leon muss seine Mutter pflegen, weil sie krank ist.
レオンは自分の母親を介護しないといけない、病気だからだ。

der Pfleger, - / **die Pflegerin**, -nen　看護師、介護士

Mein Bruder ist Pfleger in einem Krankenhaus.　私の兄は病院に勤める看護師だ。

die Pflicht, -en　義務

Als Autofahrer musst du eine Versicherung haben. Das ist Pflicht.
君が運転するなら保険に入らないといけない。これは義務なんだから。

die Phantasie / Fantasie, -n　想像力

Meine Tochter malt sehr gut. Sie hat viel Phantasie.
私の娘はとても絵がうまい。彼女は想像力豊かだ。

das Picknick, -s　ピクニック

Am Samstag macht Familie Schumann ein Picknick.
土曜日にシューマンさんの家ではピクニックに行く。

die Pille, -n　錠剤

Die Ärztin hat meinem Großvater neue Pillen verschrieben.
その女医は私の祖父に新しい錠剤を処方した。

der Pilz, -e　キノコ(オーストリアではSchwammerl)

Wie gesund sind frische Pilze?
新鮮なキノコはどのくらい健康にいいんですか？

das Plastik(複数なし)　プラスチック

Er kauft seinem Sohn ein Spielzeug aus Plastik.
彼は息子にプラスチック製のおもちゃを買う。

der Platz, ¨e　余地、スペース

In meiner Wohnung habe ich noch genug Platz.
私の住まいにはまだ十分なスペースがあるよ。

die Politik　政治

Mein Bruder interessiert sich sehr für Politik.
私の兄は政治にとても興味がある。

der Politiker, - / **die Politikerin**, -nen　政治家

Wissen Sie, wie diese Politikerin heißt?　この女性政治家の名前をご存じですか？

politisch　政治的な

Meine Mutter diskutiert mit meinem Vater nicht über politische Probleme.
母は父と政治的な問題については議論しない。

populär　人気のある

Dieser Film ist bei Jugendlichen populär.　この映画は若者に人気がある。

das Portemonnaie / **Portmonee**, -s　財布
（ドイツ・スイスで。＝Brieftasche。オーストリアではGeldbörse）

Er hatte nur Kleingeld in seinem Portemonnaie.
彼の財布には小銭しかなかった。

positiv　①肯定的な、好ましい

Ich habe eine positive Nachricht für dich. Du bekommst die Stelle.
君にいいニュースがあるよ。あのポストは君に決まったんだ。

positiv　②肯定的に

Sie denkt immer positiv.　彼女はいつも肯定的に考える。

der Pöstler, - / **die Pöstlerin**, -nen　郵便局員、郵便配達（人）
（スイスで）＝Briefträger

Der Pöstler war schon da.　郵便局の人はもう来たよ。

das Poulet, -s　ローストチキン
（スイスで。ドイツではHähnchen / Hühnchen、オーストリアではHend(e)l）

Zum Abendessen gibt es Poulet mit Nudeln.
夕飯にはローストチキンとパスタがあるよ。

der Praktikant, -en / **die Praktikantin**, -nen　実習生

Bei dieser Firma hat meine Schwester drei Jahre als Praktikantin gearbeitet.
この会社で私の姉は3年間、実習生として働いた。

praktisch ①実践上の、実務上の

Er hat letzte Woche den Führerschein gemacht. Jetzt fehlt ihm noch praktische Erfahrung. 彼は先週、運転免許証を取った。今の彼に不足しているのは実地経験だ。

praktisch ②実際に、本当に

Kann dein Handy praktisch alles, was ein Computer kann?
君の携帯電話は実際に、パソコンができることを全部やれますか？

präsentieren, präsentiert, präsentierte, hat präsentiert
（4格を）呈示する、紹介する、プレゼンする

An der Grenze wurde er aufgefordert, seinen Reisepass zu präsentieren.
国境で彼は旅券を提示するよう求められた。

die Präsentation, -en プレゼンテーション、発表

Der Schüler hat für seine Präsentation leider keine gute Note bekommen.
その生徒は発表に関して、残念ながらよい成績を得られなかった。

die Praxis 実践、実際、（in der Praxis で）実際には、実際上は

Schauen Sie sich bitte an, wie das in der Praxis funktioniert.
これが実際にはどう動くのか、ご覧ください。

der Preis, -e 賞

Peter hat den ersten Preis gewonnen. ペーターが１等賞を獲得した。

die Presse 新聞雑誌、報道機関

In welcher Presse kann man sich darüber informieren?
どの新聞雑誌を読めば、それについて情報が得られるの？

prima すばらしい

Mit diesen Leuten versteht er sich prima. 彼はこの人たちとひどくうまが合うんだ。

probieren ［活用はレベルA2へ］①（zu 不定詞句と）…することを試す、やってみる

Mein Sohn hat probiert, die Zeitung zu lesen, aber es war zu schwer.
息子は新聞を読もうとしたが、難しすぎた。

probieren ②試食する

Möchten Sie die Schokolade mal probieren?
このチョコレートを一度試食してみたいですか？

probieren ③(anprobieren で)(４格を)試着する

Darf ich den Rock anprobieren?
このスカートを試着してもいいですか？

produzieren, produziert, produzierte, hat produziert (４格を)製造する

Seine Firma produziert Uhren.
彼の会社は時計を製造している。

das Produkt, -e 製品、産物

Dieses Bild ist ein Produkt der Phantasie. この絵は空想の産物だ。

die Produktion, -en (通例、単数で)生産、製造

Die Produktion von Joghurt dauert normalerweise nicht lange.
ヨーグルトの製造には普通ならあまり時間はかからない。

der Professor, -en / **die Professorin**, -nen 教授

Herr Fischer ist Professor an der Universität Leipzig.
フィッシャーさんはライプツィヒ大学の教授だ。

der Profi, -s プロ

Mein Onkel kann den Kühlschrank reparieren. Er ist doch ein Profi.
伯(叔)父さんは冷蔵庫を直せるさ。彼はなんていってもプロなんだよ。

der Profisportler, - / **die Profisportlerin**, -nen (スポーツの)プロ選手

Sein Kind möchte Profisportler werden.
彼の子どもはプロ選手になりたい。

Prost 乾杯！

Habt Ihr jetzt Durst bekommen? Dann sage ich: Prost!
みなさん、そろそろ喉が渇いてきましたか？ それでは乾杯！

protestieren, protestiert, protestierte, hat protestiert　(gegen 4格 に)抗議する

Protestiert ihr gegen den Bau des Flughafens?
君たちは空港の建設に抗議しているの？

der Protest, -e　抗議

Eure Proteste haben nichts genützt.
君らの抗議はなんの役にも立たなかったよ。

der Prozess, -e　訴訟

Wird der Prozess direkt aus dem Gerichtssaal auch im Radio übertragen?
ラジオでもこの裁判は法廷から生中継されるのですか？

prüfen　[活用はレベルA2へ]（ob従属節と）…かどうかを調べる

Bitte prüfen Sie sofort, ob die Maschine funktioniert.
機械が動作しているか、すぐに調べてください。

das Publikum　聴衆、観衆、公衆

Es war ein tolles Spiel. Das Publikum war begeistert.
素晴らしい演技だった。観客は感銘を受けていたよ。

der Punkt, -e　①(um Punkt ... Uhr で)…時きっかりに

Der Film beginnt um Punkt 19 Uhr.　映画は19時きっかりに始まる。

der Punkt, -e　②ピリオド

Beim ersten Satz fehlt der Punkt.　最初の文のピリオドが抜けているよ。

der Punkt, -e　③論点

Diesen Punkt müsst ihr noch besprechen.
この論点について君たちはまだ話し合わないといけない。

die Puppe, -n　人形

Ihre kleine Tochter bekommt zu Weihnachten eine Puppe.
彼らの小さな娘はクリスマスに人形をもらう。

【Q】 レベルB1

die Qualifikation, -en　資格

Hat er für diese Arbeit gute Qualifikationen?
彼はこの仕事に役に立つ資格を持っているの？

das Quartier, -e　地区（スイスで。ドイツ・オーストリアでは Viertel）

Sie wohnen in einem schönen Quartier.
彼らが住んでいるのは風光明媚な地区だ。

quer　横切って

Sie muss zu ihrer Arbeit quer durch die ganze Stadt fahren.
仕事に通うために、彼女は街を横切るようにして行かねばならない。

die Quittung, -en　領収書

Wir brauchen eine Quittung.　私たちは領収書が必要です。

【R】 レベルB1

der Rabatt, -e　値引き

Sie bekommen fünf Prozent Rabatt.　5パーセントの値引きがあります。

das Rad, ¨-er　車輪、自転車(Fahrrad)

Mein Sohn ist durch Glasscherben gefahren und jetzt ist sein Rad kaputt.
息子は自転車でガラスの欠片を踏んでしまって、タイヤをパンクさせたんだ。
(die Scherbe, -n「欠片」)

der Radfahrer, - / **die Radfahrerin**, -nen　自転車に乗る人、サイクリスト

Achtung! Da kommt ein Radfahrer.　気を付けて！　自転車(乗り)が来るよ。

der (Schlag-)Rahm　(ホイップした)生クリーム
(スイスで。ドイツでは(Schlag-)Sahne、オーストリアでは(Schlag-)Obers)

Möchten Sie ein Stück Schokoladenkuchen mit (Schlag-)Rahm?
生クリーム添えのチョコレートケーキ、おひとついかが？

der Rand, ¨-er　端

Möchtest du am Rand der Stadt wohnen ? Ist es dort ruhiger?
街はずれの住まいがいいの？　そこのほうが静かなのかな？

der Rasen, -　芝生

Den Rasen darf man nicht betreten.　芝生は踏んではいけません。

sich^4 rasieren, rasiert, rasierte, hat rasiert　(自分の)ひげを剃る

Mein Bart ist lang. Ich muss mich wieder rasieren.
ひげが伸びた。またひげを剃らないといけない。

der Rat (複数なし)　助言

Was soll ich machen? Kannst du mir einen Rat geben?
どうすればいい？　助言してもらえないかな？

der Ratschlag, ¨-e　助言、忠告

Sein Sohn nimmt seine Ratschläge nicht an.　彼の息子は彼の助言を受け入れない。

der Raucher, - / **die Raucherin**, -nen　喫煙者

Es gibt hier leider kein Zimmer für Raucher.　ここには喫煙者向けの部屋は残念ながらありません。

rauf / rauf-　上へ

Wo ist die Treppe? — Hier, schnell rauf!　階段はどこかな？　―こっちだよ、早く上がって！
Möchte dein Kind nicht raufkommen?　君の子どもは上には来たがらないの？

raus / raus-　外へ

Will dein Bruder rein oder raus?　君の兄(弟)さんは入りたいの、外に出たいの？
Anette ist gerade rausgelaufen.　アネッテはいましがた走って出てきたよ。

reagieren, reagiert, reagierte, hat reagiert　反応する

Ich habe der Lehrerin geschrieben, aber sie hat noch nicht reagiert.
私は先生に手紙を書いたが、まだ反応はない。

die Reaktion, -en　反応

Diese Reaktion ist typisch für sie.　この反応はいかにも彼女らしい(彼女特有の反応だ)。

realisieren, realisiert, realisierte, hat realisiert　①(４格を)実現する

Deine Pläne sind leicht zu realisieren.　君の計画は簡単に実現できるよ。

realisieren, realisiert, realisierte, hat realisiert　②(４格を)理解する、さとる

Er hat nicht realisiert, dass die Zeit schon um ist.　彼は時間切れだとは思っていなかった。

die Realität, -en　現実性、事実

Das gefällt mir gar nicht. Aber das ist die Realität.　僕は全く気に入らない。でもこれが現実だ。

realistisch　現実的な

Ich glaube nicht, dass er für das Auto noch so viel Geld bekommt. Das ist nicht realistisch.　彼がこの車の代金にそんな大金をもらえるなんて思わないよ。現実的じゃないね。

die Recherche, -n　調査(発音注意［レシェルシェ］)

Für diese Präsentation waren viele Recherchen nötig.
この発表をするには多くの調査が必要だった。

rechnen ［活用はレベルA1へ］（mit 3格を）計算に入れる、予期する

Mit solchen Problemen hatte ich nicht gerechnet.
こうした問題点は予期していなかった。

der Rechner, - 計算機、コンピューター

Ist dein Rechner kaputt? 君の計算機は壊れているの？

das Recht, -e ①法

Nach japanischem Recht wird er dafür nicht bestraft.
日本の法律では、彼はそれが理由で罰せられることはない。

das Recht, -e ②正当性、（im Recht seinで）正しい

Sie hatte Vorfahrt. Sie war im Recht.
彼女のほうが優先通行だった。彼女の言い分が正しかった。

das Recht, -e ③権利、（das Recht haben, zu 不定詞句などで）…する権利がある

Die Rechnung stimmt nicht? Dann hast du das Recht, das Geld zurückzubekommen.
計算書が合っていなかったの？ ならお金を返してもらう権利が君にはあるよ。

rechtlich 法律上の

Wir beraten Sie gerne in allen rechtlichen Fragen.
私たちは法律に関するあなたの疑問すべてにお答えいたします。

recht 都合のよい

Ist es dir recht, wenn ich übermorgen vorbeikomme?
明後日にちょっと立ち寄ってもいいかな？

rechtzeitig 適時に、遅すぎない、間に合うように

Bitte weck uns rechtzeitig. Wir müssen pünktlich sein.
僕たちをいい時間に起こしてよ。時間を守らないといけないんだ。

reduzieren, reduziert, reduzierte, hat reduziert ①（4格を）下げる、低下させる

Haben Sie alle Preise reduziert?
全品値下げしたのですか？

reduzieren, reduziert, reduzierte, hat reduziert
②(reduziert seinで)値下げされている

Ist diese Jacke auch reduziert?
このジャケットも割引価格なの？

das Referat, -e　レポート、報告

Wir danken Ihnen nochmals für das interessante Referat.
興味深いご報告に、今一度感謝いたします。

die Reform, -en　改革

Was plant die Regierung für übernächstes Jahr für eine Reform?
政府は再来年に向けて、どんな改革を計画しているのですか？

das Regal, -e　(書)棚

Deine Bücher stehen im Regal oben links.
君の本は棚の左上に置いてある。

die Regel, -n　①ルール、規則

Im Autobahnverkehr sind viele Regeln zu beachten.
アウトバーンを走るにはたくさんの規則を守らないといけない。

die Regel, -n　②(in der Regelで)ふつうは、通例では

In der Regel geht er zu Fuß zur Schule.　普段、彼は歩いて学校に行きます。

regelmäßig　規則正しく

Meine Großmutter muss das Medikament regelmäßig nehmen.
私の祖母は薬を処方通りに飲まないといけない。

regeln, regelt, regelte, hat geregelt　(4格を)規制する、調整する

Der Polizist muss den Verkehr regeln.　警察官が交通整理をしないといけない。

die Region, -en　地域、地帯

In welcher Region sind die Mieten sehr hoch?　家賃が高いのはどの地域ですか？
Der Apfel ist aus der Region.　このリンゴはご当地産だ。

regional　地域の、(Reginalbahn = RB で) 地域内普通列車

Sie können mit einer Regionalbahn nach Füssen fahren.
地域内普通列車でフュッセンへ行けますよ。

reichen, reicht, reichte, hat gereicht　①足りる、十分である

Wir nehmen nur ein Brötchen. Das reicht uns.
私たちは丸パンひとつだけいただきます。それで十分です。

reichen, reicht, reichte, hat gereicht　②(für 4格などに対して) 足りる

Reicht das Brot für drei Personen?　パンは３人分ありますか？

reif　熟した

Diese Birnen kannst du nicht essen. Sie sind noch nicht reif.
この洋梨は食べられないよ。まだ熟していないから。

die Reihenfolge, -n　順序

Du solltest die Reihenfolge einhalten.　順番を守らないといけないよ。

rein　①純粋な

Ist der Pullover aus reiner Wolle?　このセーターはウール100パーセントですか？

rein　②まったくの

Es war reiner Zufall, dass er die Uhr wiedergefunden hat.
彼が失くした時計を見つけたのはまったくの偶然だった。

rein　③汚れていない、清潔な

Das Wasser ist nicht rein. Du kannst es nicht trinken.
その水はきれいではない。飲めないよ。

reinigen, reinigt, reinigte, hat gereinigt　(4格を) クリーニングする

Ich möchte dieses Kleid reinigen lassen.　私はこのワンピースをクリーニングに出したい。

die Reinigung, -en　清掃

Die Reinigung des Zimmers ist teuer.　部屋の清掃は値段が高い。

die Reklame, -n　広告、宣伝チラシ

Wir möchten keine Reklame mehr im Briefkasten.
もう郵便受けに広告チラシは入れないでほしいです。

der Rekord, -e　記録

Es gibt einen neuen Rekord im Marathonlauf.　マラソン競争で新記録が出ました。

relativ　相対的な、比較的に

Die Wohnung ist relativ klein, aber sehr billig.
この住まいは比較的小さいけど、とても安い。

die Religion, -en　宗教

Religion ist für uns sehr wichtig.　宗教は我々にとってたいへん重要だ。

rennen, rennt, rannte, ist gerannt　走る

Sie ist sehr schnell gerannt, aber der Zug war schon weg.
彼女はとても速く走った。しかし、電車はもう行ったあとだった。

die Rente, -n　年金（ドイツ・スイスで。オーストリア・スイスではPension）

Mein Großvater ist achtundsechzig und bekommt jetzt eine gute Rente.
私の祖父は68歳で、今は十分な年金をもらっている。

in Rente gehen / sein　年金生活をする（ドイツで。ドイツ・オーストリアではin Pension gehen / sein、スイス・ドイツではpensioniert werden / seinとも）

Meine Großmutter geht Ende des Jahres in Rente.
私の祖母は年末から年金生活をする。

die Reportage, -n　報告記事、ルポルタージュ

Hast du die Reportage über Ostasien gesehen?
東アジアに関するルポルタージュ、目を通したかい？

der Reporter, - / **Reporterin**, -nen　取材記者、レポーター

Der Reporter hat gestern ein Interview gemacht.
取材記者は昨日インタビューを行なった。

die Reservierung, -en　(列車の座席 Sitzplatz などの)予約

Ich habe eine Frage. Was kostet eine Reservierung?
教えてください。予約はいくらかかるんですか？

der Respekt　(vor 3格への)尊敬の念

Ich habe großen Respekt vor meinen Eltern.　私は両親をとても尊敬している。

retten, rettet, rettete, hat gerettet　(4格を)救う

Der Arzt hat meinen Sohn gerettet.　あの医師が私の息子を救ってくれた。

der Richter, - / **die Richterin**, -nen　裁判官

Hat der Richter schon ein Urteil gesprochen?
裁判官はもう判決を下したの？

richtig　①正確に

Meine Uhr geht nicht richtig.　私の時計は正確ではない。

richtig　②合っている、適した

Ist das die richtige Größe?　これでサイズは合っていますか？

die Richtung, -en　①方向、方面、(in Richtung (auf) で)…(地名)に向けて

Der Zug in Richtung Hamburg hat Verspätung.
ハンブルク行きの電車は遅れている。

die Richtung, -en　②(in welche Richtung で)どの方角へ

Wo ist die Post? In welche Richtung müssen wir gehen?
郵便局はどこ？　どっちの方向に行かないといけないの？

riesig　①巨大な

Das Gebäude ist riesig.　この建物は巨大だ。

riesig　②ものすごく

Mein Kind hat sich über das Geschenk riesig gefreut.
私の子どもはプレゼントをものすごく喜んだ。

der Riese, -n　巨人、大男

Wie heißt Chinas Onlien-Riese? — Alibaba.
中国のオンラインショップ最大手はなんて言うんだっけ？　ーアリババだよ。

das Risiko, Risiken　リスク、危険

Sie nimmt keinen Kredit auf. Das Risiko ist ihr zu hoch.
彼女は信用貸しを設定しない。彼女にはリスクが大きすぎるのだ。

roh　生の

Sie können das nicht essen. Das Hähnchen ist noch roh.
それは食べられませんよ。鶏肉がまだ生です。

das (Back-)Rohr, -e　オーブン
（オーストリアで。ドイツ・スイスでは(Back-)Ofen）

Ich habe gerade einen Kuchen gebacken. Er ist ganz frisch aus dem Rohr.
私はケーキを焼いたばかりだ。オーブンから出したばかりのほやほやです。

die Rolle, -n　①(演劇などの)役

Der junge Schauspieler hat seine Rolle gut gespielt.
その若手俳優は自分の役をうまく演じた。

die Rolle, -n　②役割、(keine Rolle spielenで)問題にならない

Zeit spielt in diesem Fall keine Rolle.　時間はこの場合重要ではない(問題にならない)。

der Roman, -e　(長編)小説

Meine Schwester liest gern Romane.　私の姉(妹)は小説が好きだ。

rück-　名詞や動詞などにつけて「もとへ戻って」、また「背面・背後」の意味を加える前綴り

der Rückweg 帰り道　die Rückseite 裏面　など

die Rückfahrt, -en　帰路

Auf der Rückfahrt hat er seine Großeltern besucht.
帰り道彼は祖父母を訪ねた。

die Rückkehr　復帰、帰還

Nach seiner Rückkehr wollen wir ein großes Fest feiern.
彼が帰ってきたら、私たちは盛大にお祝いをするつもりだ。

rückwärts　後ろ向きに（⇔ vorwärts）

Mein Vater ist rückwärts aus der Garage gefahren.
私の父はガレージからバックで車を出した。

die Ruhe　平穏、（4格 in Ruhe lassen で）（4格を）放っておく、構わないでおく

Lassen Sie mich endlich in Ruhe!
いい加減、私には構わないでください。

ruhig　落ち着いた

Du kannst ruhig essen.
落ち着いて食事ができるよ。

die Runde, -n　①周回

Mein Bruder läuft jeden Tag drei Runden im Park.
私の兄は毎日、公園を3周走る。

die Runde, -n　②一団、グループ

Wir haben ein neues Mitgleid in die Runde aufgenommen.
僕らのグループに新しい仲間がひとり入ったんだ。

die Rundfahrt, -en　周遊旅行、周遊ツアー

Cheng will eine Rundfahrt durch Europa machen.
チェンはヨーロッパ周遊旅行をするつもりだ。

【S】 レベルB1

der Saal, Säle　広間、ホール

Habt ihr für eure Familienfeier einen kleinen Saal gemietet?
君たちは家族のお祝いのために小さなホールを借りたの？

der Sack, ¨-e　袋

Wir hätten gern einen Sack Zwiebeln.
タマネギを一袋いただきたいです。

Wo stelle ich Gelbe Säcke hin?
黄色の(ゴミ)袋はどこに置くんでしょうか？

die (Schlag-) Sahne　(ホイップした)生クリーム
(ドイツで。オーストリアでは(Schlag-)Obers、スイスでは(Schlag-)Rahm)

Ich hätte gern ein Erdbeertörtchen mit Sahne.
イチゴのタルトをひとつ、生クリーム添えでお願いします。

die Saison, -s　シーズン、時季

Urlaub im August ist immer teurer. Das ist die Saison mit den höchsten Preisen.
８月の休暇はますます高価になる。何でも値段が一番高くなる時期だ。

die Salbe, -n　軟膏

Es hat mir gefallen, dass die Salbe nicht zu stark war.
私が気に入っているのは、この軟膏が強すぎないことです。

der Salon, -s　(美容・服飾等の)高級店

Mein Cousin arbeitet als Friseur in einem Salon.
私の従兄弟は高級店の美容師として働いている。

sämtlich　すべての

Sämtliche Fenster und Türen müssen geschlossen bleiben.
窓もドアもすべて閉じておかないといけない。

der Sand　砂、砂地

Mein Kind spielt nicht gern im Sand.　私の子どもは砂遊びが好きではない。

der Sänger, - / **die Sängerin**, -nen　歌手

Wie finden Sie diese Sängerin? — Ich finde ihre Stimme nicht toll.
この歌手をどう思いますか？　一彼女の歌声は素敵だとは思わないな。

satt　満腹の

Möchtest du noch ein Stück Torte? — Nein danke, ich bin satt.
タルトをもう一切れどう？　一いいえ、結構です。おなかいっぱいだよ。

sauber　きれいな、清潔な

Du musst noch die Küche sauber machen.
君はキッチンをきれいにしないといけない。

die Schachtel, -n　箱

Er schenkt seiner Freundin eine Schachtel Pralinen.
彼は恋人にプラリネを一箱贈る。

schaden, schadet, schadete, hat geschadet　害になる

Ein Glas Wein kann ganz gesund sein, ein Bierchen nicht schaden.
グラス一杯のワインは健康にはいいはずだ、ビールひとくちなら害にならない。

der Schaden, ¨-　損害、被害

Er hatte einen Unfall mit dem Auto. Jetzt muss er den Schaden der Versicherung melden.　彼は車で事故にあった。損害を保険会社に届け出ないといけない。

schalten, schaltet, schaltete, hat geschaltet　①(ausschaltenで)スイッチを切る

Schalte bitte das Licht aus, wenn du ins Bett gehst.
寝るときに電気を消して。

schalten, schaltet, schaltete, hat geschaltet　②(einschaltenで)スイッチを入れる

Kannst du bitte das Radio einschalten. Jetzt kommen gleich die Nachrichten.
ラジオをつけて。もうすぐニュースだから。

schalten, schaltet, schaltete, hat geschaltet　③(ギアを)切り替える

Schalte jetzt in den zweiten Gang.　ギアを２速(セカンド)に切り替えて。

scharf ①辛(から)い

Esst ihr bei euch zu Hause immer sehr scharf?
家ではいつもすごく辛いものを食べているの？

scharf ②鋭い、鋭利な

Wir brauchen ein schärferes Messer. 私たちにはもっと切れる包丁(ナイフ)が必要だ。

der Schatten, - 陰、影

Heute haben wir 27 Grad im Schatten. 今日は日陰でも27度ある。

schätzen, schätzt, schätzte, hat geschätzt ①見積もる

Wie alt ist der Lehrer? — Ich weiß nicht, ich schätze, um die vierzig.
先生は何歳なの？ 一知らないよ。40歳くらいに見えるけど。

schätzen, schätzt, schätzte, hat geschätzt ②(４格を)高く評価する、尊重する

Ich schätze seine gute Präsentation. 私は彼の上手なプレゼンを高く評価している。

schauen, schaut, schaute, hat geschaut 見る

Schau mal! Da hinten ist noch zwei Plätze frei. 見て！ 後ろの方にまだ２席空いているよ。

zuschauen じっくり眺める

Mein Vater hat mir bei der Arbeit zugeschaut.
父は私の仕事ぶりをじっくり眺めていた。

das Schaufenster, - ショーウィンドウ

Sie hat im Schaufenster ein schönes Kleid gesehen.
彼女はショーウィンドウにある素敵なワンピースを見ていた。

der Schauspieler, - / **die Schauspielerin**, -nen 俳優

Der Film war toll, denn die Schauspieler waren sehr gut.
映画は素晴らしかった、俳優さんたちがよかったからね。

die Scheibe, -n ①スライス、ひと切れ、欠片

Ich hätte gerne drei Scheiben Käse. チーズを３切れ、お願いします。

die Scheibe, -n　②窓ガラス

Die Scheiben sind schmutzig. Kannst du die Fenster putzen?
窓ガラスが汚れている。窓を磨いてくれる？

sich^4 scheiden lassen, lässt scheiden, ließ scheiden, hat scheiden lassen
離婚する

Seine Eltern haben sich scheiden lassen.
彼の両親は離婚した。

geschieden sein　離婚した、離婚している

Mein Chef ist geschieden.　私の上司は離婚している。

die Scheidung, -en　離婚

Wie ist das Leben nach der Scheidung?
離婚後の暮らしはどのようなものですか？

der Schein, -e　紙幣（=Geldschein）

Können Sie einen Schein in Kleingeld wechseln?
紙幣を硬貨に両替していただけませんか？

Hast du nur Scheine? Ich habe Kleingeld.
紙幣しか持ってないの？　小銭ならあるよ。

scheinen　［活用はレベルA1へ］（…のように）見える、らしい

Meine Kollegin scheint krank zu sein. Sie war gestern nicht im Büro.
同僚は病気らしい。彼女は昨日、オフィスにいなかった。

schicken　［活用はレベルA1へ］（4格＋zuなし不定詞で）（4格を…しに）行かせる、例：（4格 einkaufen schickenで）（4格を）買い物に行かせる

Er hat seinen Sohn einkaufen geschickt. Sie haben keinen Apfel mehr zu Hause.
彼は息子を買い物に行かせた。彼らの家にはもうりんごがひとつもなかったからだ。

schieben, schiebt, schob, hat geschoben　①（4格を）押して動かす

Leider ist ihr Fahrrad kaputtgegangen. Sie musste es nach Hause schieben.
残念ながら彼女の自転車は壊れてしまった。彼女はそれを家まで押していかないといけなかった。

schieben, schiebt, schob, hat geschoben ②(4格を)ずらす

Wir können die Kommode rechts an die Wand schieben; dann haben wir mehr Platz.
整理ダンスを右側にずらして壁際にしよう、そうすればもっと場所ができる。

schief 傾いた、斜めに

Das Bild hängt ganz schief.
その絵、ずいぶん傾いているよ。

schießen, schießt, schoss, hat geschossen シュートする、撃つ、放つ

Hat deine Mannschaft ein Tor geschossen?
君のチームはゴールを決めたの？

das Schild, -er ①値札

Können Sie bitte das Schild abmachen? Die Uhr ist ein Geschenk.
値札をとってもらえませんか？ この時計はプレゼントなんです。

das Schild, -er ②標札、標識、表示板

Können Sie lesen, was auf dem Schild dort steht?
向こうの表示板になんて書いてあるか、読めますか？

schimpfen ［活用はレベルA2へ］(mit 3格を)きつく叱る

Die Ärztin hat mit meinem Bruder geschimpft, weil er zu wenig Sport macht.
女医は、あまりスポーツをしていないという理由で兄(弟)を叱った。

schlafen ［活用はレベルA1へ］泊まる

Wenn du mal nach Berlin kommst, kannst du bei uns schlafen.
ベルリンに来ることがあれば、君は私たちのところに泊まれるよ。

schlagen, schlägt, schlug, hat geschlagen ①(4格を)打ち破る、負かす

Peter hat den Weltmeister geschlagen. ペーターは世界チャンピオンを打ち負かした。

schlagen, schlägt, schlug, hat geschlagen ②(4格を)打ち込む

Du musst einen Nagel in die Wand schlagen. Hier ist der Hammer.
君は壁に釘を打ち込まないといけない。ここにハンマーがあるよ。

schlagen, schlägt, schlug, hat geschlagen　③鼓動する

Das Herz schlug ihm bis zum Hals.　彼は心臓が喉から飛び出しそうなくらいドキドキしていた。

der / das (Schlag-)Obers　(ホイップした)生クリーム
(オーストリアで。ドイツでは(Schlag-)Sahne、スイスでは(Schlag-)Rahm)

Möchten Sie ein Stück Kuchen mit Schlagobers?
生クリーム添えのケーキはいかがですか？

die Schlange, -n　①(買い物などで順番を待つ)行列

Vor dem Restaurant gibt es immer eine lange (Warte-)Schlange.
そのレストランの前にはいつも長い行列ができている。

die Schlange, -n　②蛇

Das ist keine giftige Schlange.　それは毒のある蛇ではないよ。

schlank　すらりとした

In dieser Bluse und diesem Rock sieht sie sehr schlank aus.
このブラウスとスカートを着ると、彼女はとてもほっそりして見える。

schlecht　①(食物などが)傷んだ、悪くなった

Stell den Käse in den Kühlschrank. Sonst wird er schlecht.
チーズを冷蔵庫に入れて。さもないと傷んでしまう。

schlecht　②(支払いなどが)よくない

Der Job wurde schlecht bezahlt.
このバイトは給料がよくなかった。

schlecht　③(通信状態などが)よくない

Die Verbindung war gestern schlecht. Ich konnte dich nicht gut hören.
昨日は電話の接続が悪かった。私は君の声がよく聞こえなかった。

schlecht　④へたな、できの悪い

Der Roman war sehr schlecht. Er hat mir gar nicht gefallen.
小説のできはまったくよくなかった。私はまったく気に入らなかった。

schließen ［活用はレベルA1へ］①(abschließenで)(４格を)締結する

Morgen kannst du den Mietvertrag abschließen.
明日、君は賃貸契約を締結できる。

schließen ②(einschließenで)(４格を…に)しまい込む

Er hatte die Dokumente in den Schreibtisch eingeschlossen.
彼は資料を書き物机にしまい込んだ。

schließen ③停止する、廃業する

Mein Onkel musste das Geschäft leider schließen.
伯(叔)父は残念ながら店を閉めなければならなかった。

schließen ④(目的語なしの自動詞)閉まる、鍵がかかる

Das Geschäft schließt um 18.00 Uhr. あのお店は18時閉店です。

schließlich ①ついに

Sie musste lange warten. Aber schließlich hat sie den Job doch noch bekommen.
彼女は長く待たなければならなかった。しかしついに彼女は仕事を得た。

schließlich ②つまるところ

Wir helfen ihm natürlich. Er ist schließlich unser Freund.
私たちはもちろん彼を助けるよ。つまるところ、彼は私たちの友達なんだ。

schmal 幅の狭い(⇔breit)

Kannst du hier nicht parken? Ist die Straße zu schmal?
ここでは駐車できない？ 道が狭すぎる？

schminken, schminkt, schminkte, hat geschminkt
化粧する、(geschminkt seinで)化粧している

Meine Frau ist heute sehr schön geschminkt.
妻は今日、とてもきれいに化粧をしている。

der Schmuck, -e （通例、単数で)装身具

Dieser Schmuck ist von meiner Mutter. この装身具は母のものだ。

der Schmutz　(複数なし)汚れ、ごみ、泥

Du hast Schmutz an deinem Rock.　スカートに汚れがついているよ。

verschmutzen, verschmutzt, verschmutzte, hat verschmutzt　(4格を)汚染する

Unsere Fabrik verschmutzt den Fluss nicht.　私たちの工場はこの河を汚してはいない。

sich⁴ schneiden, schneidet, schnitt, hat geschnitten　切る

Hast du dich geschnitten? Ich habe ein Pflaster.
切り傷を作ったの？　絆創膏はあるよ。

das Schnitzel, -　薄切りの肉、カツレツ

Ich nehme ein Schnitzel mit Nudeln.　私はカツレツとパスタにするよ。

der Schnupfen　(複数なし)鼻風邪(<schnupfen「鼻をすする」)

Mein Kind hat Schnupfen. Welches Medikament sollte es nehmen?
私の子どもは鼻風邪をひいている。どの薬をこの子は使ったらいいかな？

schon　①とっくに

Mina ist schon über 70. Aber sie ist noch sehr fit.
ミーナはとっくに70を越えている。けれど彼女は今でもとても健やかだ。

schon　②さあ

Mach schon, wir können nicht länger warten.　さあ、やろう。私たちはもう待てないよ。

schon　③きっと＜心態詞＞

Keine Sorge. Du wirst das schon schaffen.　心配しないで。きっとやり遂げられるよ。

schon　④確かに＜心態詞＞

Kommt ihr mit spazieren? — Wir hätten schon Lust, aber wir müssen arbeiten.
君たちも散歩に来る？　一行きたいけど、仕事があるんだ。

schon　⑤まあ、そう＜心態詞＞

Mein Kind mag keine Karotten. Und dein Kind? — Es schon.
私の子どもはにんじんが好きじゃない。君の子どもは？　一こっちはまあまあ。

der Schreck(en), -　(通例、単数で)驚き、驚愕

Er hat einen großen Schreck bekommen.　彼はとても驚いた。

schrecklich　①耐えがたい

Gestern war eine schreckliche Kälte.　昨日は耐えがたい寒さだった。

schrecklich　②ものすごく

Die Konzerthalle war schrecklich voll.　コンサートホールは超満員でした。

schrecklich　③恐ろしい

Wo ist ein schrecklicher Unfall passiert?　どこでひどい事故が起こったの？

schreiben　[活用はレベルA1へ]　(目的語なしで)字が書ける

Schreibt dein Kugelschreiber noch?　君のボールペンはまだ書ける？

das Schreiben, -　書簡、手紙、メールなど

Er hat ihr Schreiben vom 5. Juni erhalten.　彼は6月5日の彼女の書簡を受け取った。

die Schrift, -en　文字、手書き文字、著作

Sie kann seine Schrift nicht lesen.　彼女は彼の手書きの文字を読むことができなかった。

der Schriftsteller, - / **die Schriftstellerin**, -nen　作家、著述家

Kennen Sie diesen Schriftsteller? Seine Bücher sind interessant.
あなたはこの作家をご存じですか？　彼の本は興味深いです。

schreien, schreit, schrie, hat geschrien　①叫ぶ

Dein Sohn hörte nicht auf, so laut zu schreien.
君の息子は大きな声で叫ぶのをやめなかった。

schreien, schreit, schrie, hat geschrien　②泣き叫ぶ

Mein Baby hat ganze Nacht viel geschrien.　うちの赤ん坊は一晩中、大泣きした。

der Schritt, -e　(Schritt für Schritt で)一歩一歩、徐々に

Er ist der Anleitung Schritt für Schritt gefolgt.　彼は指示に一歩一歩従った。

die Schuld, -en　(通例、単数で)罪、とが

Es ist nicht deine Schuld, dass das nicht geklappt hat.
うまくいかなかったのは君のせいではない。

schuld　形 責任がある

Sie hatte einen Unfall. Aber sie war nicht schuld.
彼女は事故に遭った。でも彼女に責任はなかった。

die Schularbeit, -en　宿題(オーストリアで。ドイツではKlassenarbeit)

Unsere Tochter schreibt bei Schularbeiten immer gute Noten.
私たちの娘は宿題でいつもよい評価をもらう。

die Schulter, -n　肩

Sie hat Schmerzen in der linken Schulter.　彼女は左肩に痛みがある。

die Schüssel, -n　深皿、ボウル

Wir brauchen eine Schüssel für den Salat.　私たちはサラダ用に深皿が必要です。

schütteln, schüttelt, schüttelte, hat geschüttelt　(4格を)振る、揺する

Hast du die Flasche vor dem Öffnen geschüttelt?
開ける前にこの瓶を振った？

schützen, schützt, schützte, hat geschützt　守る、(vor 3格を)防ぐ

Schützt diese Impfung vor Grippe?　この注射はインフルエンザ予防なの？

der Schutz　①防護

Das ist ein guter Schutz gegen Hitze.　これで暑さがうまく防げるよ。

der Schutz　②保護

Sie haben gestern über den Schutz der Umwelt geredet.
彼らは昨日、環境保護について話した。

das Schwammerl, -n　きのこ(オーストリアで) = Pilz

Wir brauchen frische Schwammerln.　私たちは新鮮なキノコが必要だ。

schweigen, schweigt, schwieg, hat geschwiegen　黙っている

Er sprach viel, aber seine Freundin schwieg den ganzen Abend lang.
彼はたくさん話していたけど、彼の恋人はその晩はまったく話さなかった。

Schwieger-　義理の

Ich besuche morgen meine Schwiegerschwester.
私は明日、義理の姉を訪ねます。
Meine Schwiegermutter ist Angestellte.
私の義理の母は会社員です。
Er versteht sich nicht gut mit seinem Schwiegersohn.
彼は義理の息子とあまりよく分かり合えていない。

die Schwierigkeit, -en　困難、面倒、やっかいごと

Er hatte große Schwierigkeiten einen Parkplatz zu bekommen.
彼は駐車場を見つけるのに苦労した。

schwitzen, schwitzt, schwitzte, hat geschwitzt　汗をかく

Gestern war es sehr heiß. Sie haben alle sehr geschwitzt.
昨日はとても暑かった。彼らは皆、たくさん汗をかいた。

sehen　［活用はレベルA1へ］①（複数主語で相互代名詞 $sich^4$ = einander とともに）会う、顔を合わせる

Sie haben sich lange nicht gesehen.
彼らは長いこと会っていなかった。

sehen　②（命令形 Sieh で）ほら

Sieh mal! Es regnet sehr viel!　ほら！　雨がとてもたくさん降っているよ！

sehen　③外観が…と見える

Er sieht seinem Vater sehr ähnlich.　彼は父親にとても似ている。

sein　［活用はレベルA1へ］（sein + zu 不定詞句で）…されうる（受動可能）、…されねばならない（受動義務）

Das ist leicht zu verstehen.　これを理解するのは簡単だ。

seitdem ①副 それ以来

Er ist vor zwei Jahren nach Japan gekommen. Seitdem lernt er Japanisch.
彼は日本に来て２年になる。それ以来、彼は日本語を学んでいる。

seitdem ②(定動詞後置の従属接続詞)…するようになって以来

Seitdem meine Eltern in der Stadt wohnen, geht es ihnen besser.
両親は街に住むようになって以来、体調がいいんです。

der Sekretär, -e / **die Sekretärin**, -nen 秘書、事務長、書記

Die neue Sekretärin heißt Tina. 新しい秘書はティーナという名前だ。

selb 同じ

Er hat am selben Tag Geburtstag wie seine Frau.
彼は彼の妻と誕生日が一緒だ。

selber 自分自身で

Mein Sohn will das selber machen. 息子はそれを自分でやりたい。

selbstverständlich もちろん、当然、言うまでもなく

Selbstverständlich sage ich ihm sofort Bescheid.
もちろん、私は彼にすぐに知らせるよ。

selten まれに

Er geht ganz selten ins Kino. 彼は滅多に映画館には行かない。

seltsam 不思議な、妙な

Es ist seltsam, dass meine Schwester nicht zu mir gekommen ist.
姉が私のところに来なかったのはおかしい。
Hast du ein seltsames Geräusch gehört?
奇妙な音を聞いたの？

das Semester, - 学期

Seine Tochter studiert im 6. Semester Technik.
彼の娘は工学を学ぶ６セメスター目の学生だ。

das Seminar, -e　演習、ゼミ

Möchtest du dieses Seminar besuchen?　君はこの演習を受講したいの？

die Semmel, -n　（丸い小型のパン）ゼンメル（センメル）
（オーストリアで。ドイツではBrötchen、スイスではBrötli）

Wir holen schnell ein paar Semmeln zu Abend.
私たちはすぐに夕食用のゼンメル（センメル）を買ってくるよ。

senden, sendet, sendete / sandte, hat gesendet / gesandt　送る

Ich sende Ihnen das Dokument per E-Mail.
あなたにその書類をメールで送ります。

nachsenden　（3格へ4格を）転送する、追送する

Kannst du mir die Post bitte nachsenden?
郵便物を私のところへ転送してくれない？

der Sender, -　放送局

Welchen Sender sieht dein Vater am liebsten?
君の父さんはどの放送局が一番好きなの？
Mein Bruder hört im Radio am liebsten Sender mit klassischer Musik.
私の兄はラジオならクラシック音楽系の放送局を一番よく聞いている。

die Sendung, -en　発送物、放送、（Postsendungで）郵送、郵便物

Wir warten auf eine Postsendung.　私たちは郵便を待っている。

die Senioren（複数で）　老齢者、シニア世代

Dieser Computerkurs ist nicht für Senioren.　このPC講座はシニア向けではありません。

senkrecht　垂直な（⇔waagerecht）

Hier ziehst du eine senkrechte Linie.　ここに垂直の線を引きます。

die Serie, -n　シリーズ

Mein Sohn liebt es, im Fernsehen Serien zu schauen.
私の息子はテレビでシリーズもののドラマを見るのが好きだ。

der Serviceangestellte, -n / **die Serviceangestellte**, -n　ウェイター、給仕（スイスで。ドイツ、オーストリアではKellner, Ober）

Mein Cousin ist Serviceangestellte von Beruf.
私の従兄弟の仕事はウェイターだ。

der Sessel, -　①肘掛け付きの安楽椅子（ドイツ・スイスで。オーストリア・スイスではFauteuilも）

Hättest du gern einen bequemen Sessel?　心地よい安楽椅子がほしいですか？

der Sessel, -　②（一般的な）椅子（オーストリアで。ドイツ・スイスではStuhl）

Da vorne ist noch ein Sessel frei.　前の方にまだ椅子が空いていますよ。

die Sicherheit, -en　安全、確実性

Ist Sicherheit für dich am wichtigsten?　君にとっては安全性が最重要ですか？

sichern, sichert, sicherte, hat gesichert　（4格を）守る、セーブする

Habt ihr alle Daten im Computer gesichert?
あなたたちはすべてのデータをコンピューターに保存したの？

die Sicht, -　見えること、眺望、視点（< sehen）

Vom vierzig Meter hohen Turm hat man eine weite Sicht.
40メートルの高さの塔からは広い眺望が得られる。

sichtbar　目に見える

Es gab keine sichtbaren Verletzungen. Aber wir mussten den Bauch trotzdem untersuchen.
目に見える傷はなかった。しかしそれでも、私たちは腹部を検査しなければならなかった。

siegen, siegt, siegte, hat gesiegt　勝つ、勝利する

Unsre Mannschaft siegte mit 3:1（drei zu eins）.　私たちのチームは3対1で勝った。

der Sieg, -e　勝利

Ihre Mannschaft hat gewonnen. Sie freuen sich über den Sieg.
彼らのチームが勝利した。彼らは勝利を喜んでいる。

der Sieger, - / **die Siegerin**, -nen　勝者

Wie heißt der Sieger?　勝者はなんという名前なの？

sich⁴ siezen, siezt, siezte, hat gesiezt　Sieで呼び合う

Obwohl wir uns schon lange kennen, siezen wir uns.
私たちは知り合ってもう長いのに、Sieで呼び合っている。

sinken, sinkt, sank, ist gesunken　①沈む

Ist das Schiff gestern vor der Küste gesunken?
その船は昨日、沿岸で沈んだの？

sinken, sinkt, sank, ist gesunken　②下降する

Der Preis sinkt im nächsten Monat um 5 %.
価格は来月には5パーセント下がる。

der Sinn, -e　（単数で）意味

Es hat keinen Sinn, über dieses Thema zu diskutieren.
このテーマについて議論することに意味はない。

sinnlos　意味のない

So eine sinnlose Zeitung hat er schon lange nicht mehr gelesen.
こんな意味のない新聞はもう長いこと彼は読んでいなかった。

sinnvoll　有意義な

Funktioniert es nicht? Es ist sinnvoll, es noch einmal zu versuchen.
うまくいかない？　もう一度試してみても無駄じゃないと思うよ。

sitzen　［活用はレベルA1へ］合う、合致する

Die Bluse sitzt sehr gut.
このブラウスはとてもよく合っている。

so　①さて

So, jetzt bist du auch fertig. Was machen wir jetzt?
さてと、君(の作業)も終わったね。これから何をしようか？

so ②なんという…

Du bist auch hier! So ein Zufall!
君もここにいたのか！　なんという偶然だ！

so ③…のかぎり、できるだけ

Melde dich, so schnell du kannst.
できるだけ早く連絡して！

so ④まあ

Wann treffen wir uns? — So gegen 11 Uhr. Ist Ihnen das recht?
いつ会いましょうか？　―まあ11時頃に。それで大丈夫ですか？

so ⑤そのくらい

Dauert es lange? — Zwei Stunden oder so kann es schon dauern.
長くかかるの？　―２時間かそこらはかかるよ。

so ⑥そのまま

Er hatte kein Geld dabei. Da haben sie ihn so hineingelassen.
彼はお金は持っていなかった。それなのに彼らは彼をそのまま入らせた。

so ⑦そんなこと

Was machst du denn so?　一体何をしているの？

sobald （定動詞後置の従属接続詞）…したらすぐに

Sobald wir den Termin wissen, geben wir Ihnen Bescheid.
予定がわかったらすぐに、あなたに連絡します。

die Socke, -n　（通例、複数で）靴下

Brauchst du im Winter warme Socken?
冬には暖かい靴下が必要なの？

sodass （定動詞後置の従属接続詞）その結果（＝ so dass）

Der Bus hatte eine Stunde Verspätung, sodass er erst um 22 Uhr nach Hause kam.
バスが１時間遅れていた。その結果、彼は22時にやっと家に帰れた。

sogenannt いわゆる

Studenten, die kurz studieren, sind sogenannte Kurzzeitstudierende.
大学に短期間在籍し学ぶ学生は、いわゆる短期間学生だ。

Was machen denn deine sogenannten Freunde?
君のいわゆるお友達は何をしているの？

solange （定動詞後置の従属接続詞）…するかぎり

Solange sie Fieber hatte, durfe sie auf keinen Fall arbeiten gehen.
熱があるかぎり、彼女はどうあっても仕事に行くのは許されなかった。

solch- あんな、こんな、ひどい

Solches Kleid findet meine Tochter toll.
こんなワンピースを私の娘は素敵だと思ってるんです。

sollen ［活用はレベルA1へ］①(伝聞を表して)…だそうだ

Wir haben im Radio gehört, es soll morgen schneien.
私たちはラジオで聞いたが、明日は雪だそうだ。

sollen ②(接続法第２式sollteを文頭に置いた条件文)万一…であれば、ひょっとして…というのなら

Sollten Sie mit dem Vorschlag nicht einverstanden sein, schreiben Sie mir eine E-Mail. 万が一、提案に同意いただけない場合には、メールをください。

Sonder- 名詞に「個別の、特別な」という意味を付加する前綴り

der Sonderpreis 特別価格　der Sonderfall 特殊なケース　など

das Sonderangebot, -e 特価品、特売品

Das ist ein Sonderangebot: 30 % reduziert.
これは特売品だ：30％値引きだ。

sondern
そうではなくて、(nicht A, sondern Bで)AではなくてB

Sein Besuch kommt nicht morgen, sondern heute.
彼のお客さんが来るのは明日じゃなくて今日だ。

sonst ふだんは

Heute ist Frau Brand nicht mehr da. Sonst ist sie um diese Zeit immer im Büro.
今日はブラントさんはもうここにはいません。普段はこの時間はいつも事務所にいるのですが。

sorgen, sorgt, sorgte, hat gesorgt ①(für 4格の)世話する

Meine Schwiegermutter sorgt für meine Kinder.
義母が私の子どもの世話をしている。

sorgen, sorgt, sorgte, hat gesorgt ②(dafür, dass ... を)配慮する

Können Sie bitte dafür sorgen, dass die Waschmaschine gut funktioniert?
洗濯機がうまく動くように調整してくださいませんか？

die Sorge, -n 心配

Um seine Zukunft braucht er sich keine Sorgen zu machen.
彼の将来については心配する必要はない。

die Soße / Sauce, -n ソース

Ich gebe dir die Soße. ソースを渡すね。

das Souvenir, -s 土産物

Er hat ein paar Souvenirs aus dem Urlaub mitgebracht.
彼は休暇のお土産をいくつか持ってきた。

soviel (定動詞後置の従属接続詞)…のかぎりでは

Soviel ich weiß, hat dieses Café morgen Ruhetag.
私の知るかぎりでは、明日はこのカフェはお休みだ。

so viel とても多く

Mein Kind hat so viel gegessen. Jetzt ist ihm schlecht.
私の子どもは食べすぎた。気分が悪いようだ。

so viel wie …と同じくらい多く

Sein Sohn verdient nur halb so viel wie er.
彼の息子は彼の半分しか稼いでいない。

sowieso　どのみち

Wollen Sie mir die Karte mitgehen? Ich gehe sowieso zur Post.
そのハガキ、私が持って行ってもいいですよ。どっちにしろ郵便局には行くんですから。

sowohl A als auch B　AもBも

Sowohl sie als auch ihr Mann mussten unterschreiben.
彼女も彼女の夫もサインをしなければならなかった。

sozial　①社会（福祉）に役立つ

Das System ist sozial.　そのシステムは社会の役に立つ。

sozial　②社会的な

Es gab keine soziale Probleme.
社会的な問題はなかった。

der Sozialarbeiter, - / **die Sozialarbeiterin**, -nen　ソーシャルワーカー

Der Sozialarbeiter kommt zweimal in der Woche.
ソーシャルワーカーは週に２回来る。

sparsam　①つましい

Sie haben sechs Kinder. Sie müssen sehr sparsam sein.
彼らには６人の子どもがいる。彼らはつましくしないといけない。

sparsam　②経済的な

Mein Motorrad ist sehr sparsam. Es verbraucht nur 2 Liter auf 60 km.
私のバイクはとっても経済的だ。たった２リットルで60キロ走る。

spätestens　遅くとも

Er musste spätestens um 8 Uhr bei der Arbeit sein.
彼は遅くとも８時には仕事を始めていないといけなかった。

Speise- / -**speise**, -n　料理、（Vorspeiseで）前菜、（Nachspeiseで）デザート

Als Nachspeise nehme ich einen Schokoladenkuchen, aber dafür nehme ich keine Vorspeise.　デザートにチョコレートケーキをいただきます、でもその代わり前菜はいただきません。

der Speisewagen, -　食堂車

Der Zug hat zwei Speisewagen.
この列車には食堂車が２両ある。

Spezial-　特別の、スペシャルな

Sie braucht eine Spezialpflege für trockenes Haar.
彼女は髪がぱさぱさなので特別なケアを必要としている。

der Spezialist, -en / **die Spezialistin**, -nen　専門家

Sein Arzt schickt ihn zur Spezialistin.　彼の医者は彼を専門家のところに送る。

speziell　特別な

Er sucht einen ganz speziellen Ring für seine Frau.
彼は妻のために特別な指輪を探している。

der Spiegel, -　鏡

Haben Sie einen Spiegel? Ich möchte gerne sehen, wie mein Rock sitzt.
鏡はありますか？　私はスカートが合っているか見たいんです。

Spiegeleier（複数で）　目玉焼き

Jeden Morgen bratet Mutter Spiegeleier.
母さんは毎日目玉焼きを作ってくれる。

das Spiel, -e　試合

Nach 30 Minuten stand das Spiel 3:2（drei zu zwei）.
30分経ったところで、試合は３対２だった。

spielen　［活用はレベルA1へ］（gegen 4格の相手と）試合する、対戦する

Am Samstag spielen sie gegen die Basketballmannschaft der Nachbarschule.
土曜日に、彼らは隣の学校のバスケットボールチームと対戦する。

der Spieler, - / **die Spielerin**, -nen　プレイヤー、選手、参加者

Für dieses Spiel braucht man vier bis sechs Spieler.
このゲームには４人から６人の参加者が必要だ。

der Spielplatz, ¨-e　遊び場

Wo sind deine Kinder? Auf dem Spielplatz?
君の子どもたちはどこにいるの？　遊び場？

das Spielzeug, -e　おもちゃ

Zu Weihnachten wünschte sich meine Schwester vor allem Spielzeug.
クリスマスに私の妹がほしいのは、なによりおもちゃだった。

spitz　先のとがった

Ist der Bleistift spitz?　鉛筆はとがっている？

die Sportart, -en　スポーツ種目（<der Sport）

Welche Sportart findet dein Bruder am besten?
あなたの兄（弟）はどのスポーツ種目が一番いいと思っているの？

sprechen　［活用はレベルA1へ］①演説をする

Der Bundeskanzler hat gestern Abend im Fernsehen gesprochen.
首相が昨晩、テレビで演説した。

sprechen　②（４格と）会って話す、面談する

Könnte ich bitte Herrn Bauer sprechen?
バウアーさんとお話しさせていただけますか？

springen, springt, sprang, ist gesprungen　①飛び込む

Sie waren im Schwimmbad. Ihre Tochter ist immer wieder ins Wasser gesprungen.
彼らはプールにいた。彼らの娘は何度も水の中に飛び込んだ。

springen, springt, sprang, ist gesprungen　②跳ぶ、跳躍する

Wie weit springt Malaika? — Sie springt über sieben Meter zu Silber.
マライカの跳躍距離はどのくらい？　ー彼女は７メートル以上跳んで銀メダルだ。

die Spritze, -n　注射（器）

Sie hat heute vom Arzt eine Spritze gegen die Schmerzen bekommen.
彼女は今日、医師に痛み止めの注射を打ってもらった。

spülen, spült, spülte, hat gespült　すすぐ、洗い流す

Mein Mann hat das Geschirr gespült.　私の夫が食器を洗った。
Hast du den Mund ausgespült?　口はすすいだの？

die Spur, -en　車線、足跡、わだち

Fahr auf der linken Spur, wenn du schneller fährst.
もっとスピードを出したいなら、左車線を行くんだよ。

spüren, spürt, spürte, hat gespürt　（感覚的に4格を）感じる

Wo tut es weh? Spürst du das hier?　どこが傷むの？　ここは何か感じる？

das Stadion, Stadien　スタジアム

Er muss am Donnerstag ins Stadion gehen. Da spielt seine Mannschaft.
彼は木曜日にスタジアムに行かないといけない。そこで彼のチームがプレーするのだ。

die Stadt, ¨-e　都会、都市、街

Sie wohnt lieber in der Stadt als auf dem Land.　彼女は田舎よりも都会に住みたい。

städtisch　市立の

Mein Kind geht sehr gern in die städtische Bibliothek.　私の子どもは市立図書館に行くのが大好きだ。

der Stadtplan, ¨-e　市街地図

Hast du einen Stadtplan?　市街地図は持ってる？

stammen, stammt, stammte, hat gestammt　（aus 3格の）出身である

Die Lehrerin stammt aus einer kleinen Stadt am Necker.
その女性教師はネッカー河畔にある小さな町の出身だ。

ständig　ずっと、絶え間なく

Er hat schon ein paar Mal bei seiner Freundin angerufen. Es ist ständig besetzt.
彼は恋人の家に2、3度電話をかけた。ずっと話し中だった。

der Standpunkt, -e　立場、見解

Von ihrem Standpunkt aus hat er recht.　彼女の立場からすると、彼は正しい。

der Star, -s　スター

Dieser Sänger ist ein großer Star in Japan.　この歌手は日本では大スターだ。

starten, startet, startete, ist gestartet　発進する、離陸する

Das Flugzeug ist vorhin gestartet.　飛行機はつい今しがた離陸した。

der Start, -s　スタート、離陸

Während des Starts musst du sitzen bleiben.
離陸する間、君は座ったままでいないといけないよ。

die Station, -en　①駅、停留所

Musst du an der nächsten Station aussteigen?
君は次の駅で降りないといけないの？

die Station, -en　②病棟、科

Meine Großmutter liegt auf Station III.　私の祖母は第３病棟に入院している。

die Statistik, -en　統計

Die Statistik zeigt, dass jeder dritte ein Auto besitzt.
統計が示すには、３人に１人は車を持っている。

statistisch　統計上の

Die statistischen Ergebnisse zeigen keine Entwicklung.
統計結果では発展は見られなかった。

statt　（２格支配の前置詞）…の代わりに、…ではなく

Können wir diese Woche statt Mittwoch am Samstag kommen?
今週は水曜日の代わりに土曜日に来てもいいかな？

der Stau, -s　渋滞

Auf der C5 gibt es wegen eines Unfalls 6 km Stau.
C5号線では事故により6kmの渋滞があります。

Er stand zwei Stunden im Stau.
彼は２時間も渋滞に巻き込まれていた。

der Staub, -e　（通例、単数で）ほこり

Sie hat überall Staub gewischt.　彼女はすべてのほこりを拭き取った。

der Staubsauger, -　電気掃除機

Brauchst du einen neuen Staubsauger?　新しい掃除機、必要かな？

staubsaugen, staubsaugt, staubsaugte, hat gestaubsaugt　掃除機をかける

Mein Bruder musste gestern in seiner Wohnung noch staubsaugen.
兄は昨日、住まいに掃除機をかけなければならなかった。

stechen, sticht, stach, hat gestochen　（４格を）刺す

Claus wurde gestern beim Zelten von den Mücken gestochen.
クラウスは昨日、キャンプをしていて蚊に刺された。

stecken, steckt, steckte, hat gesteckt　①（４格を…へ）差し込む

Wo ist denn mein Führerschein? Ich hatte ihn doch in die Tasche gesteckt.
運転免許証はどこだ？　カバン（ポケット）に入れたのに。

stecken, steckt, steckte, hat gesteckt　②ささっている

Sie können reingehen. Der Schlüssel steckt.
中には入れますよ。鍵はささっています。

Der Brief steckt im Briefkasten.
手紙が郵便受けに挟まっているよ。

die Steckdose, -n　コンセントの差込口

Es gibt eine Steckdose im Badezimmer.
浴室にはコンセントの差込口がひとつあります。

der Stecker, -　コンセントプラグ

Passt der Stecker in diese Stockdose?　このプラグは差込口に合っているの？

stehen　［活用はレベルA1へ］①並んでいる、載っている

Als ich kam, stand das Essen noch nicht auf dem Tisch.
私が来たとき、食事はまだテーブルに並んではいなかった。

stehen ②停まっている

Steht der Bus noch nicht an der Haltestelle?
バスはまだ停留所に来てない？

stehen ③とどまっている

Nach 30 Minuten stand das Spiel 2:1(zwei zu eins).
30分経ったところで、試合は２対１だった。

stehen ④似合っている

Der neue Rock steht ihr gut. 新しいスカートは彼女によく似合っている。

stehen bleiben ①立ったままでいる

Er ist lange stehen geblieben. 彼は長いこと立ったままでいた。

stehen bleiben ②止まっている

Ist deine Uhr stehen geblieben? 君の時計は止まっていたの？

stehlen, stiehlt, stahl, hat gestohlen （３格から４格を）盗む

Gestern hat ihm jemand im Zug seinen Geldbeutel gestohlen.
昨日、誰かが電車内で彼から財布を盗んだ。

steigen, steigt, stieg, ist gestiegen ①上昇する

Die Preise für Fisch und Fleisch sind schon wieder gestiegen.
肉と魚の値段がまた上がった。

steigen, steigt, stieg, ist gestiegen ②上がる

Ist das Fieber gestern wieder gestiegen? 昨日また熱が上がったのですか？

steil 急勾配の、険しい

Der Weg zu ihrer Wohnung ist sehr steil. 彼女の住まいへの道はとても急勾配だ。

der Stein, -e 石

Mein Kind hat Steine ins Wasser geworfen.
私の子どもは石を水の中に投げ込んだ。

die Stelle, -n　①箇所

Diese Stelle in ihrer E-Mail ist mir nicht ganz klar.
彼女のメールのこの箇所が私にははっきりしない。

die Stelle, -n　②立場

An deiner Stelle würde ich den Vertrag nicht unterschreiben.
君の立場だったら僕はその契約にはサインしないなあ。

sich⁴ stellen　［活用はレベルA1へ］①並ぶ

Ich hole noch Wasser. Mein Mann stellt sich schon mal in die Schlange an der Kasse.
私は他に水も買いにく。夫はもうレジの行列に並んでいる。

stellen　②（hinstellenで）（4格を）置く

Wo hast du den alten Wecker hingestellt?　あの古い目覚まし時計、どこに置いたの？

stellen　③調整する

Würdest du den Fernseher bitte etwas leiser stellen?
テレビの音量を少し下げてくれない？

stellen　④（Frage stellenで）質問する

Hast du einen Moment Zeit? Ich möchte dir ein paar Fragen stellen.
時間はある？　いくつか質問をしたいんだけど。

stellen　⑤セットする

Sie hat den Wecker auf 6 Uhr gestellt.　彼女は目覚まし時計を6時にセットした。

der Stempel, -　スタンプ

Der Poststempel trägt das Datum von vorletzter Woche. Der Brief war sehr lange unterwegs.
郵便のスタンプは先々週の日付になってる。この手紙はとても長いこと配達中だったんだ。

der Stern, -e　星

Morgen kannst du viele Sterne am Himmel sehen.
明日はたくさんの星が空に見えるよ。

die Steuer, -n　税金

In diesem Land muss man immer mehr Steuern zahlen.
この国ではますます多くの税金を支払わなければならない。

der Steward, -s / **die Stewardess**, -en　客室乗務員、キャビンアテンダント

Der Steward bringt das Abendessen.　客室乗務員が夕食を運ぶ。

die Stiege, -n　階段(オーストリアで。ドイツ・スイスではTreppe)

Wo ist das Bad? — Die Stiege hoch und dann rechts.
浴場はどこ？　ー階段を上に行ってから右だよ。

Mein kleiner Sohn kann Stiegen steigen.
私の小さな息子は階段を上ることができる。

das Stiegenhaus, ¨-er　(集合住宅などの共用部分の)階段の吹き抜け、階段室(オーストリアで。ドイツ・スイスではTreppenhaus)

Im Stiegenhaus war damals kein Licht.
当時、吹き抜けのところには明かりがなかった。

der Stil, -e　スタイル、様式、文体

Sein Stil ist nicht elegant.
彼の文体はエレガントじゃない。

Das Gebäude gefällt meiner Frau nicht. Welcher Baustil ist das?
この建物は妻の気に入らないようだ。どういう建築スタイルなんだ？

stilistisch　文体上、様式上

Der Text ist stilistisch schön, aber er is unverständlich.
このテクストは文体としては美しいが、理解できない。

still　①静かな

Kannst du doch mal einen Moment still sein?
ちょっとの間、静かにできない？

still　②じっと

Kann dein Kind nicht still sitzen?　君の子どもはじっとしていられないのか？

die Stimme, -n　声

Er hat sie sofort an der Stimme erkannt.　彼は声を聞いてすぐに彼女だとわかった。

stimmen, stimmt, stimmte, hat gestimmt　合っている

Seine E-Mail-Adresse stimmt nicht mehr.
彼のメールアドレスはもう別のになっているよ。

Das Wetter in Österreich könnte besser sein. — Das stimmt.
オーストリアの天気はよくなるだろう。ーそうだね。

die Stimmung, -en　雰囲気

Es war eine schlimme Party. Die Stimmung war sehr schlecht.
いやなパーティーだった。雰囲気がとても悪かったんだ。

stinken, stinkt, stank, hat gestunken　臭う

Was stinkt denn hier so? — Das ist die Milch. Sie ist nicht mehr frisch.
この変な臭い、いったい何なの？　ー牛乳だよ。もう新鮮じゃないんだ。

der Stoff, -e　①生地、素材

Was für ein Stoff ist das? — Seide.　この素材は何？　ーシルクだよ。

der Stoff, -e　②物質、成分

Welcher Stoff ist im Rotwein?　赤ワインの成分は何ですか？

stolz　(auf 4格 stolz sein で)（4格を)誇らしく思う

Ich bin stolz auf meine Tochter. Das hat sie sehr gut gemacht.
私は娘を誇りに思う。彼女はとてもうまくやった。

stoppen, stoppt, stoppte, hat gestoppt　（4格を)止める、停止させる

Die Polizei hat meine Tante gestoppt, weil sie bei Rot über die Ampel gefahren ist.
警察官は伯(叔)母を止めた。なぜなら、彼女は赤信号を突っ切ろうとしたからだ。

sich^4 stoßen, stößt, stieß, hat gestoßen　(an 3格に)ぶつかる(< stoßen「ぶつける」)

Wie hat deine Tochter sich denn verletzt? — Sie hat sich an der Autotür gestoßen.
娘さんはどうして怪我をしたのですか？　ー車のドアにぶつかったんです。

die Strafe, -n　罰

Schwarzfahren kostete fünfzig Euro Strafe.　無賃乗車は50ユーロの罰金でした。

strafbar　罰すべき

Was dein Cousin da macht, ist strafbar.　君の従兄弟がしたことは罰すべきことだ。

der Strafzettel, -　反則切符

So ein Pech! Sie hat einmal falsch geparkt und sofort einen Strafzettel bekommen.
なんて不運だ！　彼女は間違ったところに駐車してすぐに反則切符を切られた。

die Strecke, -n　①区間

Bist du die ganze Strecke zu Fuß gegangen?　君は全区間を徒歩で行ったの？

die Strecke, -n　②間

Auf der Strecke Berlin - Köln: 5 km Stau　ベルリン - ケルン間：5 kmの交通渋滞。

die Strecke, -n　③コース、ルート

Wir möchten nach Dresden fahren. Kannst du mir sagen, welche Strecke am besten ist?　私たちはドレスデンに行きたいんだ。どのルートが一番か教えてくれない？

das Streichholz, ¨-er　マッチ(オーストリアではZünder) = Zündholz

Er hätte gern eine Schachtel Streichhölzer.　彼はマッチが一箱ほしいのです。

streiken, streikt, streikte, hat gestreikt　ストライキする

Die Arbeiter streiken für längere Ferien.
労働者は長い休暇を求めてストライキをする。

der Streik, -s　ストライキ

Ist der Streik der Deutschen Bahn beendet?
ドイツ鉄道のストライキは終わっているのですか？

der Streit　争い

Er möchte keinen Streit mit den Kollegen.
彼は同僚と争いたくない。

der Strom　電気

Kannst du mir sagen, wie ich im Haushalt Strom sparen kann?
家計のうち電気代をどうしたら節約できるか教えてくれる？

der Strumpf, ¨-e　長靴下、ストッキング

Wo sind deine blauen Strümpfe?
君の青い長靴下はどこ？

die Studie, -n　①研究（論文）

Ich führe eine Studie über Umweltschutz durch.
私は環境保護の研究をしている。

die Studie, -n　②研究調査

Eine aktuelle Studie zeigt, dass die Umweltverschmutzung in diesem Land abnimmt.
現在の研究では、この国での環境汚染が減っていると示されている。

der Studierende, -n / **die Studierende**, -n　大学生

Sechzig Studierende besuchen die Vorlesung.
60人の大学生がこの講義に出席する。

das Studio, -s　スタジオ

Gestern war der Filmstar, Herr W. zu Gast im Studio.
昨日ゲストとしてスタジオにお招きしたのは映画スターのW氏でした。

die Stufe, -n　①段差、段階

Achtung, Stufe!　気をつけて、段差（階段）があるよ！

die Stufe, -n　②レベル、階段

Die Volkshochschule bietet Tanzkurse auf verschiedenen Stufen an.
市民向けカルチャースクールは様々なレベルのダンスコースを提供している。

stumm　無音の

Stellen Sie bitte Ihr Handy leise oder auf stumm.
携帯電話は音量を下げるかミュートにしてください。

der Sturm, ⸚e 嵐

Im Radio haben sie Schnee und Sturm angesagt.
ラジオでは暴風雪がアナウンスされていた。

stürzen, stürzt, stürzte, ist gestürzt ①転倒する

Er ist auf der Straße gestürzt und hat sich den Arm gebrochen.
彼は道で転倒し、腕を折った。

stürzen, stürzt, stürzte, ist gestürzt ②(下へ)落ちる

Passen Sie bitte auf der Treppe auf, dass Sie nicht hinunterstürzen!
階段では落ちないように気をつけてください。

die Sucht, ⸚e ①(nach 3格の)常用癖

Die Sucht nach Medikamenten nimmt ab. 薬物常用癖は減少している。

die Sucht, ⸚e ②中毒

Sie kämpft gegen ihre Alkoholsucht.
彼女はアルコール中毒と闘っている。

Das Computerspiel kann zur Sucht werden.
コンピューターゲームは中毒になりかねない。

süchtig 依存症の

Meine Schwester ist süchtig nach Wein.
私の姉はワイン依存症だ。

Auch Lustkäufe können süchtig machen.
買い物好きも依存症を引き起こしかねない。

das Suchtmittel, - 中毒(依存症)になる薬

Dieses Medikament ist auch Suchtmittel.
この薬は依存症になるものでもあるよ。

die Summe, -n 合計

Die Summe scheint ihm zu hoch!
合計額は彼にとってとても高く思える。

das Symbol, -e ①象徴

Die Taube ist ein Symbol für den Frieden.
鳩は平和の象徴だ。

das Symbol, -e ②しるし、アイコン

Auf dem Bildschirm klicken Sie dieses Symbol an.
画面上で君はこのアイコンをクリックするんだよ。

das System, -e システム、オペレーティング・システム

Welches Betriebssystem habt ihr?
あなたたちがもっているのはどのOS？

Wir kennen euer System nicht. Könnt ihr es uns erklären?
君たちのシステムを私たちは知らない。私たちにそれを説明してくれませんか？

die Szene, -n ①場面

In dieser Szene des Films küsst der Held seine Freundin.
この映画の場面ではヒーローが彼の恋人にキスする。

die Szene, -n ②分野、世界

Er kennt sich in der Szene nicht aus. Er ist zu alt.
彼はこの世界に精通していない。彼は年をとりすぎている。

die Szene, -n ③騒ぎ、諍い

Machen Sie bitte keine Szene!
諍いは起こさないでください！

【T】 レベルB1

die Tabelle, -n　表、一覧表

Tragen Sie die richtige Lösung in die Tabelle ein!
正解を表に記入してください！

der Tagesablauf, ¨-e　日課、一日の経過

Wie ist sein Tagesablauf?　彼の日課はどうなっていますか？

das Tal, ¨-er　谷、谷間

Liegt euer Dorf in einem Tal?
君らの村は谷間にあるのですか？

das Talent, -e　才能

Mein Kind hat großes Talent fürs Malen und Zeichnen.
私の子どもには図画・絵画の素質がかなりある。

tanken, tankt, tankte, hat getankt　①給油する

Er muss unbedingt tanken. Er hat fast kein Benzin mehr.
彼は絶対に給油しないといけない。ガソリンがもうほとんどないのだ。

tanken, tankt, tankte, hat getankt　②(volltankenで)満タンにする

Bitte volltanken!　満タンにして！

die Tankstelle, -n　ガソリンスタンド

Kannst du mir sagen, wo die nächste Tankstelle ist?
一番近いガソリンスタンドがどこか教えてくれる？

die Tastatur, -en　キーボード

Die Tastatur an seinem Computer ist kaputt.
彼のパソコンのキーボードは壊れている。

die Taste, -n　キー、押しボタン

Er musste die Stopp-Taste drücken.
彼はストップキーを押さなければならなかった。

die Tat, -en　行為、行ない

Diese Frau hat mit vielen guten Taten geholfen.
この女性は多くの善行で人の助けとなった方です。

der Täter, - / **die Täterin**, -nen　犯人

Die Polizei hat die Täterin gefunden.　警察は犯人を見つけた。

die Tätigkeit, -en　活動、アクティビティ

Welche Tätigkeit würde deinem Kind Spaß machen?　どの活動が君の子供には楽しいだろうか？

die Tatsache, -n　事実

Das ist eine historische Tatsache.　それは歴史上の事実なんです。

tatsächlich　事実として

Der Rock ist tatsächlich zu groß, obwohl er so klein aussieht.
スカートは小さく見えたのだが、実際のところ大きすぎる。

taub　①耳が聞こえない

Sein Onkel hört schlecht, er ist schon fast taub.
彼の伯父はよく聞こえていない。ほとんど耳が聞こえないのだ。

taub　②(比喩的に)聞く耳をもたない

Bist du taub? WIr sprechen mit dir!
君は聞くつもりがないのか？　私たちは君と話しているんだが。

tauchen, taucht, tauchte, ist / hat getaucht　潜る、ダイビングする

Möchtest du im Urlaub wieder tauchen gehen?　休暇にはまたダイビングに行きたいの？

die Technik, -en　①(単数で)科学技術、工学

Er versteht nicht viel von Technik.　彼は技術のことはよくわかっていない。

die Technik, -en　②テクニック、技巧

Um die Aufgaben zu lösen, braucht sie eine gute Arbeitstechnik.
その課題を解決するため、彼女に必要なのは仕事上のテクニックなのだ。

technisch 科学・工学技術的な

Gibt es ein technisches Problem? 科学技術上の問題があるの？
Bist du technisch interessiert? 君は機械技術に興味があるの？

die Technologie, -n 科学技術、テクノロジー

Moderne Technologie hat das Leben bequemer gemacht.
現代の科学技術は生活をより快適なものにした。

Tee ziehen lassen 茶の味を引き出す

Diesen Tee sollte man 5 Minuten ziehen lassen.
この紅茶の味わいを引き出すには５分必要です。

das Teil, -e 部品、パーツ（A1に同じ綴りの別語あり）

Kannst du dieses Teil erst bestellen? まずはその部品を注文してくれますか？

der Teilnehmer, - / **die Teilnehmerin**, -nen 参加者

Die Teilnehmer am Wettbewerb kommen aus verschiedenen Ländern.
コンテストの参加者はいろいろな国から来ている。

die Teilzeit パートタイムの仕事、（Teilzeit arbeitenで）パートタイムの仕事をする

Mein Cousin arbeitet im Moment nur Teilzeit. 私の従兄弟は今はパートタイムだけをしている。

die Temperatur, -en 気温、温度

Wie ist die Temperatur heute? 今日の気温はどう？

das Tempo 時速、テンポ

Hier darf man nur Tempo 40 fahren. ここは制限速度40キロです。
Achtung, hier ist eine Tempo-60-Zone! 気をつけて！ ここは時速60キロのエリアです。

der Teppich, -e じゅうたん、カーペット

Hast du dir einen neuen Teppich gekauft? 君は新しいカーペットを買ったの？

die Terrasse, -n テラス

Sie setzten sich auf die Terrasse. 彼らはテラスに腰を下ろした。

testen, testet, testete, hat getestet　（４格を）テストする、検査する

Wir haben diese neue Ware getestet.　私たちはこの新商品をテストしました。

theoretisch　理論の、理論上の（⇔ praktisch）

Meine Schwester hat die theoretische Prüfung bestanden. Nach der praktischen hat sie den Führerschein.
私の姉（妹）は学科試験はクリアした。実技（試験）の後に免許がもらえる。

die Theorie, -n　理論、理屈（⇔ Praxis）

Das ist die Theorie. Die Praxis ist ganz anders.
それは理論であって、実際にやるのはまったく別なんだ。

die Therapie, -n　治療（法）

Die Therapie hat nicht geholfen. Es geht mir schon schlechter.
その治療法は効果がなかった。私の体調は前より悪くなった。

tippen, tippt, tippte, hat getippt　キーボードをたたく、タイプする

Wie schnell kann er tippen?　彼はどのくらい速くタイプできる？

der Titel, -　学位

Hat sie einen Titel? — Ja, Magister.
彼女は学位を持ってる？　一うん、修士だよ。

der Tod　死（< 形容詞 tot）

Ich habe meine Großmutter vor ihrem Tod noch einmal gesehen.
私は祖母が死ぬ前にもう一度会えた。

tödlich　致命的な

Kann dieses Gift für die Katzen tödlich sein?
この毒は猫にとって致命的なものとなりえますか？

tolerant　寛大な

Meine Nachbarin hört oft laut Musik. Muss ich tolerant sein?
お隣さんはよく大音量で音楽を聴いている。私は寛容にならないといけないのかな？

der Topf, ¨-e　植木鉢

Dieses Jahr habe ich zwei Töpfe mit Blumen auf dem Balkon.
今年は花の植わっている植木鉢をふたつ、バルコニーに置いている。

das Tor, -e　①門

Hinter dem Tor geht es zum Geschäft.　門の後ろが店に続いている。

das Tor, -e　②ゴール

Die Mannschaft konnte sechs Tore schießen.　そのチームは６点取ることができた。

total　完全な、まったく

Der Krimi war total langweilig.　その推理小説はまったくつまらなかった。

der Tourismus（複数なし）　観光、観光客の往来

In dieser Stadt gibt es viel Tourismus.　この町は観光客でにぎわっている。

die Tradition, -en　伝統

Eine kleine Hochzeit ist bei uns Tradition.　小さな結婚式が我々の伝統だ。

traditionell　伝統的な

Meine Eltern mögen die traditionelle Küche.　両親は伝統的な料理が好みだ。

tragen　［活用はレベルA2へ］負担する、引き受ける

Die Kosten trägt die Schule.　この費用は学校が負担する。

der Trainer, - / **die Trainerin**, -nen　トレーナー、コーチ、監督

Er findet seinen Trainer sehr nett.
彼は自分の監督（トレーナー）をとても親切だと思う。

das Tram, -s　路面電車（ドイツ・オーストリアではStraßenbahn）

Ich fahre mit dem Tram zur Arbeit.　私は路面電車で仕事に行く。

die Träne, -n　涙

Er trocknet seiner Freundin die Tränen.　彼は恋人の涙をぬぐった。

transportieren, transportiert, transportierte, hat transportiert
（４格を）輸送する、運ぶ

Wie willst du das Sofa denn transportieren?
一体どうやってこのソファを運ぶつもりなの？

der Transport, -e　輸送

Wie viel kostet der Transport?　輸送費はどのくらいかかるの？

treiben, treibt, trieb, hat getrieben　行なう、やる

Welchen Sport treibt dein Bruder?
君の兄(弟)は何のスポーツをやっているの？

sich⁴ trennen, trennt, trennte, hat getrennt　①別れる

Er und seine Frau haben sich getrennt.　彼と妻は別れた。

trennen, trennt, trennte, hat getrennt　②（４格を）分別する、分ける

Du musst den Müll trennen. Das kommt zum Glas.
ゴミは分別しないといけないよ。これはガラスごみだ。

trennen, trennt, trennte, hat getrennt　③(getrennt leben で)別居する

Sie lebt getrennt von ihrem Mann.　彼女は夫と別居している。

die Trennung, -en　①別離

Die Trennung von der Familie war traurig.
家族と別れるのは悲しいものだった。

die Trennung, -en　②(in Trennung leben で)別居している

Meine Chefin ist noch nicht geschieden, aber sie lebt in Trennung.
私の上司はまだ離婚していないが、別居している。

das Treppenhaus, ¨-er　（集合住宅などの共用部分の）階段の吹き抜け、階段室
（ドイツ・スイスで。オーストリアでは Stiegenhaus）

Rauchen im Treppenhaus ist nicht überall erlaubt.
階段・踊り場での喫煙はどこであっても許可されていません。

treten, tritt, trat, hat / ist getreten ①(目的語なしで方向を示す前置詞句などと)…へと歩む、…に足を踏み入れる

Er ist in ein Stück Glas getreten. 彼はガラスの欠片に足を運んで(欠片を踏んで)しまった。

treten, tritt, trat, hat / ist getreten ②(4格を)蹴る

Das Kind hat meinen Sohn getreten. その子供は私の息子を蹴った。

treu 誠実な、信頼できる、変わらない

Frau Bauer ist eine treue Kundin von uns. バウアーさんは我々の上得意様です。

das Trinkgeld, -er チップ

Sie hat der Kellnerin drei Euro Trinkgeld gegeben.
彼女はウェイトレスに3ユーロのチップを渡した。

trocken ①ぱさぱさの(⇔ naß, feucht)

Jetzt ist alles ganz trocken, aber es regnet bald.
今はすべてパサパサだけど、じきに雨が降るよ。

trocken ②辛口の(⇔ lieblich)

Meine Schwester trinkt gern einen trockenen Wein. 私の姉は辛口のワインが好きだ。

trocknen, trocknet, trocknete, hat / ist getrocknet ①(4格を)乾かす

Hast du dir die Haare getrocknet? 髪の毛は乾かしたの？

trocknen, trocknet, trocknete, hat / ist getrocknet
②(getrocknet sein で)乾いている

Ist die Farbe schon getrocknet? 塗料はもう乾いたの？

die Tropfen (複数で) ①滴薬

Mein Großvater muss die Tropfen nehmen. 祖父はこの滴薬を使わないといけない。

die Tropfen (複数で) ②しずく

Wegen der paar Regentropfen brauche ich doch keinen Schirm.
ちょっと雨がぱらついているだけだから、傘なんて必要ないよ。

das Trottoir, -s　歩道
（スイスで。発音注意［トロトアール］。ドイツ・オーストリアではGehsteig）

Das Radfahren auf dem Trottoir ist hier erlaubt.
ここは歩道での自転車通行が許可されています。

trotz　（2格支配の前置詞）（2格）にもかかわらず

Trotz Grippe ist er zur Arbeit gegangen.
インフルエンザにもかかわらず彼は仕事に行った。

trotzdem　①副 それにもかかわらず

Es war ziemlich kalt. Trotzdem ist mein Kind schwimmen gegangen.
かなり寒かった。それでも私の子供は泳ぎに行った。

trotzdem　②（定動詞後置の従属接続詞）…にもかかわらず（= obwohl）

Trotzdem es regnet, geht mein Kind schwimmen.
雨降りなのに、私の子供は泳ぎに行きます。

das Tuch, ¨-er　①生地、布地

Wo hat sie dieses schöne Tuch gekauft?
この美しい布を彼女はどこで買ったのですか？

das Tuch, ¨-er　②（Handtuchで）タオル

Die Handtücher sind in der Kommode ganz unten.
タオルはたんすの一番下の方だよ。

das Tuch, ¨-er　③（Taschentuchで）ハンカチ

Ich habe ein Taschentuch für dich.　君が使えるハンカチがあるよ。

tun, tut, tat, hat getan　入れる

Er hat zu viel Zucker in den Tee getan.　彼は紅茶に砂糖を入れすぎた。

der Turm, ¨-e　塔

Komm auf den Turm, von hier sieht man das ganze Dorf.
塔の上においでよ。ここからなら村全体が見渡せるよ。

die Tüte, -n　袋

Wie lange hält sich Salat in der Tüte? — Fünf Tage.

袋詰めで売っているサラダは何日もちますか？　－５日間です。

der Typ, -en　①タイプ

Mein Kollege ist ein netter Typ.

同僚は親切なタイプだ。

der Typ, -en　②型式

Kennst du dich mit den verschiedenen Typen aus? Auch mit seinem Auto?

いろんな型式の扱いに慣れているの？　彼の車の型式も？

※(sich[4] mit 3格 auskennen で)（３格に）詳しい

【U】 レベルB1

über(3・4格支配の前置詞)　①(4格を)経由して

Fahren Sie über Frankfurt oder über Stuttgart?
フランクフルトとシュトゥットガルト、どちらを経由するの？

über(3・4格支配の前置詞)　②(4格を)越えて、向こう側へ、またいで

Übers Wochenende fahre ich in die Berge.
私は土、日、月と車で山岳地帯に行く。

über(3・4格支配の前置詞)　③(4格に)関する

Ich schenke dir ein Buch über die japanische Küche.
私は君に日本料理に関する本をプレゼントするよ。

überfahren, überfährt, überfuhr, hat überfahren　(4格を)轢く

Vorgestern hat ein Autofahrer eine Katze überfahren.
おととい、車(の運転手)が猫を轢いた。

überhaupt　①(否定の語句と)全然…ない

Der Salat schmeckt mir überhaupt nicht.
このサラダは全然おいしくない。

Tut uns leid. Wir haben überhaupt keine Zeit.
すみません、私たちは時間が全然ないのです。

überhaupt　②いったい、そもそも

Er will mit deinem Auto fahren? Hat er überhaupt einen Führerschein?
彼は君の車で行きたいの？　そもそも彼は運転免許もってるの？

überholen, überholt, überholte, hat überholt　追い越す

Dürfen Lkws hier überholen?
トラックはこの区間で追い越ししていいの？

sich^3 überlegen, überlegt, überlegte, hat überlegt　①(4格を)よく考える

Wir müssen uns alles noch einmal überlegen.
もう一度全部、私たちはよく考えてみなければならない。

sich³ überlegen, überlegt, überlegte, hat überlegt
②(zu不定詞句について)考えを練る

Er hat sich überlegt, ein Haus zu kaufen. 彼は家の購入について、じっくり考えている。

übernehmen, übernimmt, übernahm, hat übernommen
(４格を)引き継ぐ、引き受ける

Sie hat das Geschäft von ihrer Großmutter übernommen. 彼女は祖母の店を引き継いだ。

überprüfen, überprüft, überprüfte, hat überprüft　(４格を)点検する

Bitte überprüfen Sie, ob Ihre Adresse richtig geschrieben ist.
お住まいの住所が正しく書かれているか点検してください。

überqueren, überquert, überquerte, hat überquert　(４格を)横切る

Du darfst die Straße nur an der Ampel überqueren.
この通りを渡っていいのは信号機のあるところだけよ。

überraschen, überrascht, überraschte, hat überrascht
(４格を)(不意に)驚かす、喜ばせる、(überrascht seinで)驚いている

Er ist ganz überrascht, dass das Auto so teuer ist. 彼は車がとても高いことに、まったく驚いている。

die Überraschung, -en　①サプライズ

Er hat eine Überraschung für seine Frau. 彼は妻にサプライズがある。

die Überraschung, -en　②驚き

Das ist ja eine Überraschung. Ich dachte, er arbeitet hier nicht mehr.
驚いたよ。彼はもうここでは働いていないと思っていた。

überreden, überredet, überredete, hat überredet
(zu３格／zu不定詞句するように４格を)説得する

Julia überredet ihn mitzukommen. ユーリアは彼に一緒に行くようにと説得しています。

die Überschrift, -en　表題、見出し

Hast du den Artikel gelesen? Oder nur die Überschrift?
あの記事読んだの？　それとも見出しだけ？

die Überstunde, -n　時間超過勤務

Meine Frau muss heute Überstunden machen.　妻は今日、時間超過勤務をしなければならない。

übertreiben, übertreibt, übertrieb, hat übertrieben
（4格を）やりすぎる、誇張する

Sport ist zwar gesund, aber man sollte es nicht übertreiben.
スポーツはたしかに健康にいいけど、でもやり過ぎはダメだよ。

überweisen, überweist, überwies, hat überwiesen
（紹介状などとともに他の機関に）回す、委ねる

Die Ärztin hat meinen Großvater zu einem Facharzt überwiesen.
その女医は祖父を専門医に回した。

die Überweisung, - en　委託状、紹介状

Die Hausärztin hat meinem Bruder eine Überweisung fürs Krankenhaus gegeben.
かかりつけ医が私の兄に病院への紹介状を渡した。

überzeugen, überzeugt, überzeugte, hat überzeugt
①納得する、（4格をvon 3格について）納得させる、（sich^4 von 3格について）納得する

Sein Vorschlag überzeugt seine Frau gar nicht.
彼の提案は彼の妻を全く納得させなかった。

überzeugen, überzeugt, überzeugte, hat überzeugt
②（von 3格 überzeugt seinで）（3格について）納得している

Sie ist fest davon überzeugt, dass ihre Entscheidung richtig ist.
彼女は自分の決定が正しいと確信していた。

die Überzeugung, -en　確信

Wie ist deine Schwester zu dieser Überzeugung gekommen?
どうして君のお姉さんはそう確信するに至ったの？

üblich　普通の

In Deutschland ist es üblich, zu Abend ein kaltes Essen zu nehmen.
ドイツでは夕飯に火を使わない料理を食べるのは普通のことだ。

übrig 残っている

Ist noch etwas zu trinken übrig? 何か飲むものはまだ残ってる？

übrigens ところで

Übrigens, kennst du schon unsren neuen Chef?
ところで、君は私たちの新しい上司を知ってる？

die Übung, -en ①練習、練習問題

Diese Übung war nicht schwer. その練習問題は難しくなかった。

die Übung, -en ②練習、（練習の成果としての）習熟

Er fährt nicht oft Auto. Ihm fehlt die Übung.
彼はそんなに車には乗らない。練習（習熟）が足りないんだ。

das Ufer, - ①岸

Sie schwimmt ans Ufer zurück. 彼女は岸へ泳いで戻っていく。

das Ufer, - ②（das Seeufer で）海岸、湖岸

Am Seeufer langsam spazierenzugehen ist auch gesund.
湖岸をのんびり散歩するのも健康にいい。

um（4格支配の前置詞） （比較や変化の差異を表す）…だけ

Die Mehlpreise sind schon wieder um 5 % gestiegen. 小麦の値段がまた５％上がった。

um ... zu （目的を表す）…するために

Um gesund zu bleiben, musst du Gemüse essen.
健康でいるためには、野菜を食べないといけない。

umarmen, umarmt, umarmte, hat umarmt （４格を）抱擁する

Wir haben uns zum Abschied umarmt. 私たちはお別れのハグをした。

umdrehen, dreht um, drehte um, hat umgedreht ①（４格を）回転させる、裏返す

Dreh das Blatt um; die Aufgabe steht auf der Rückseite.
用紙を裏返してみて。課題は裏面に書いてあります。

umdrehen, dreht um, drehte um, hat umgedreht
②(目的語なしで)振り向く

Drehen Sie mal um. Da ist das Restaurant.
振り向いてみてください。そのレストランはあそこですよ。

die Umfrage, -n　アンケート

Die Leute machen eine Umfrage zum Thema Außenpolitik.
あの人たちは外交についてアンケートをとっている。

die Umgebung, -en　周辺

In der Umgebung von München kannst du schöne Ausflüge machen.
ミュンヘン周辺で君は素敵な遠足ができるよ。

umgehen, geht um, ging um, ist umgegangen
(mit 3格を)あしらう、扱う、つきあう

Sie kann sehr gut mit Babys umgehen.
彼女は赤ちゃんをとても上手に扱える。

umgekehrt　逆の

Nein, umgekehrt: erst der Nachname, dann der Vorname.
いや、逆だよ。最初に姓(苗字)で、それから下の名前だ。

die Umleitung, -en　迂回(路)

Wegen des Unfalls muss man eine Umleitung fahren.
事故のせいで迂回路を行かねばならない。

umso　①それだけいっそう、ますます

Je mehr Sport wir machen, umso(desto) gesünder sind wir.
運動をたくさんやればやるほど、私たちは健康になる。

umso　②なおさら、(umso besser で)ますます結構だ

Wir können euch nicht nur heute, sondern auch morgen helfen.
— Umso besser!
私たちは君たちを今日だけじゃなく、明日も手伝えるよ。ーますますありがたいね！

umsonst ①無料で

Du musst nichts bezahlen. Die Reparatur ist umsonst.
支払いの必要はないよ。修理は無料だ。

umsonst ②無駄に、むなしく

Ich bin enttäuscht, es war alles umsonst. 私はがっかりだ。すべては無駄だった。

umtauschen, tauscht um, tauschte um, hat umgetauscht ①(４格を)交換する

Ich möchte diesen Rock umtauschen. Er passt mir nicht.
私はこのスカートを交換したい。私には合わないんです。

umtauschen, tauscht um, tauschte um, hat umgetauscht
②(４格をin他の通貨に)替える、両替する

Hier kannst du das Geld in Euro umtauschen.
ここでそのお金をユーロに替えられるよ。

der Umtausch, ¨-e 交換

Ein Umtausch ist auch möglich. 交換もできます。

die Umwelt 環境

Alte Lkws sind ein Problem für die Umwelt.
古いトラックは環境にとって問題だ。

der Umweltschutz 環境保護

Ich denke, unser Land muss mehr Geld für Umweltschutz ausgeben.
思うに、私たちの国は環境保護にもっとお金を出さないといけない。

die Umweltverschmutzung, -en 環境汚染

Die Umweltverschmutzung nimmt leider nicht ab. 環境汚染は残念だが減らない。

umziehen, zieht um, zog um, hat umgezogen
(４格を)着替えさせる、(sich[4] umziehenで)着替える

Bevor du zur Party gehst, musst du dich umziehen.
パーティーに行く前に、君は着替えないといけない。

ungefähr およそ

Wie weit ist es bis zum Hotel? — Nicht weit, ungefähr fünfzehn Minuten zu Fuß.
ホテルまではどれくらい遠いの？　―そんなに遠くないよ、歩いておよそ15分。

ungewöhnlich 普通でない

Ich finde diesen Nachtisch ungewöhnlich, aber er schmeckt gut.
このデザートは変わっているとは思うけど、おいしいよ。

unglaublich 信じられない

Es ist unglaublich. Schon wieder so ein Gewitter.
信じられない。またしても雷雨だよ。

das Unglück, -e 災難、不運

Bei dem Unglück gab es nur wenige Verletzte. この災難でもけが人はわずかだった。

unheimlich ①不気味な

Wir mögen dieses Haus nicht. Es sieht unheimlich aus.
僕たちこの家、嫌だよ。不気味なんだもの。

unheimlich ②気味が悪い

Diese Person ist meinem Kind unheimlich. この人は私の子どもにとって気味が悪かった。

unheimlich ③ものすごい

Der Test war unheimlich einfach. テストはものすごく簡単だった。

die Uniform, -en 制服

In diesem Geschäft trägt man Uniformen. この店では、みな制服を着ている。

unter 形 下の

Mein Geldbeutel ist im unteren Regal. 私の財布は下の棚にあるよ。

unterbrechen, unterbricht, unterbrach, hat unterbrochen ①（４格を）中断する

Die Sendung wurde für eine wichtige Nachricht unterbrochen.
番組は重要なニュースで中断された。

unterbrechen, unterbricht, unterbrach, hat unterbrochen
②(４格の)話を遮る、話の腰を折る

Bitte unterbrich den Lehrer nicht, wenn er spricht.
先生が話している時は、話を遮らないように。

die Unterlagen(複数)　書類

Er hat mir alle Unterlagen mit der Post zugeschickt.
彼は私に郵便ですべての書類を送ってきた。

unterlassen, unterlässt, unterließ, hat unterlassen
(４格を)止める、慎む、控える

Man kann den Raucher höflich darum bitten, das Rauchen zu unterlassen.
喫煙者に丁寧に、タバコを吸うのを控えてもらうよう頼んでいいのです。

untersagt　(untersagt sein で)禁じられている

Es ist untersagt, hier zu parken.
ここに駐車することは禁じられています。

unterstreichen, unterstreicht, unterstrich, hat unterstrichen
(４格に)下線を引く

Der Student hat alle wichtigen Wörter unterstrichen.
その学生はすべての重要な語に下線を引いた。

unterstützen, unterstützt, unterstützte, hat unterstützt
(４格に)援助する、(４格を)支援する

Ihr Onkel unterstützt sie mit Geld.
彼女の伯(叔)父は彼女を金銭面で援助してくれる。

die Unterstützung, -en　援助

Er nimmt ihre Unterstützung gern an.　彼は彼女の援助を喜んで受け入れる。

unterwegs　①途中で

Unterwegs möchten meine Kinder noch etwas essen.
途中で私の子供たちはまだ何かを食べたい。

unterwegs　②郵送中で、配送中で

Stell dir vor, das Paket war vier Wochen unterwegs.
考えてもごらんよ、荷物が４週間も郵送中なんだ。

die Urkunde, -n　文書、証書、賞状（Ehrenurkunde）

Wenn ihr das Spiel gewinnt, bekommt ihr eine (Ehren)Urkunde.
君たちが試合に勝てば、賞状がもらえるんだ。

die Ursache, -n　①原因

Ich kenne die Unfallursache nicht.
事故の原因は知らない。

die Ursache, -n　②（Keine Ursache！で）（返答として）どういたしまして！

Vielen herzlichen Dank!　— Keine Ursache!
本当にありがとう！　―どういたしまして！

verursachen, verursacht, verursachte, hat verursacht　（４格を）引き起こす

Dieser Autofahrer verursachte den Unfall.
その車の運転手が事故を引き起こした。

ursprünglich　元来の、もともとは

Ursprünglich wollte sie in einem Restaurant arbeiten. Aber dann ist sie Lehrerin geworden.
もともとは、彼女はレストランで働きたかった。しかし、彼女はその後教師になった。

das Urteil, -e　①判断

Ist mein Urteil für dich sehr wichtig?
私の判断が君にはすごく重要なの？

das Urteil, -e　②判決

Das Urteil des Gerichts erscheint uns zu hart.
裁判所の判決は私たちには厳しすぎるように思える。

【V】 レベルB1

die Vase, -n　花瓶

Haben Sie eine Vase für die Blumen?
この花を生けられる花瓶、お持ちですか？

vegetarisch　菜食主義の、ベジタリアンの

Er mag kein Fleisch. Er isst am liebsten vegetarisch.
彼は肉が好きではない。ベジタリアンの食事が一番好きだ。

das Velo, -s　①自転車（スイスで。＝Fahrrad。ドイツ・オーストリアではRadとも）

Meine Schwetser fährt jeden Morgen mit dem Velo zur Uni.
姉（妹）は毎朝、自転車で大学に行く。

das Velo, -s　②（Velo fahrenで）サイクリングする（スイスで）

Am Samstag fahren sie oft Velo.　土曜日には彼らはよくサイクリングをする。

verabreden, verabredet, verabredete, hat verabredet
①（4格をmit 3格と）申し合わせる

Ich habe den nächsten Termin mit dem Zahnarzt verabredet.
私は歯科医と次の予約を取り決めてきた。

sich⁴ verabreden, verabredet, verabredete, hat verabredet
②（mit 3格と）会う約束をする

Er hat sich mit seinen alten Freunden verabredet.
彼は旧友たちと会う約束をした。

verabreden, verabredet, verabredete, hat verabredet
③（mit 3格 verabredet seinで）（3格と）会う約束をしている、約束済みである

Leider habe ich keine Zeit. Ich bin mit dem Freund verabredet.
ごめんなさい、時間がないんです。友人と会う約束をしてしまっているんです。

die Verabredung, -en　会う約束

Sie hat um 13 Uhr eine Verabredung mit Martin.
彼女は13時にマルティンと会う約束をしている。

verabschieden, verabschiedet, verabschiedete, hat verabschiedet
①（４格を）見送る

Sie wurde von ihren Freunden sehr nett verabschiedet.
彼女は友人からとても親切な見送りを受けた。

sich^4 verabschieden, verabschiedet, verabschiedete, hat verabschiedet
②（von 3格に）別れを告げる

Es ist schon 22 Uhr. Ich muss mich von Ihnen verabschieden.
もう22時だ。お暇しないといけません。

der Abschied, -e　別れ

Der Abschied von seinen Freunden fiel ihm schwer.
友人との別れは彼には辛いものだった。

verändern, verändert, veränderte, hat verändert　①（４格を）変更する

Das geht so nicht. Ich muss die Organisation verändern.
これではうまくいかない。組織体制を変更せざるを得ないな。

sich^4 verändern, verändert, veränderte, hat verändert　②変わる、変化する

Sie haben sich lange nicht gesehen. Aber er hat sich gar nicht verändert.
彼らは長いこと会っていなかった。しかし、彼は全く変わっていなかった。

verantwortlich　（für ４格 verantwortlich sein で）（４格に対して）責任がある

Du bist für dein Kind verantwortlich.　君は自分の子どもに責任がある。

die Verantwortung, -en（通例、単数で）
（die Verantwortung für 4格 haben/tragen で）（4格に）責任がある

Du trägst die Verantwortung für deinen Sohn.
あなたは自分の息子に責任がある。

verantworten, verantwortet, verantwortete, hat verantwortet
（4格の）責任を負う

Sie müssen die Entscheidung verantworten.
あなたはこの決定に責任を負わなければならない。

(sich[4]) verbessern, verbessert, verbesserte, hat verbessert
（４格を）向上させる、改善する

Er hat sein Deutsch verbessert. 彼はドイツ語力を向上させた。
Der Student hat sich in der Uni verbessert. その学生は大学で自分自身を向上させた。

die Verbesserung, -en 改善、改良

Diese Verkäufer brauchen die Verbesserung der Arbeitsbedingungen.
この店員たちは労働条件の改善を必要としている。

verbieten, verbietet, verbot, hat verboten
（３格に４格を）禁止する

Die Ärztin hat meinem Vater Alkohol verboten. あの女性医師は父にアルコール（の摂取）を禁じた。

verbinden, verbindet, verband, hat verbunden
①（４格に）包帯をする、（４格を）包帯で巻く

Du musst die Wunde sofort verbinden. 君はすぐ、その傷に包帯を巻かないといけない。

verbinden, verbindet, verband, hat verbunden
②（verbunden sein で）（電話などが）接続されている

Sie sind falsch verbunden! Hier ist Bauer, nicht Schneider.
（この電話は）間違って繋がっていますよ。こちらはバウアーです、シュナイダーじゃありません。

die Verbindung, -en ①（乗り物の）接続

Die Verbindung ist sehr gut. Du kannst direkt mit diesem Zug fahren und musst nicht umsteigen. （列車の）接続はとてもうまい具合だよ。君はこの電車でそのまま乗っていけばいい、乗り換える必要はないよ。

die Verbindung, -en ②（電話の）接続

Können Sie bitte lauter sprechen? Die Verbindung ist schlecht.
もっと大声で話してくれない？ 接続が悪いんだ。

verbrauchen, verbraucht, verbrauchte, hat verbraucht （４格を）消費する

Wie viel Benzin verbraucht dieses Auto?
この車はどれくらいのガソリンを消費するの？

der Verbrecher, - / **die Verbrecherin**, -nen　犯罪者

Der Verbrecher wurde von der Polizei verhaftet.
あの犯罪者は警察に捕まった。

verbrennen, verbrennt, verbrannte, hat verbrannt
①(４格を)燃やす

Er hat alle Briefe verbrannt.　彼は手紙をすべて燃やした。

sich^4 verbrennen, verbrennt, verbrannte, hat verbrannt　②火傷する

Der Ofen war noch heiß. Mein Kind hat sich verbrannt.
ストーブはまだ熱かった。私の子どもは火傷をした。

sich^3 verbrennen, verbrennt, verbrannte, hat verbrannt
③(身体の４格に)火傷を負う

Ihre Schwester hat sich die Hand verbrannt.
彼女の姉(妹)は手に火傷をした。

verbringen, verbringt, verbrachte, hat verbracht　(４格を)過ごす

Wo hast du deinen Urlaub verbracht?
どこで休暇を過ごしたの？

der Verdacht　①疑い、疑念

Wer hat das Geld aus deinem Geldbeutel genommen?
— Keine Ahnung, aber ich habe einen Verdacht.
誰が君の財布からお金を取ったの？　―わからない、けど心当たりはあるかな。

der Verdacht　②(4格 in Verdacht haben で)(４格を)疑っている

Wen hast du in Verdacht?　君は誰を疑っているの？

verdächtig　疑わしい、怪しい

Das Fenster war nicht abgeschlossen. Das ist verdächtig.
窓は閉まっていなかった。そのあたりが怪しいな。

Hat er etwas Verdächtiges gesehen?
彼は何か怪しげなものでも見たのだろうか？

verdienen, verdient, verdiente, hat verdient
(4格を受けて)当然である、(4格に)値する

Mein Freund hat den Urlaub wirklich verdient.
私の友人はまったく休暇をもらうに値するよ。

die Vergangenheit, -en　(通例、単数で)過去

In der Vergangenheit war alles anders.　かつてはすべてが違っていた。

vergeblich　無駄な

Er hat vergeblich versucht sie anzurufen.
彼は彼女に電話をかけてみたが無駄だった。

der Vergleich, -e　①比較、対比

Wie schreibt man einen Vergleich zwischen zwei Personen?
２人の人間を対比するにはどう書いたらいいのでしょうか？

der Vergleich, -e　②(im Vergleich mit/zu 3格で)(3格と)比べて

Im Vergleich zum Wetter gestern ist es heute kalt.　昨日の天気と比べて、今日は寒い。

sich⁴ vergnügen, vergnügt, vergnügte, hat vergnügt
楽しむ(4格 vergnügen で「(4格を)楽しませる」)

Auf der Party hat er sich sehr vergnügt.　パーティーで彼はとても楽しんだ。

das Vergnügen, -　楽しみ

Es ist ein Vergnügen, mit den Kindern Fangen zu spielen.
この子たちと鬼ごっこをするのは楽しい。

vergnügt　楽しげな

Sie kam mit einem vergnügten Grinsen herein.
彼女は楽しげににやつきながら入ってきた。

vergrößern, vergrößert, vergrößerte, hat vergrößert
①(4格を)拡大する、引き伸ばす

Kannst du das Bild vergrößern?　その画像、拡大してくれる？

vergrößern, vergrößert, vergrößerte, hat vergrößert　②大きくする、拡張する

Ich will mein Geschäft vergrößern.　私は店を大きくするつもりだ。

verhaften, verhaftet, verhaftete, hat verhaftet　（4格を）逮捕する

Wie viele Menschen hat die Polizei verhaftet?
どのくらいの人間を警察は捕まえたの？

sich^4 verhalten, verhält, verhielt, hat verhalten　ふるまう

Unser Chef hat sich uns gegenüber merkwürdig verhalten.
上司は私たちに奇妙なふるまいをした。

das Verhalten　ふるまい、態度、行動

Er bewundert ihr Verhalten in der schwierigen Situation.
彼は困難な状況下での彼女のふるまいを称賛している。

das Verhältnis, -se　関係

Sie hat ein gutes Verhältnis zu ihren Eltern.　彼女は両親とうまくいっている。

verhindern, verhindert, verhinderte, hat verhindert
（実現や行動など4格を）阻止する、はばむ、妨げる

Er konnte den Unfall nicht verhindern.　彼は事故が起こるのを阻止できなかった。

der Verlag, -e　出版社（オーストリアでは複数は Verläge）

Von welchem Verlag ist diese Zeitschrift?　この雑誌はどこの出版社から出たものですか？

verlangen, verlangt, verlangte, hat verlangt
①（4格を）必要とする、要求する

Jeden Tag Überstunden? Das kannst du nicht verlangen.
毎日、超過勤務？　それは要求できないよ。

Wie viel verlangen Sie für das Motorrad?　このバイクにどのくらい請求するのですか？

verlangen, verlangt, verlangte, hat verlangt
②（4格を）電話に呼び出す、（4格と）話すことを要求する

Jan, du wirst am Telefon verlangt.　ヤン、電話だよ。

verlängern, verlängert, verlängerte, hat verlängert
①(時間に関して４格を)伸ばす、延ばす

Er muss seinen Pass verlängern lassen. 彼はパスポートを延長してもらわないといけない。

verlängern, verlängert, verlängerte, hat verlängert
②(空間に関して４格を)伸ばす、延ばす

Wird die U-Bahn Linie U5 verlängert? 地下鉄のU5番線は延伸されるの？

verlassen, verlässt, verließ, hat verlassen ①(４格を)去る、後にする、見捨てる

Sie hat die Party um 5 Uhr verlassen. 彼女は５時にパーティーを辞去した。

sich^4 verlassen, verlässt, verließ, hat verlassen
②(auf４格を)あてにする、頼りにする、信用する

Ich verlasse mich auf dich. 君のことを頼りにしているよ。

sich^4 verlaufen, verläuft, verlief, hat verlaufen 道に迷う、迷子になる

Gestern hat sich sein Sohn im Wald verlaufen.
昨日、彼の息子は森の中で道に迷ってしまった。

vermeiden, vermeidet, vermied, hat vermieden (４格を)避ける、回避する

Der Arzt sagt, mein Vater soll Stress vermeiden.
医者が言うには、父はストレスを避けなければならない。

die Vermietung, -en 賃貸し、賃貸(< vermieten)

Mit der Vermietung von zwei Wohnungen konnte er nicht viel Geld verdienen.
２つの住宅を賃貸にしても、彼はそれほどのお金を稼げなかった。

vermissen, vermisst, vermisste, hat vermisst
(４格がいなくて)寂しい、(４格に)会いたがる

Er vermisst seine Familie sehr. 彼は家族に会いたくて仕方がない。

die Vermittlung, -en ①仲介・斡旋(業者)

Du suchst eine Wohnung? Dann frag bei der Vermittlung im Zentrum nach.
住まいを探しているの？ じゃあ、街なかの仲介業者に問い合わせるといいよ。

die Vermittlung, -en　②電話交換局（室）

Ruf die Vermittlung an und frag nach der Telefonnummer von Herrn Bauer.
電話局に電話して、バウアー氏の電話番号を訊いてよ。

vermitteln, vermittelt, vermittelte, hat vermittelt
（3格に4格を）世話する、仲介する

Sein Onkel hat ihm eine Wohnung vermittelt.
彼の伯(叔)父さんが彼に住まいを世話してくれたんだ。

vermuten, vermutet, vermutete, hat vermutet
（従属節／zu 不定詞句／4格を）推測する

Ich vermute, meine Freundin wird morgen nicht kommen.
推測するに、私の友達は明日は来ないよ。

vermutlich　おそらく

Vermutlich sagen die Kinder die Wahrheit.
おそらく子供たちは本当のことを言っている。

vernünftig　①理性的な、合理的な

Sei doch vernünftig!　理性的になって！

vernünftig　②分別のある、良識ある

Das ist kein vernünftiger Vorschlag.　それはちゃんとした提案じゃないな。

verpacken, verpackt, verpackte, hat verpackt
（4格を）包む、包装する、梱包する

Hat er die Pakete gut verpackt?　彼は小包をちゃんと包んだの？

verpflegen, verpflegt, verpflegte, hat verpflegt　（4格の）食事の世話をする

Wie verpflegt man viele Menschen mit wenig Geld?
わずかなお金で多くの人の食事の世話をするにはどうしたらいいのか？

verpflichtet　（zu 3格／zu 不定詞句 verpflichtet sein で）（3格に…する）義務を負っている

Sie sind verpflichtet, Steuern zu zahlen.　あなたには納税の義務があります。

verraten, verrät, verriet, hat verraten　①（４格を）裏切る、（３格に４格を）漏らす

Er hat mir das Geheimnis verraten.　彼が私に秘密を漏らした。

verraten, verrät, verriet, hat verraten　②（４格／dass ... を）明るみに出す

Ihr Blick verriet mir, dass sie verletzt ist.
彼女の目の動きで、私には彼女がけがをしているとわかった。

verrückt　①頭のおかしい

Ich dachte, du bist verrückt geworden.
君はどうかしてしまったのかと思ったよ。

verrückt　②とんでもない

Das war ein verrückter Einfall.　それはとんでもない思いつきだった。

die Versammlung, -en　集会

Der alte Politiker hielt bei der Versammlung eine Rede.
あの老政治家は集会で演説をした。

versäumen, versäumt, versäumte, hat versäumt
（４格を）のがす、期日に遅れる、怠る

Hast du den Unterricht versäumt?　授業をさぼったの？

verschreiben, verschreibt, verschrieb, hat verschrieben
（３格に４格を）処方する、指示する

Der Arzt hat meiner Schwester Tabletten verschrieben.
医者が姉（妹）に錠剤を処方した。

verschwinden, verschwindet, verschwand, ist verschwunden
（視界から）消える、なくなる

Mein Geldbeutel ist verschwunden. Hast du ihn vielleicht gesehen?
財布が見当たらないんだ。もしかしてどこかで見た？

versichern, versichert, versicherte, hat versichert　①（４格に）保険をかける

Ich habe mein Gepäck versichert.　私は荷物に保険をかけた。

versichern, versichert, versicherte, hat versichert
②（versichert sein で）保険に入っている

Wie bist du versichert?　どのような保険に入っているの？

die Versichertenkarte, -n　保険証（ドイツで。オーストリアでは e-card）

Du musst deine Versichertenkarte dabei haben.
君は保険証を持っていないといけないよ。

die Versicherung, -en　①保険（契約）

Hast du eine Versicherung für dein Gepäck abgeschlossen?
荷物の保険契約は済ませたの？／荷物に保険はかけたの？

die Versicherung, -en　②保険会社

Du musst den Unfall der Versicherung melden.
事故について保険会社に伝えないといけないよ。

versprechen, verspricht, versprach, hat versprochen
（３格に４格／zu不定詞句を）約束する

Mein Mann hat mir versprochen, mich abzuholen.
夫が私を迎えに来ると約束した。

verständlich　納得できる、わかる

Deine Reaktion war verständlich.　君の反応は理解できるものだった。

das Verständnis, -se　（通例、単数で）理解

Ich bitte um Ihr Verständnis.　ご理解ください／ご理解をお願いいたします。

verstecken, versteckt, versteckte, hat versteckt　①（４格を）隠す

Meine Frau hat das Geld hinter dem Regal versteckt.
妻はお金を棚の後ろに隠した。

sich[4] verstecken, versteckt, versteckte, hat versteckt
②隠れる、身を隠す

Mein Sohn versteckt sich im Wald.　私の息子は森に隠れる。

sich⁴ verstehen [活用はレベルA1へ] (互いに)理解し合う

Meine Eltern verstehen sich sehr gut. 両親はとてもよく理解し合っている。

der Versuch, -e ①実験

Hast du in der Forschung viele Versuche gemacht? 研究でたくさん実験したの？

der Versuch, -e ②企て、試み

Sein Versuch, etwas zu ändern, blieb ohne Erfolg.
彼の、何かを変えようという試みは成果のないままだった。

versuchen [活用はレベルA2] (4格を)試食する

Versuch doch mal meinen Schokoladenkuchen.
私が作ったチョコレートケーキを試しに食べてみてよ。

verteilen, verteilt, verteilte, hat verteilt (4格を)配る、分配する

Können Sie bitte schon mal die Teller verteilen? お皿を配ってもらえませんか？

vertrauen, vertraut, vertraute, hat vertraut (3格を)信頼する

Ich kenne ihn gut. Ich vertraue ihm. 私は彼をよく知っている。彼を信頼している。

das Vertrauen (zu 3格 Vertrauen haben で)(3格を)信頼している

Er hat Vertrauen zu mir. 彼は私を信頼している。

vertreten, vertritt, vertrat, hat vertreten
(4格の)代理を務める、(4格を)代表する

Ich vertritt ihn, wenn er Urlaub macht? 彼が休暇を取るなら、私が代理を務める。

der Vertreter, - / **die Vertreterin**, -nen ①代理人、代行者

Als Frau Dr. Meier in Urlaub war, bin ich zu ihrer Vertreterin gegangen.
マイヤー博士が休暇の間、私が彼女の代理をしていた。

der Vertreter, - / **die Vertreterin**, -nen ②代表

Die Elternvertreter treffen sich morgen Mittag in der Schule.
父母の代表は明日の昼に学校で落ち合うことになっている。

die Vertretung, -en　代理、代行

Frau Dr. Schneider macht für dich die Vertretung.　シュナイダー博士が君の代理をする。

verurteilen, verurteilt, verurteilte, hat verurteilt
(4格 zu 3格 verurteilen で)(4格を3格の)刑に処する、(3格の)刑を宣告する

Der Richter hat den Täter zu einer Geldstrafe verurteilt.
裁判官は犯人に罰金刑を宣告した。

die Verwaltung, -en　管理部門、行政機関

Du solltest mit der Verwaltung sprechen. Die können dir helfen.
君は管理部門と話すべきだね。君を助けてくれるだろう。

verwechseln, verwechselt, verwechselte, hat verwechselt
(4格 mit 3格 verwechseln で)(4格を3格と)取り違える、思い違いとする

Entschuldigung, ich habe dich mit jemandem verwechselt.
ごめん、君を誰かと思い違いしていたんだ。

verwenden, verwendet, verwendete, hat verwendet　(4格を)使う

Dieses Wort wird nur selten verwendet.　この単語が使われるのはごく稀なことだ。

verzeihen, verzeiht, verzieh, hat verziehen　(3格に4格を)許す

Das werde ich ihr nie verzeihen können.　私は彼女には絶対にそういうことを許さない。

Verzeihung!　すみません！

Verzeihung! Ich habe Sie mit jemandem verwechselt.
すみません！　私はあなたを別の人と間違えました。

verzichten, verzichtet, verzichtete, hat verzichtet
(auf 4格を)断念する、諦める

Ich muss heute auf das Mittagessen verzichten.　今日の昼食は諦めるほかないな。

das Video, -s　ビデオ

Er hat den Fernsehfilm auf Video aufgenommen.
彼はあのテレビ映画をビデオに録画した。

viel （viel zu 形容詞で）あまりにも…

Ist das dir viel zu teuer? 君には高価すぎるの？

vielleicht （驚き）ずいぶんと<心態詞>

Das Ticket war vielleicht teuer! チケットはずいぶんと高かったねえ！

das Viertel, - 地区（ドイツ・オーストリアで。スイスでは Quartier）

Du wohnst in einem schönen Viertel. 君は素敵な地区に住んでいる。

virtuell 仮想の、バーチャルの

Auf dieser Website kannst du an einer virtuellen Stadtrundfahrt teilnehmen.
このウェブサイトで仮想の市内観光ができるよ。

der Virus, Viren ウイルス

Sie hat mal wieder einen Virus auf ihrem Computer. また彼女のパソコンにウィルスが入った。

die Visitenkarte, -n 名刺

Kann ich bitte Ihre Visitenkarte haben? 名刺をいただけますか？

das Visum, Visa ビザ、査証

Das Visum ist für vier Monate gültig. ビザは４カ月間有効だ。

das Vitamin, -e ビタミン

Der Arzt sagt, mein Vater soll viele Vitamine essen.
医者が言うには、父はビタミン類を多く摂らねばならない。

völlig 完全な（に）

Das hält er für völlig unmöglich. これを彼は完全に不可能と思っている。

von ①（時間）（von ... an で）…から

Von jetzt an muss ich sparen. 今から私は節約しないといけない。

von ②（時間）（von ... bis ... で）…から…まで

Die Rezeption ist von 12 bis 13 Uhr geschlossen. 受付は12時から13時まで閉まっている。

voneinander　互いに

Sie haben lange gar nichts voneinander gehört.　彼らは長いこと互いに音信不通だった。

vor allem　とりわけ

Grüßen Sie alle von uns, vor allem Herrn Bauer.
どうか皆さんによろしくおっしゃってください、特にバウアーさんに。

voraus　①先行して

Geh schon voraus.　もう先に行ってちょうだい。

voraus　②（im Voraus で）あらかじめ

Wir danken Ihnen im Voraus für Ihre Bemühungen.　お手数をおかけしますので、先にお礼を申し上げます。

die Voraussetzung, -en　①前提条件

Gute Ernährung ist die Voraussetzung für ein gesundes Leben.
良質な食事は健康な生活の前提です。

die Voraussetzung, -en　②（unter der Voraussetzung, dass ... で）…という条件で

Sie will die Arbeit unter der Voraussetzung annehmen, dass sie genug Geld bekommen kann.　彼女は十分なお金がもらえるという条件で、この仕事を受けるつもりだ。

voraussichtlich　副 現在の見込みでは

Der Bus hat voraussichtlich 10 Minuten Verspätung.　バスは10分遅れの見込みです。

die Vorbereitung, -en　準備

Nächste Woche beginne ich mit der Vorbereitung für den Test.
来週、私はテストの準備を始める。

vorder　前の（⇔ hinter）

In den vorderen Reihen sind keine Plätze frei.　前の方の列にはもう空席はないよ。

die Vorfahrt（複数なし）　（交差点での）優先通行権

Wann hat man Vorfahrt und wann nicht?
優先通行できるのはどういう場合で、できないのはどういう場合ですか？

vorhaben, hat vor, hatte vor, hat vorgehabt （4格を）予定している、企てる

Hast du morgen Mittag schon etwas vor? 明日の昼、もう何か予定は入ってる？

vorhin ついさっき

Vorhin hat Frau Fischer angerufen. Sie sollen sie zurückrufen.
先ほど、フィッシャーさんから電話がありました。折り返しお電話をかけてください。

vorkommen, kommt vor, kam vor, ist vorgekommen 起こる、現われる

Das kommt sehr oft vor. そういうことはとてもよくありますよ。

vorläufig ①一時的な

Sie hat noch keine Wohnung. Sie wohnt vorläufig bei einer Freundin.
彼女はまだ住まいを持っていない。一時的に友人のところに住んでいる。

vorläufig ②仮の

Das war nur eine vorläufige Entscheidung. それは仮の決定にすぎなかった。

vorlesen, liest vor, las vor, hat vorgelesen
（3格に4格を）読み聞かせる、朗読する

Mein Mann liest unsren Kindern oft etwas vor.
私の夫はよく子供たちに何かしら読んであげている。

vorn / vorne （von vorne で）最初から、あらためて

Beginnen Sie also nochmals von vorne! それでは最初からもう一度始めてください。

der Vorort, -e 郊外

Ich wohne in einem Vorort von Hamburg. 私はハンブルクの郊外に住んでいる。

vorschlagen, schlägt vor, schlug vor, hat vorgeschlagen
（4格／dass ... を）提案する

Er schlägt vor, dass sie eine Pause machen. 彼は彼らが休憩するように提案する。

der Vorschlag, ¨-e 提案

Der Lehrer hat uns einen Vorschlag gemacht. 先生は私たちにある提案をした。

die Vorschrift, -en　指示、案内、規定

Beacht die Vorschriften für das Benutzen des Freibades.
屋外プールでは利用規定に注意するんですよ。

die Vorsicht　注意

Vorsicht! Die Tasse ist auch heiß.　注意して！　カップも熱いよ！

sich³ vorstellen　[活用はレベルA1へ] ①(4格を)想像する、思い描く

So schwierig hat sie sich die Arbeit nicht vorgestellt.
彼女は仕事をこんなに大変だと想像していなかった。

vorstellen　②(3格に4格を)紹介する

Darf ich dir meinen Sohn vorstellen?　息子を紹介していい？

die Vorstellung, -en　上映

Wann läuft der japanische Film? — Die nächste Vorstellung ist um 16 Uhr.
その日本映画の上映時間はいつなの？　一次の上映は16時だよ。

das Vorstellungsgespräch, -e　面接

Wann hat deine Tochter ein Vorstellungsgespräch?
娘さんの面接はいつなのかな？

der Vorteil, -e　利点、長所(⇔ Nachteil)

Der Vorteil von diesem Haus ist, dass es direkt im Zentrum liegt.
この家のよいところは、それが中心部にあるということだ。

der Vortrag, ¨-e　講演

Sein Vortrag war nicht so interessant.
彼の講演はそれほど興味深くなかった。

der Vorwurf, ¨-e
非難、(3格 einen Vorwurf / Vorwürfe machen で)(3格を)非難する

Ulrich kann nichts dafür. Mach ihm keine Vorwürfe.
ウルリヒにはどうすることもできないよ。彼を責めちゃだめだよ。

【 W 】 レベルB1

waagerecht　水平の（⇔ senkrecht）

Kannst du bitte einen waagerechten Strich ziehen?　水平の線を引いてくれる？

wachsen, wächst, wuchs, ist gewachsen　①成長する

Dein Sohn ist sehr gewachsen. Er ist jetzt schon größer als du.
君の息子はとても大きくなったね。今ではもう君より背が高いじゃないか。

wachsen, wächst, wuchs, ist gewachsen
②（４格 wachsen lassen で）（４格を）伸ばす

Willst du dir die Haare wachsen lassen?
髪を伸ばすつもりなの？

wachsen, wächst, wuchs, ist gewachsen　③育つ

In seinem Garten wachsen Karotten und Kartoffeln.
彼の家の庭ではニンジンとジャガイモが育っている。

die Wahl, -en　①選択

Du hast die Wahl: mit Vollpension oder Halbpension?
選べるんだよ：３食付きの宿泊か２食付きかな？

die Wahl, -en　②選挙

Wann ist die nächste Wahl?　次の選挙はいつ？

wählen　［活用はレベル A2 へ］投票する

Er hat diese Partei nicht gewählt.　彼はこの政党に投票しなかった。

wahnsinnig　①精神が錯乱した、気がどうかした

Fahr nicht so schnell! Bist du wahnsinnig?!
そんなに飛ばさないで！　どうかしてしまったの?!

wahnsinnig　②すごく、途方もなく

Dieser Roman gefällt mir wahnsinnig gut.
この小説はもうとても気に入った。

während ①(定動詞後置の従属接続詞)…している間、…している一方で

Während sie Deutsch lernt, hört sie Musik.
彼女はドイツ語を勉強する間はずっと音楽を聴いている。

während(２格支配の前置詞) ②…の間

Während der Prüfung darfst du dein Handy nicht benutzen.
試験中は携帯電話の使用は禁止だよ。

die Ware, -n 商品

Sollen wir Ihnen die Ware direkt ins Haus liefern?
商品を直接お宅まで配送いたしましょうか？

warnen, warnt, warnte, hat gewarnt （４格に)警告する

Ich warne dich. Die Katze ist gefährlich.
言っておくよ。その猫は危険だよ。

was 何かあるもの(= etwas)

Haben Sie schon was getrunken? もう何か飲まれましたか？

weder A noch B ＡでもなくＢでもない

Für die Weltreise haben meine Eltern weder Zeit noch Geld.
世界旅行をしようにも、両親には時間もお金もない。

weich ①柔らかい(⇔ hart)

Das Kissen im Hotel war ihm zu weich.
ホテルの枕は彼には柔らかすぎた。

weich ②半熟の

Mein Sohn möchte zum Frühstück ein weiches (weich gekochtes) Ei.
息子は朝食に半熟卵を食べたがる。

sich⁴ weigern, weigert, weigerte, hat geweigert （zu不定詞句を)拒む

Er weigert sich diese Arbeit zu tun.
彼はこの仕事をすることを拒んだ。

-weise ①(名詞に付加して)…的な

War die Prüfung schwierig? — Teilweise. 試験は難しかった？ 一ある部分はね。

-weise ②(形容詞に付加して)…的に、…なことに

Das ist möglicherweise nicht so schwer. それはもしかすると、さほど難しくないよ。

weit ①(mit 3格が)はかどった、すすんだ

Wie weit ist dein Kollege mit der Arbeit?
君の同僚はどれくらい仕事がはかどってるの？

weit ②ゆったりした

Der Mantel ist ihr zu weit. そのコートは彼女にはゆったりしすぎだ。

weiter 形 ほかの

Habt ihr noch weitere Fragen? みんな、ほかに質問はあるかな？

Weiterbildung, -en 引き続いての教育、生涯教育(学習)

Sein Onkel möchte eine Weiterbildung machen.
彼の伯(叔)父は生涯学習をしたい。

weltweit 世界的な、世界規模で

Das Zertifikat A2 wird weltweit angeboten. A2試験は世界的に実施されている。

wenden, wendet, wendete, hat gewendet 折り返す、ターンする

Du musst zurückfahren, aber hier darfst du nicht wenden.
君は引き返さないといけないけど、ここでUターンはできないんだ。

die Werbung, -en ①宣伝

Mein Kind sieht gern Werbung im Fernsehen.
私の子供はテレビで宣伝を見るのが好きだ。

die Werbung, -en ②広告

Meine Mutter möchte keine Werbung im Briefkasten.
母は郵便受けに広告を入れてほしくない。

werben, wirbt, warb, hat geworben　宣伝する

Diese Firma wirbt im Fernsehen für ein neues Handy.
この会社はテレビで新しい携帯電話の宣伝をしている。

werden　[活用はレベルA1へ]（未来の助動詞）だろう、つもりである

Wohin fahrt ihr in Urlaub? — Ich glaube, wir werden dieses Jahr nach Berlin fahren.
休暇はどこに行くの？　一思うに、今年はベルリンに行くと思う。

werfen, wirft, warf, hat geworfen　（４格を）投げる

Die Schüler haben Steine ins Wasser geworfen.
生徒たちは池（湖、海、川）に石を投げ入れた。

das Werk, -e　作品、仕事

Ich habe gestern das Werk besichtigt.
昨日、あの作品を見てきたよ。

das Werkzeug, -e　工具

Er hatte kein Werkzeug für die Reparatur dabei.
彼は修理に使う工具を持ってこなかった。

wert　（４格の）価値がある

Das Motorrad ist vielleicht 500 Euro wert.
そのバイクはおそらく500ユーロの価値だ。

der Wert, -e　①価値、（einen Wert von ３格 haben で）（３格の）価値がある

Die Malerei hat einen Wert von ca. 1 Mio. Euro.
この絵画はおよそ100万ユーロの価値がある。

der Wert, -e　②重要性、（auf ４格 Wert legen で）（４格を）重視する

Auf dein Urteil lege ich großen Wert.　私は君の判断を非常に重視しています。

wertlos　価値のない

Sind diese alten Geldscheine heute völlig wertlos?
この古い紙幣は今はまったく価値がないの？

wertvoll 価値のある、貴重な

Er hat einen sehr wertvollen Ring. 彼は高価な指輪を持っている。

weshalb ①なぜ

Weshalb ruft er an?
彼はなぜ電話をしてるの？

weshalb ②（定形後置の関係副詞）それゆえに、そのために

Wir bekommen Besuch, weshalb wir leider nicht zur Party gehen werden.
お客さんがあるんだ。だから残念だけどパーティーには行けないだろう。

wetten, wettet, wettete, hat gewettet
①（dass ... などと）誓って言う、断言する

Ich habe gewettet, dass sie nie zu spät kommt.
彼女は絶対に遅刻しない、と私は断言したんだ。

wetten, wettet, wettete, hat gewettet ②賭ける

Wetten, dass es auch morgen wieder regnet?
明日もまた雨降りか、賭ける？

der Wetterbericht, -e 天気予報

Ich habe den Wetterbericht gehört. 天気予報を聞いた。

die Wettervorhersage, -n 天気予報

Die Wettervorhersage für heute: windig und sonnig.
今日の天気予報：風強く、晴れ。

widersprechen, widerspricht, widersprach, hat widersprochen
①（3格に）反論する

Er hat seiner Frau widersprochen. 彼は妻に反論した。

sich³ widersprechen, widerspricht, widersprach, hat widersprochen
②矛盾する

Ich glaube, das widerspricht sich. それは矛盾していると思うけど。

die Wiederholung, -en　繰り返し、再試合

Ist eine Wiederholung der Prüfung möglich?　再試験は可能ですか？

wiegen, wiegt, wog, hat gewogen　（４格の）重さがある

Wie viel wiegt dein Kind?　君の子供はどのくらいの重さなの？
Das Paket wiegt mehr als 1 kg.　この小包は1キロ以上ある。

die Wiese, -n　草地、まきば、牧場

Vor meinem Haus ist eine Wiese mit Blumen.　私の家の前は花の咲いている草地だ。

wieso　なぜ

Wie lange arbeitest du hier? — Wieso fragst du?
どのくらいここで働いているの？　一何で訊くの？

wild　①自然のままの

Das ist ein wilder Wald.　これは自然のままの森だ。

wild　②野生の、野蛮な

Meine Kinder spielen sehr wild.　私の子供たちの遊び方は手に負えない。

winken, winkt, winkte, hat gewinkt　（手を）振る

Meine Freunde standen auf dem Bahnsteig und winkten zum Abschied.
友人たちはプラットフォームに立って、別れ際には手を振っていた。

wirken, wirkt, wirkte, hat gewirkt　効果がある

Hat das Medikament gewirkt?　その薬は効果があったの？

die Wirkung, -en　効果、作用

Welche Wirkungen hat diese Tablette? Muss ich vorsichtig sein?
この錠剤はどんな作用があるの？　気をつけないといけない？

die Wirklichkeit　①現実、実情

Der Aufsatz beschreibt die Wirklichkeit um 1800 sehr gut.
この論文は1800年代の実情を表現している。

die Wirklichkeit ②(in Wirklichkeitで)実際には

Man sagte mir, die Zeitschrift kostet nur 3 Euro. In Wirklichkeit kostet sie 5 Euro.
その雑誌はたったの3ユーロと言われていたが、実際には5ユーロだった。

der Wirt, -e / **die Wirtin**, -nen 主人、亭主

Kennst du den Wirt von diesem Lokal? — Ja. Er ist sehr nett.
この店の主人を知っているの？ ―うん、彼はとても親切だよ。

die Wirtschaft, -en (単数で)経済、経済活動

In der Schule lernt mein Sohn viel über Wirtschaft.
学校で私の息子は経済についてたくさん学んでいる。

das Wissen (複数なし)知識

Mein Lehrer hat ein großes Wissen über Pflanzen.
私の先生は植物について多くの知識を持っている。

die Wissenschaft, -en 学問、科学

Vertreter von Kunst und Wissenschaft treffen sich morgen in München.
学芸の代表者が明日、ミュンヘンに集う。

der Wissenschaftler, - / **die Wissenschaftlerin**, -nen 学者、科学者

Herr Meier ist Wissenschaftler an der Universität. マイヤーさんは大学に勤める学者だ。

wohl ①健康な、調子がいい

Du fühlst dich nicht wohl? Du darfst nach Hause gehen.
気分が悪いの？ 家に帰っていいよ。

wohl ②おそらく、確かに

Das Konzert wird wohl etwas länger dauern als geplant.
コンサートはおそらく予定よりも長びくでしょう。

der Wohnsitz, -e 定住所

Peter hat einen festen Wohnsitz in Frankfurt.
ペーターはフランクフルトに定住所がある。

die Wolle ウール

Diese Jacke ist aus reiner Wolle. このジャケットはウール100パーセントです。

worüber 何について

Worüber lacht ihr? 君たちは何を笑っているの？

worum 何をめぐって

Kann ich Frau Schneider sprechen? — Worum geht es denn?
シュナイダーさんと話せますか(お目にかかれますか)？ ―どのようなご用件でしょうか？

die Wunde, -n 傷

Die Wunde musst du sofort verbinden. 君は傷にすぐ包帯を巻かないといけないよ。

das Wunder, - ①奇跡

Meine Tochter ist mit dem Fahrrad gestürzt. Es war ein Wunder, dass nichts Schlimmes passiert ist.
私の娘は自転車と一緒に転んだ。何もひどいことが起こらなかったのは奇跡だ。

das Wunder, - ②(kein Wunder sein で)少しも不思議ではない

Du trinkst zu viel Bier. Kein Wunder, dass die Hose nicht mehr passt.
君はビールの飲みすぎだよ。もうそのズボンが履けないのも無理はない。

wunderschön ①実に素晴らしい

Gestern habe ich einen Ausflug gemacht. Es war wunderschön.
昨日は日帰り旅行をした。それは実に素晴らしかった。

wunderschön ②素晴らしく美しい

Wo hast du dir das wunderschöne Kleid gekauft?
その素敵なドレス、どこで買ったの？

wundern, wundert, wunderte, hat gewundert
①(４格を)驚かせる、(４格に)奇異の念を抱かせる

Es hat mich gewundert, dass das Lebensmittel hier so teuer ist.
ここの食料品が高くて私は驚いた。

sich^4 wundern, wundert, wunderte, hat gewundert　②不思議に思う

Ich wundere mich, dass mein Kind so früh aus der Schule kommt. Was ist los?
子供がこんなに早く学校から帰ってくるなんて不思議だ。何があったのだろう？

wüten, wütet, wütete, hat gewütet　怒り狂う

Der Mann wütet über den Unfall.
あの男性は事故に怒り狂っている。

wütend　（wütend sein で）激怒している

Warum ist unser Chef so wütend?
ボスはなぜあんなに怒っているの？

【Z】 レベルB1

die Zahl, -en　数

Die Zahl der Internetnutzer in Deutschland wird auf etwa 48 Millionen steigen.
ドイツのインターネットユーザーの数は4,800万人にも上ることだろう。

die Anzahl, -en　総数

Die Anzahl der Teilnehmer war nicht groß.　参加者の総数は多くはなかった。

zahlreich　多数の

Es gibt zahlreiche Beispiele für gute Gruppenarbeit.
よいグループワークの例は多数ある。

die Zahlung, -en　支払い

Du musst bei der Zahlung die Rechnungsnummer angeben.
支払いの時は、会計番号を渡さないといけないよ。

zählen, zählt, zählte, hat gezählt
①数を数える、(nachzählenで)数え直す、検算する

Meine Tochter kann schon bis fünfzig zählen.　私の娘は50まで数えられる。
Du solltest das Wechselgeld sofort nachzählen.
釣銭はその場で確かめたほうがいいよ。

zählen, zählt, zählte, hat gezählt　②(auf 4格を)当てにする

Zähl nicht auf mich!　私を当てにしないで！

die Zahncreme, -s / **die Zahnpasta**, -pasten　練り歯磨き

Die neue Zahncreme gefällt mir nicht.　新しい練り歯磨きは気に入らない。

die Zange, -n　ペンチ、やっとこ

Um das Auto zu reparieren, brauchen wir eine Zange.　車の修理のためにペンチがいる。

das Zeichen, -　合図

Fangen Sie bitte erst an, wenn er Ihnen ein Zeichen gibt.
皆さんは、彼の合図があってから始めてください。

das Verkehrszeichen, - 交通標識

Mein Kind lernt in der Schule gerade die Verkehrszeichen.
私の子供はちょうど学校で交通標識を学んでいる。

die Zeile, -n 行

Das Wort steht in der 6.(sechsten) Zeile von oben.
その単語は上から数えて6行目にあるよ。

die Zeit, -en(通例、単数で) (um diese Zeit などで)この時間(時刻)に

Wir werden morgen um diese Zeit fernsehen.
明日のこの時刻にはテレビを見ていますよ。

der Zeitpunkt, -e 時点、時刻

Meine Großmutter ist krank. Das ist kein guter Zeitpunkt für einen Besuch.
祖母が病気です。今は訪ねていかないほうがいいでしょう。

zelten, zeltet, zeltete, hat gezeltet テントに泊まる、キャンプする

Meine Kinder haben noch nie gezeltet. 私の子供たちはまだテントに泊まったことがない。

zentral 中心の、中央の

Er sucht eine Dreizimmerwohnung in zentraler Lage.
彼は街の中心部に位置する3部屋の住まいを探している。

zerstören, zerstört, zerstörte, hat zerstört (4格を)破壊する

Der Sturm hat das kleine Dorf zerstört. 嵐がその小さな村を破壊した。

das Zertifikat, -e 証明書

Wenn er die Prüfung schafft, bekommt er ein Zertifikat.
テストに合格すれば、彼は証明書がもらえる。

das Zeug / -zeug 物、がらくた

Was hast du mit meinen Sachen gemacht?
— Dein altes Zeug habe ich in dein Zimmer getan.
僕の物はどこへやってしまったの? —君の古いがらくたは君の部屋の中に入れておいたよ。

der Zeuge, -n / **die Zeugin**, -nen　目撃者

Die Polizei sucht noch Zeugen für den Verkehrsunfall.
警察はまだあの交通事故の目撃者を探している。

ziemlich　①相当に

Sie ist schon ziemlich müde.　彼女は大変疲れている。

ziemlich　②かなり

Herr Wagner musste beim Arzt ziemlich lange warten.
ヴァーグナーさんは医者のところでかなり待たなければならなかった。

die Zinsen (複数のみ)　利息

Wie viele Zinsen bekommst du für dein Sparkonto?
預金口座でどれくらいの利息がつくの？

der Zivilstand　配偶者の有無
(スイスで。= Personenstand。ドイツ・オーストリアでは Familienstand)

Bei „Zivilstand" muss sie „verheiratet" ankreuzen.
「配偶者の有無」では彼女は「既婚」の欄に印をつけないといけない。

die Zone, -n　地帯、ゾーン

Ist das eine Fußgängerzone? Dann können wir hier nicht fahren.
ここって、歩行者専用ゾーンなの？　それなら車の乗り入れはできないよ。

zu (3格支配の前置詞)　①…の値の

Bitte zehn Briefmarken zu 25 Cent.　25セントの切手を10枚お願いします。

zu (3格支配の前置詞)　②…対…で

Eure Mannschaft hat 3 zu 2 gewonnen.
あなたたちのチームが3対2で勝ったよ。

zu (3格支配の前置詞)　③(zu不定詞句)…することは／を

Er hat vor, ein neues Motorrad zu kaufen.
彼は新しいバイクを買うことを計画している。

zu（3格支配の前置詞）④（zu不定詞句）…するための

Hast du etwas zu essen für mein Kind?
私の子供に何か食べるものはないかな？

zu sein, ist zu, war zu, ist zu gewesen　閉まっている

Am Sonntag sind die meisten Restaurants zu.　日曜日にはたいていのレストランは閉まっている。

zubereiten, bereitet zu, bereitete zu, hat zubereitet
（4格を）調理する、用意する

Meine Frau bereitet gerade eine Suppe zu.　私の妻はスープを作っているところです。

der Zufall, ¨-e　偶然

So ein Zufall, dass ich Sie hier treffe.　ここであなたに出会うなんて、何という偶然だろう。

zufällig　①偶然に

Wir haben uns zufällig in einem Restaurant getroffen.
私たちは偶然にも、とあるレストランで出くわしたんです。

zufällig　②（丁寧な問いかけなどで）もしや、ひょっとして

Haben Sie zufällig meinen Geldbeutel gesehen?
ひょっとして私の財布、見ませんでしたか？

der Zugang, ¨-e　①出入り

Der Zugang zu diesem Garten ist verboten.　この庭への出入りは禁止されています。

der Zugang, ¨-e　②近づくすべ、アクセス

Wie bekommt man Zugang zum Internet?　どうやったらインターネットに繋げるんですか？

zugänglich　近づきやすい、利用できる

Die Bibliothek ist für alle zugänglich.　この図書館は誰でも利用できる。

zugehen, geht zu, ging zu, ist zugegangen　閉まる

Das Fenster geht nicht zu. Können Sie mir helfen?
窓が閉まらない。手を貸してもらえませんか？

das Zuhause(複数なし)　我が家、故郷

Er hat kein Zuhause mehr.　彼には落ち着ける家庭(故郷)がもうない。

der Zuhörer, - / **die Zuhörerin**, -nen　聴衆、聴取者

Liebe Zuhörerinnen und Zuhörer, Ihre Meinung interessiert mich sehr.
聴取者の皆さん、皆さんのご意見に、私はたいへん興味があります。

die Zukunft　①将来、未来、先行き

Mein Kind muss mehr für die Schule lernen. Es sollte an die Zukunft denken.
私の子供は学校の勉強をもっとしないといけない。あの子は将来を考えるべきだ。

die Zukunft　②(in Zukunftで)今後は

In Zukunft werden wir vorsichtiger sein.
今後はもっと注意深くやるんだ。

zukünftig　副今後は、これからは

Wir bitten euch, zukünftig früher zu kommen.
みんなにお願いなんだが、これからはもっと早く来なさいよ。

zumindest　少なくとも(= wenigstens)(⇔ höchstens)

Sie möchte nicht in der Stadt wohnen, zumindest jetzt nicht, wenn ihr Sohn noch so klein ist.
彼女は街なかには住みたくない。少なくとも、息子がこんなに小さい今は住みたくない。

zunächst　まず

Zunächst möchten wir euch begrüßen.　まずみんなに挨拶をしたいです。

die Zünder, -　(通例、複数で)マッチ(オーストリアで) = Streichholz, Zündholz

Ich hätte gern eine Schachtel Zünder.　マッチひと箱ください。

zunehmen, nimmt zu, nahm zu, hat zugenommen
((um) 4格数詞 zunehmenで)(体重などが)増す(⇔ abnehmen)

Sie hat im Urlaub (um) 2 Kilo zugenommen.
彼女は休暇中に2キロ太った。

zurecht-　分離の前綴りとして「正しく」「適切に」などの意味を基本動詞に加える

zurechtbringen 整理する　zurechtlegen きちんと整える　など

zurechtkommen, kommt zurecht, kam zurecht, ist zurechtgekommen
(mit 3格と)うまくやる、片付ける

Er kam mit dem Problem zurecht.　彼はその問題をうまいこと片付けた。

zusagen, sagt zu, sagte zu, hat zugesagt　(目的語なしで)承諾の返事をする

Meine Großeltern haben mich und meinen Mann zum Essen eingeladen. Wir haben zugesagt.　私の祖父母が私と夫を食事に招待した。私たちは承諾の返事をした。

die Zusammenarbeit, -en　(通例、単数で)共同作業、協力

Sie sind die neue Kollegin? Auf gute Zusammenarbeit!
あなたが新人さん？　一緒にいい仕事をしましょうね！

zusammenfassen, fasst zusammen, fasste zusammen, hat zusammengefasst
(4格を)まとめる、要約する

Kannst du das bitte noch einmal kurz zusammenfassen?
もう一度短くまとめてくれないかな？

die Zusammenfassung, -en　要約、まとめ、レジュメ

Wie schreibe ich eine Zusammenfassung?
レジュメというのはどう書いたらいいのでしょうか？

der Zusammenhang, ¨-e
関連、(in diesem Zusammenhang で)これとの関連で、これに関連して

Gibt es Zusammenhänge zwischen Handelspolitik und Migration?
貿易政策と移民との間に関連はあるのでしょうか？
In diesem Zusammenhang möchte ich euch auf drei Bücher aufmerksam machen.
このことに関連して、君たちに3冊の本を紹介しておきます。

zusätzlich　追加の

Sie müssen in Zukunft zwei Stunden zusätzlich arbeiten.
あなたは今後、追加でもう2時間働かなくてはなりません。

zuschauen, schaut zu, schaute zu, hat zugeschaut　(３格を)見物する、眺める

Will dein Kind mitspielen? — Nein, es schaut lieber nur zu.
君の子供も一緒に遊びたいの？　―いや、そばで眺めてるほうがいいって。

der Zuschauer, - / **die Zuschauerin**, -nen　視聴者、見物人、観客

Liebe Zuschauerinnen und Zuschauer, ich wünsche Ihnen noch einen schönen Abend.
(アナウンサーが番組の終わりなどで)視聴者のみなさま、それではどうぞよい晩をお過ごしください。

der Zuschlag, ¨-e　割増料金

Für diesen Bus müssen wir einen Zuschlag zahlen.　このバスでは追加料金を払わないといけない。

der Zustand, ¨-e　状態

Als ich in die Wohnung eingezogen bin, war sie in schlechtem Zustand.
ここに入居した時、住宅はひどい状態でした。

zuständig　権限のある、管轄の

Ich habe ein Problem mit der Heizung. Wer ist dafür zuständig?
ヒーターに問題があります。担当(責任者)はどなたですか？

zustimmen, stimmt zu, stimmte zu, hat zugestimmt
(３格に)賛成する、同意する

Wir stimmen ihm in dieser Sache völlig zu.　このことに関しては私たちは彼に完全に賛同します。
Sie nickt zustimmend.　彼女は賛成するようにうなずいた。

die Zustimmung, -en　賛成、同意

Dein Plan wird allgemeine Zustimmung finden.　君のプランは大方賛成されるだろうな。

die Zutaten(複数)　材料

Welche Zutaten braucht man für diese Suppe?
このスープを作るにはどんな材料が必要ですか？

zuverlässig　信頼できる

Die Kollegin kommt bestimmt gleich. Sie ist immer sehr zuverlässig.
同僚が必ずすぐに来てくれます。彼女はいつもほんとに信頼できるんです。

das / der Zvieri (Znüni), -s　軽食、スナック、おやつ
(スイスで。ドイツではImbiss、オーストリアではJause)

Wann ist Zeit für ein kleines Zvieri?　軽いおやつが出るのはいつですか？

zwar　①(zwar A aber Bで)たしかにAだが、しかしB

Diese Uhr ist zwar teuer, aber gut.　この時計は確かに高価だけど、いい時計だ。

zwar　②(und zwarで)しかも、それも

Mein Chef kriegt jetzt doch eine Woche Urlaub, und zwar nächsten Monat.
上司は1週間の休暇を取ります。それも来月にです。

der Zweck, -e
ねらい、目的、(keinen Zweck habenで)無意味だ、意味がない、益がない

Glaubst du, es hat keinen Zweck, sich zu bewerben? Ist der Job schon weg?
申し込んでも意味がないと思う？　もうそのバイトはないかな？

zweifeln, zweifelt, zweifelte, hat gezweifelt　(an 3格を)疑う

Wir zweifeln daran, dass sie kommt.
私たちは、彼女が来ることを疑っている。(来ないのではないかと思っている)

der Zweifel, -　①疑い、(ohne Zweifelで)疑いもなく

Da ist ohne Zweifel die richtige Antwort.
これは疑いなく正しい答えだよ。

der Zweifel, -　②疑念

Allmählich bekommt er Zweifel daran.
だんだんと、彼はそれについて疑いを持ち始めている。

(sich^4) zwingen, zwingt, zwang, hat gezwungen
(4格に)強いる、(4格にzu不定詞句を)強いる、無理にさせる

Bitte zwing uns nicht etwas zu essen. Wir sind wirklich nicht hungrig.
私たちに無理に食べさせないで。本当におなかがすいていないんだ。
Der Sturm zwang ihn umzukehren.
嵐のため彼は引き返すほかなかった。

#COLUMN

しなければならないにちがいない！ できるかもしれない！
――助動詞の客観的用法と主観的用法

Er muss zur Arbeit gehen. 彼は仕事に行かないといけない。

müssenの意味は「…しなければならない」ですね。ですが、müssenには別の意味もあります。例えば、こんな感じ。

Er muss krank sein. 彼は病気に違いない。

この「…に違いない」や、Es kann morgen regnen.「雨が降るかもしれない」の「…かもしれない」という用法は、話し手がどう考えているか、という話し手の主観的な判断を述べていますね。これを助動詞の主観的用法と言います。これに対して、müssen「…しなければならない」やkönnen「…できる」といった客観的な事実を述べる用法は客観的用法です。

なお、主観的用法を用いて過去の事柄について判断を述べる場合には、助動詞と完了不定句（過去分詞＋haben / sein）を使用します。

客観的用法：Er hat zur Arbeit gehen müssen.
彼は仕事に行かなければならなかった。

主観的用法：Er muss krank gewesen sein.
彼は病気だったに違いない。

主観的な判断である「…に違いない」は、現在行っている判断なので、主観的用法では助動詞が現在形になるということです。過去に起こった出来事に対して、現在の自分の判断を述べているわけですね。対して客観的用法では、「しなければならなかった」こと自体が過去のことですので、habenと過去分詞のmüssenで現在完了形を作っているわけですね。

（中野英莉子）

#COLUMN

Mannは男の人、manはみんな —— 不定代名詞

In Liechtenstein spricht **man** Deutsch.
リヒテンシュタインではドイツ語が話されます。

この文の主語であるman、いったい誰なのでしょう…？

代名詞というと、何かの代わりをする言葉ですね。例えば指示代名詞は、前に出てきた名詞を指します。しかしながら例えば、man, einer, etwasなどの不定代名詞は、不特定の何かを指し示しています。

Hier darf **man** nicht parken.　ここは駐車禁止です。

manは一般的な人々を表します。駐車禁止なのは特定の誰かではなく全員ですね。このように、manは誰にでも当てはまるようなことを述べる時に主語となります。

Einer muss ihn abholen. Kannst du das tun?
誰かが彼を迎えに行かないといけない。君がやってくれる？

einerは「誰かある人」を表します。前に出てきた可算名詞を受けて、「ひとつの」を表すこともできます。この時、それぞれの１格の形は男性名詞がeiner、女性名詞がeine、中性名詞がeinesになります。複数形はwelcheです。

Hier gibt es schöne Regenschirme. Ich nehme einen.
ここには素敵な傘がある。ひとついただきます。

また、否定形keiner / keine / kein(e)s / keineで「何／誰も～ない」を表すこともできます。なお、einesという中性の形を使用することで、「何かあるもの」という意味も表せます。このほかにも、alle「すべてのもの」、jeder「それぞれのもの」、jemand「誰か」、etwas「何か」などもあります。

（中野英莉子）

前置詞付き動詞表現 (100)

チェック	前置詞付き動詞(再帰代名詞 sich はすべて 4 格)
○	abhängen von 3 格 (dem Wetter/den Eltern など)
○	es hängt ab von 3 格 (deiner Antwort など)
○	achten auf 4 格 (die Kinder など)
○	anfangen mit 3 格 (dem Abendessen など)
○	ankommen (非人称主語 es と) : es kommt auf 4 格 (dich など) an
○	ankommen (非人称主語 es と) : es kommt 人 (3 格) auf 4 格 (das Geld) an
○	anmelden sich zu 3 格 (einem Deutschkurs など)
○	anpassen sich an 4 格 (die Kollegen など)
○	ärgern sich über 4 格 (die Nachbarin など)
○	ärgern 人 (4 格) mit 3 格 (... Verhalten など)
○	aufhören mit 3 格(der Arbeit など)
○	befreien sich von 3 格 (der Diktatur など)
○	befreien 人 (4 格) von 3 格 (der Diktatur など)
○	befreien sich aus 3 格 (der Gefahr など)
○	befreien 人 (4 格) aus 3 格 (der Gefahr など)
○	beginnen mit 3 格(dem Unterricht など)
○	beklagen sich bei 3 格(der Chefin など)
○	beklagen sich über 4 格(den Lärm など)
○	bemühen sich um 4 格(eine Stelle など)
○	beschäftigen sich mit 3 格(dem Problem など)

大　意	前置詞融合形を用いた発展形（ただし前置詞融合形を用いなくてもよい場合もある）
（天気に）左右される／（両親に）依存している	
それは（君の返事）次第だ、にかかっている	davon, dass 従属節 / ob 従属節 / wie 従属節 / wann 従属節など
（子供たちに）気をつける、注意を向ける	darauf, dass 従属節 / ob 従属節 / zu 不定詞句
（夕食を）始める	damit, zu 不定詞句
（君の決定、選択）次第だ	darauf, dass 従属節 / ob 従属節 / wann 従属節 / zu 不定詞句
…には（そのお金が）重要だ	
（ドイツ語講習会に）申し込む	
（同僚たちに）とけ込む、順応する	
（隣人に）腹をたてる	darüber, dass 従属節 / zu 不定詞句
（…の振る舞いで）人を怒らせる	damit, dass 従属節
（仕事を）やめる	damit, zu 不定詞句
（独裁から）解放される	
（独裁から）解放する	
（危機を）免れ出る	
…を（危機から）救い出す、救出する	
（授業を）始める	damit, zu 不定詞句
（上司に）文句・愚痴を言う	
（騒音のことで）苦情を言う	darüber, dass 従属節 / zu 不定詞句
（職を）得ようと努力する	darum, dass 従属節 / zu 不定詞句
（問題に）取り組む	damit, dass 従属節 / zu 不定詞句

チェック	前置詞付き動詞(再帰代名詞sichはすべて4格)
○	beschweren sich bei 3格 (dem Chefなど)
○	beschweren sich bei 3格 (dem Chefなど) über 4格 (die Kolleginなど)
○	bewerben sich um 4格 (ein Stipendiumなど)
○	bitten 人 (4格) um 4格 (das Salzなど)
○	bürgen für 4格 (die Kolleginなど)
○	bürgen 人(3格) für 4格 (die Qualitätなど)
○	danken 人 (3格) für 4格 (die Einladungなど)
○	denken an 4格 (die Kindheitなど)
○	entschuldigen sich bei 3格 (人、dem Mitarbeiterなど)
○	entschuldigen sich für 4格 (die Verspätungなど)
○	erinnern 人 (4格) an 4格 (die Schulzeitなど)
○	erinnern sich an (die Reiseなど)
○	erkennen 人 (4格) an 3格 (der Stimmeなど)
○	erkundigen sich bei 3格 (dem Polizistenなど)
○	erkundigen sich nach 3格 (dem Wegなど)
○	fragen 人 (4格) nach 3格 (dem Weg zur Schuleなど)
○	freuen sich auf 4格 (die Ferienなど)
○	freuen sich über 4格 (das Geschenkなど)
○	fürchten sich vor 3格 (dem Hundなど)
○	garantieren 人 (3格) für 4格 (gute Qualitätなど)

大　意	前置詞融合形を用いた発展形 （ただし前置詞融合形を用いなくてもよい場合もある）
（上司に）苦情を訴える	
（上司に）（同僚のことで）苦情を訴える	darüber, dass 従属節 / zu 不定詞句
（奨学金を）申し込む、応募する	darum, dass 従属節 / zu 不定詞句
（人の４格に）（塩を回してくれるよう）頼む	darum, dass 従属節 / zu 不定詞句
（同僚の）保証人になる	
（人の３格に）（品質を）保証する、請け合う	dafür, dass 従属節
（人の３格に）（招待を）感謝する	dafür, dass 従属節
（子供のころを）回想する、考える	daran, dass 従属節 / zu 不定詞句
（仕事仲間に）詫びる	
（遅刻を）謝る	dafür, dass 従属節
（人の４格に）（学校時代を）思い出させる	daran, dass 従属節 / zu 不定詞句
（旅行のことを）思い出す	daran, dass 従属節 / zu 不定詞句
（声で、声に接して）人を見分ける	daran, dass 従属節
（警察官に）尋ねる	
（道を）尋ねる	danach, ob 従属節 / wie 従属節 / wann 従属節 / wo 従属節など
（人の４格に）（学校までの道のりを）尋ねる	danach, ob 従属節 / wann 従属節 / wo 従属節など
（休暇を）楽しみにする	darauf, dass 従属節 / zu 不定詞句
（プレゼントを）喜ぶ	darüber, dass 従属節 / zu 不定詞句
（犬を）怖がる、恐れる	davor, dass ... / zu 不定詞句
（人の３格に）（質の良さを）保証する、請け合う	dafür, dass 従属節

チェック	前置詞付き動詞(再帰代名詞sichはすべて4格)
○	gehören zu 3格 (einer Gruppeなど)
○	geraten in 4格 (eine schwierige Lageなど)
○	geraten unter 4格 (die Terroristenなど)
○	gewöhnen sich an 4格 (das Klimaなど)
○	gewöhnen 人(4格) an 4格 (das Klimaなど)
○	glauben an 4格 (Gottなど)
○	halten 人 (4格) für 4格 (einen Künstlerなど)
○	halten etwas / nichts von 3格 (dem Planなど)
○	handeln (非人称主語esと)：es handelt sich um 4格 (die Kinderなど)
○	herrschen über 4格 (das Landなど)
○	hoffen auf 4格 (Rettungなど)
○	interessieren sich für 4格 (Kunstなど)
○	irren sich in 3格 (der Zeitなど)
○	kämpfen mit 3格 (dem Freundなど)
○	kämpfen gegen 4格 (die Terroristenなど)
○	kämpfen für 4格 (die Familieなど)
○	kämpfen um 4格 (den Meistertitelなど)
○	konzentrieren sich auf 4格 (die Vorlesungなど)
○	kümmern sich um 4格 (den Gastなど)
○	lachen über 4格 (den Komikerなど)

大　意	前置詞融合形を用いた発展形 （ただし前置詞融合形を用いなくてもよい場合もある）
（あるグループの）一員である、属している	
（面倒な状況に）陥る	
（テロリストの）手に落ちる	
（気候に）慣れる	daran, dass 従属節 / zu 不定詞句
（人の４格を）（気候に）慣れさせる	daran, dass 従属節 / zu 不定詞句
（神の）存在を信じる	
（人の４格を）（芸術家の一人と）見なす	
（その計画について）評価する / 評価しない	davon, dass 従属節 / zu 不定詞句
（子どもたちが）大事だ	darum, dass 従属節 / zu 不定詞句
（その国を）統べる、支配する	
（救助を）期待している	darauf, dass 従属節 / zu 不定詞句
（芸術に）興味をもっている	dafür, dass 従属節 /zu 不定詞句
（時間を）間違える、思い違いをする	
（友人とともに）戦う、（３格と）戦う	
（テロリストに立ち向かって）戦う	dagegen, dass 従属節
（家族のために）戦う	dafür, dass 従属節
（チャンピオンのタイトルをめぐって）戦う	darum, dass 従属節 / zu 不定詞句
（講義に）集中する	darauf, dass 従属節 / zu 不定詞句
（客に）気を配る、面倒をみる	darum, dass 従属節
（コメディアンを）笑う	darüber, dass 従属節

チェック	前置詞付き動詞(再帰代名詞sichはすべて4格)
○	leiden an 3格 (einer schweren Krankheit など)
○	leiden unter 3格 (dem Lärm など)
○	liegen (esを主語として)：Es liegt an 3格 (am Wetter など)
○	nachdenken über 4格 (den Plan など)
○	nachschlagen 4格 in 3格 (im Wörterbuch など)
○	rächen sich für 4格 (das Unrecht など)
○	raten 人 (3格) zu 3格 (zur Vorsicht など)
○	rechnen auf 4格 (dich など)
○	rechnen mit 3格 (deiner Hilfe など)
○	schreiben an 4格 (die Mutter など)
○	schreiben an 3格(der Erzählung など)
○	schreiben über 4格 (das Thema など)
○	schützen sich vor 3格 (der Gefahr など)
○	schützen 人・物 (4格) vor 3格 (der Sonne など)
○	sehnen sich nach 3格 (der Heimat など)
○	sorgen für 4格 (die Sicherheit など)
○	sorgen sich um 4格 (meine Gesundheit など)
○	sprechen mit 3格 (den Freunden など)
○	sprechen über 4格 (ein Thema など)
○	sprechen von 3格 (der Reise など)

大　意	前置詞融合形を用いた発展形（ただし前置詞融合形を用いなくてもよい場合もある）
（重病に）かかっている	
（騒音に）悩まされている	darunter, dass従属節
（天気の）せいである	daran, dass従属節
（計画について）じっくり考える	darüber, dass従属節, wie従属節, wann従属節, ob従属節など
（辞書で）（4格を）調べる	
（不正に対して）恨みを晴らす	dafür, dass従属節
（人の3格に）（用心するように）勧める	dazu, dass従属節 / zu不定詞句
（君を）頼りにする	darauf, dass従属節
（君の援助を）あてにする、考慮に入れる	damit, dass従属節 / zu不定詞句
（母親あてに）手紙を書く	
（物語を）執筆する	
（そのテーマに関して）書く	darüber, wie従属節, wann従属節など
（危険から）自分の身を守る	davor, dass従属節 / zu不定詞句
（日光から）（人・物の4格を）守る	davor, dass従属節 / zu不定詞句
（故郷を）懐かしく思う、憧れる	danach, dass従属節 / zu不定詞句
（安全に）配慮する、面倒を見る	dafür, dass従属節
（私の健康を）心配する	
（友人たちと）話す	
（あるテーマについて）話す	darüber, dass従属節, wie従属節, was従属節, ob従属節など
（旅行に関して）話す	davon, dass従属節, wie従属節, was従属節など

チェック	前置詞付き動詞（再帰代名詞 sich はすべて４格）
○	staunen über ４格（die Leistung des neuen PCs など）
○	sterben an ３格（einer Krankheit など）
○	streiten sich mit ３格（dem Freund など）
○	streiten sich über ４格（ein Problem など）
○	streiten sich um ４格（die Erbschaft など）
○	teilnehmen an ３格（einer Sitzung など）
○	tun：etwas zu tun haben mit ３格（dem Mann など）
○	unterhalten（非分離動詞）sich mit ３格（der Freundin など）
○	unterhalten（非分離動詞）sich über ４格（die Außenpolitik など）
○	verlassen sich auf ４格（dich など）
○	verlieben sich in ４格（einen Jungen など）
○	vertiefen sich in ４格（die Arbeit など）
○	vertrauen auf ４格（die Freundinnen など）
○	verzichten auf ４格（die Teilnahme など）
○	vorbereiten 人（４格）auf ４格（die Prüfung など）
○	vorbereiten sich auf（die Prüfung など）
○	warnen 人（４格）vor ３格（der Gefahr など）
○	warten auf ４格（die Email など）
○	wundern sich über ４格（den Entschluss など）
○	zweifeln an ３格（seiner Ehrlichkeit など）

大　意	前置詞融合形を用いた発展形（ただし前置詞融合形を用いなくてもよい場合もある）
（新型のPCの能力に）驚く	darüber, dass 従属節 , wie 従属節 , was 従属節など
（ある病気で）死亡する	
（友人と）けんかする	
（ある問題について）論争する	
（遺産をめぐって）争う	darum, wer 従属節 , wann 従属節 , ob 従属節など
（ある会議に）参加する	
（その男性と）関係・関わりがある	damit, dass 従属節 , wer 従属節 , was 従属節 , wann 従属節など
（ガールフレンドと）歓談する	
（外交政策について）話し合う	darüber, dass 従属節 , wie 従属節 , was 従属節 , ob 従属節など
（君を）信頼・信用する	darauf, dass 従属節 / zu 不定詞句
（ある若者に）夢中になる、恋する	
（その仕事に）没頭する、熱中する	
（友人たちを）信用する	darauf, dass 従属節 / zu 不定詞句
（参加を）断念する、放棄する	darauf, dass 従属節 / zu 不定詞句
（人の４格に）（試験に向けて）準備させる	darauf, dass 従属節 / zu 不定詞句
（試験に向けて）準備する	darauf, dass 従属節 / zu 不定詞句
（人の４格に）（危険があることを）警告する	davor, dass 従属節 / zu 不定詞句
（Eメールを）待つ、待っている	darauf, dass 従属節 / zu 不定詞句
（その決心を）不思議に思う、いぶかしく思う	darüber, dass 従属節 / zu 不定詞句
（彼の誠実さを）疑う、疑念を持つ	daran, dass 従属節 / zu 不定詞句

◇参照した文献

・Hentschel, E. / Weydt, H. (1990): Handbuch der deutschen Grammatik.（ヘンチェル, E. / ヴァイト, H.『ハンドブック　現代ドイツ文法の解説』(1995)（西本美彦・高田博行・河崎靖訳）同学社）

・中島悠爾・平尾浩三・朝倉巧(2003)『必携ドイツ文法総まとめ［改訂版］』白水社

・清野智昭(2010)『しくみが身につく中級ドイツ語作文』白水社

・鷲巣由美子(2019)『これならわかる　ドイツ語文法』［第2版］NHK出版

・Zifonun, G. / Hoffmann, L. / Strecker, B. / Ballweg, J. / Brauße, U. / Breindl, E. (1997): Grammatik der deutschen Sprache. Berlin/New York: de Gruyter.

著者紹介

三ッ木道夫（みつぎ みちお）

上智大学大学院修士課程修了。広島大学助手を経て同志社大学に勤務。現在、同大学名誉教授。博士（比較社会文化）（九州大学）

主な著訳書

『思想としての翻訳』（編訳、2008年　白水社）、『翻訳の思想史』（2011年　晃洋書房）など

中野英莉子（なかの えりこ）

京都大学大学院博士後期課程研究指導認定退学。現在、岡山大学講師。専門はドイツ語学。会話分析など。博士（人間・環境学）（京都大学）

ドイツ語B1単語集

2023年 3月15日　印刷
2023年 4月10日　発行

著　者 ©　三ッ木　道夫
　　　　　中野　英莉子

発行者　岩　堀　雅　己

印刷所　開成印刷株式会社

発行所　101-0052 東京都千代田区神田小川町3の24
電話 03-3291-7811（営業部），7821（編集部）
www.hakusuisha.co.jp
株式会社　白水社

乱丁・落丁本は送料小社負担にてお取り替えいたします。

振替 00190-5-33228　　Printed in Japan　　加瀬製本

ISBN 978-4-560-08964-4